事業再生の法律知識

民事再生法を中心とした実務と考え方

弁護士・弁理士 影山光太郎

はしがき

　本書は、民事再生法を中心とした事業再生の法制度をなるべく実務に役立つようにかつ分かりやすく説明しようとするものである(以下、本書では、「事業再生」を再建とほぼ同義に用い、「事業再生の法制度」を再建法または再建法制とも著す)。

　対象としている読者としては、①現に再建手続を模索している人、②倒産処理に遭遇する法務担当者、③再建手続、特に民事再生法を勉強しようとする人、④私が大学などで大学院レベルの再建法制、大学のリスクマネジメントの講義・講演をしているところから、その受講者などを想定している。

　内容としては、前記のように、民事再生法を中心とした再建手続について、申立代理人、監督委員などを多数回行った私の経験を踏まえて、なるべく実務に役立つように、かつ勉強として学ぶ人にもできるだけ興味を持って読めるように努めた。本文の各所にコラムを挿入したが、これもその一端である。第1編を「再建法制と再建の手法」として理論編とし、第2編の「実例」には、私が扱い、なるべく身近に生じた東京及び東京以外での中小企業のケース並びに特色ある例として大学・専門学校のケースを紹介した。より具体的には、事業再生の制度面について述べるにとどまらず、民事再生法を中心とした各種再建制度の関係、再建手続の実務(実例、留意点)を述べることにより、事業再生の考え方(社会経済関係、人的関係を含む)の理解が進むよう努めた。さらに、民事再生手続は総じて使い勝手のよい制度であるが、問題点もあり、その視点からも適宜触れていきたいと考えている。これらの点が、類書の中で、本書の特色となり得たかと考えている。

　また、再建法制は再建の手続法であって、初学者には感覚的になじみ難く、また本書は実務で問題となることに対処できるように書いたので、細かい規定も載せてある。したがって、初学者はこれら規定の理解に固執しなくてよい。必要なときに読み直せばよいからである。再建制度の考え方が分か

ってくれば興味も増すことと思われる。逆に、「実務と考え方」に役立つように整備して述べたので、民事再生法についても、必ずしも規定を網羅的にあげていないことは配慮いただきたい。

筆者の仕事の柱の1つは、本書で述べるような事業再生であるが、もう1つは知的財産権である。第2編の補章は両者の相関関係を模索し、また倒産における知的財産権の問題を扱ったものである。

我が国の再建法制としては、民事再生法の制定後(平成12年施行)、会社更生法の改正(平成15年施行)(最近では、DIP型会社更生手続の導入)、破産法の大改正(平成17年施行)、会社法制定(平成18年施行)に伴う特別清算制度の整備などがなされた。しかし、長引く不況、特に平成20年9月15日のリーマン・ショック以後の更に深化した不況の中で、最近では再建・事業再編の制度が上記法制度以外にも、一方で、私的、つまり裁判所の関与のない制度(例：ADR裁判外紛争解決手続)がより広く使用されるようになり、他方で、会社法中の会社分割制度なども多く使用されるようになってきている。読者が新聞、テレビなどで見聞きする制度についても触れるようにした。本書では、これら制度については簡単に紹介するだけにとどめたが、本書で述べる民事再生法を中心とした再建法制は、文字通り法的に整備されたものとして、これらの受け皿ともなり、またこれらと組み合わせて使用されることもできうるものである。

本書の第1編の各章の構成は、概念的に、次頁図1のように示し得よう。

本書の執筆にあたっては、関連分野の多くの書物を参照させていただいた。一部の引用は明示したが、本書の性質上、克明な引用は省略させていただいた。御了承いただきたい。

なお、民事再生法の東京地方裁判所(以下、東京地裁と略)での実務の運用については、筆者の経験の他に、次を、多く参照させていただいた。

西謙二、中山孝雄編『破産・民事再生の実務[新版]《下》』(2008年)

筆者の時間的制約、力量不足のため、重要事項での書き落としもあると思われ、また、誤り・不備などがあることをおそれるが、機会を求めて直して

いきたいと考えている。

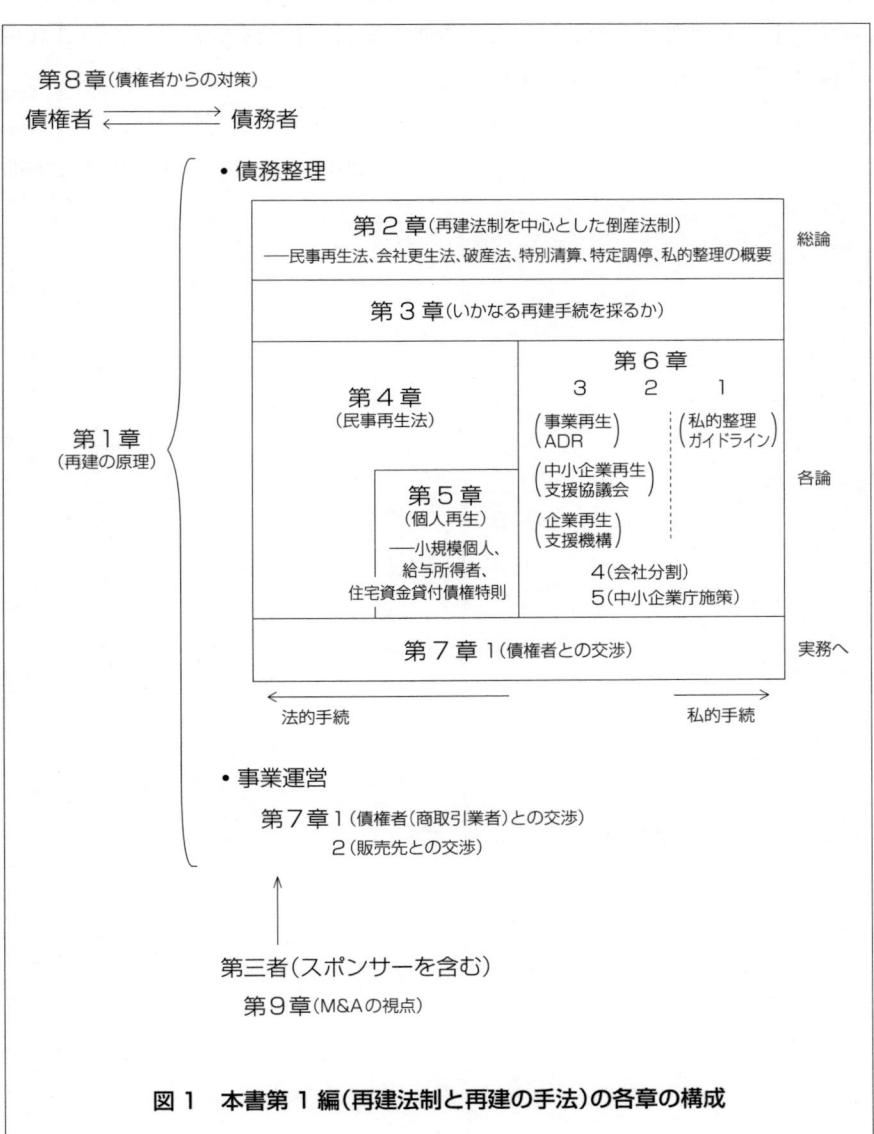

図1　本書第1編(再建法制と再建の手法)の各章の構成

最後に、本書はささやかなものであるが、これが成るについては、私の事務所の所員に調査・議論・助言・援助を受けることができた。また私の友人の弁護士、公認会計士の諸兄からも貴重な助言・援助をいただいた。これら各位に対し、心からお礼申し上げる。

　　　　　　　　　　　　　　　　　2010年4月　　影　山　光太郎

事業再生の法律知識
―民事再生法を中心とした実務と考え方―

目　次

第1編 再建法制と再建の手法

第1章 再建の原理

1 再建の原理の要点 ·· 3
 (1) 事業運営と債務整理 ·· 3
 (2) 再建の条件 ·· 4
2 スポンサー(支援企業)について ··· 5
 (1) 選定にあたって考慮すべき点 ··· 5
 (2) 入札などにあたって留意すべき点 ·· 9
3 DIPファイナンスについて ··· 9
　　Column1　真剣になっても深刻になるな ·· 11

第2章 再建法制を中心とした倒産法制の概要

1 倒産法制と立法の経緯 ··· 13
 (1) 倒産法制の分類—再建型・清算型と私的・法的手続 ······························ 13
 (2) 各法制の関係 ·· 14
 (3) 立法の経緯 ·· 18
 (4) 各法制の利用状況 ··· 19
2 民事再生法の概要 ·· 20
 (1) 要点 ·· 20
 (2) 手続の流れ ·· 21
 (3) 手続の長短 ·· 22
3 会社更生法の概要 ·· 23
 (1) 要点 ·· 23
 (2) 手続の流れ ·· 24
 (3) 手続の長短 ·· 26

4 破産法の概要	27
(1) 要点	27
(2) 手続の流れ	28
(3) 手続の長短	30
5 特別清算の概要	31
(1) 要点	31
(2) 手続の流れ	32
(3) 手続の長短	33
6 特定調停の概要	34
(1) 要点	34
(2) 手続の流れ	34
(3) 手続の長短	35
7 私的(任意)整理の概要	36
(1) 要点	36
(2) 手続の流れ	36
(3) 手続の長短	37
8 各手続の整理	38
Column2 争う土俵の重要性	41

第3章　いかなる再建手続を採るか

1 再建か清算か	43
(1) 考慮すべき要因	43
(2) 判断	44
2 私的手続か法的手続か	45
(1) 決議の可決の要件	45
(2) 保全処分などの措置を採りうるか	46
(3) 手続費用他	46
3 いかなる再建型の法的手続を採るか	46
4 再建手続と事業継続の方式との組み合わせ	50
Column3 ヒト、モノ、カネ	51

第4章 民事再生法による再建手続

I 民事再生法の和議法との相違・特徴・施行状況 ……… 53
II 申立てから開始決定まで ……… 56
1 申立て前の留意事項 ……… 56
- (1) 必要資金の用意と保管 ……… 56
- (2) 申立ての時期 ……… 57
- (3) 事前の裁判所との連絡その他 ……… 58

2 申立て ……… 58
- (1) 申立ての要件、申立権者 ……… 58
- (2) 申立書 ……… 59
- (3) 予納金 ……… 59
- (4) 管轄 ……… 60
- (5) 民事再生手続の標準スケジュール ……… 60
- (6) 債権者に対する説明会 ……… 61
- (7) 文書の閲覧・謄写 ……… 62

3 保全処分 ……… 63
- (1) 保全処分の必要 ……… 63
- (2) 申立書 ……… 63
- (3) 保全処分の種類 ……… 64

4 監督委員 ……… 64
- (1) 監督命令 ……… 64
- (2) 監督委員の主な具体的業務 ……… 65
- (3) 監督委員の機能 ……… 66
- (4) 監督委員と更生管財人と破産管財人 ……… 67

5 調査委員 ……… 68

III 開始決定から再生計画案の作成に至る手続 ……… 68
6 開始決定 ……… 69
- (1) 意味と手続 ……… 69
- (2) 効力 ……… 70

7 他の手続の中止命令及び中止・中断 ……… 71
8 債権の種類と民事再生手続における弁済 ……… 72

 (1)　民事再生手続を進める上で取り扱われる債権 ········· 72
 (2)　民事再生手続における弁済 ········· 73
 (3)　民事再生手続における支払の可否のまとめ ········· 74
 9　再生債権の届出・認否・調査・確定 ········· 76
 (1)　再生債権の届出・認否 ········· 76
 (2)　調査・確定 ········· 76
 10　別除権・担保権の対処 ········· 77
 (1)　別除権の評価 ········· 77
 (2)　別除権者への対応 ········· 78
 (3)　担保権の実行にブレーキをかけうる手段 ········· 79
 11　財産の評定、裁判所への報告等 ········· 80
 (1)　財産の評定 ········· 80
 (2)　裁判所への報告 ········· 82
 (3)　再生計画案草案の提出 ········· 83
 12　事業譲渡 ········· 83
 (1)　事業譲渡と時期 ········· 83
 (2)　事業譲渡の方法 ········· 84
 13　役員に対する損害賠償請求権の査定 ········· 85
 14　株主責任の明確化(従来の「減資」)、資本金の額の減少、
  募集株式を引き受ける者の募集(増資等) ········· 85
 (1)　株主責任の明確化(従来の「減資」) ········· 85
 (2)　資本金の額の減少 ········· 86
 (3)　募集株式を引き受ける者の募集(増資等) ········· 87
  Column4　短期的視点と中長期的視点 ········· 89

Ⅳ　倒産実体法 ········· 90

 15　相殺権 ········· 90
 (1)　相殺 ········· 90
 (2)　相殺禁止 ········· 90
 16　双務契約 ········· 91
 (1)　双方未履行の双務契約 ········· 91
 (2)　賃貸借契約(賃貸人が倒産)の場合 ········· 93
 (3)　労働契約(使用者が倒産)の場合 ········· 95
 (4)　請負契約(注文者が倒産)の場合 ········· 95

(5)	特許権実施(許諾)契約(特許権者が倒産)の場合	95
(6)	リース契約(利用者が倒産)の場合	96
17	継続的給付義務を負う双務契約	98
18	否認権	99
19	多数債務者関係	101
20	倒産実体法の整理と各法制での比較	102
	Column5 極めて重要なこととそうでないこと	104

V 再生計画案の作成・決議　　105

21	再生計画案の作成	105
A	再生計画案の内容	
(1)	再生計画の基本方針	106
(2)	再生債権に対する権利の変更及び弁済方法	106
(3)	共益債権・一般優先債権の表示及び弁済方法(民再§154 Ⅰ②)	110
(4)	株式の取得に関する定め(民再§154 Ⅲ)	110
(5)	資本金の額の減少に関する定め(民再§154 Ⅲ)	110
(6)	募集株式を引き受ける者の募集に関する定め(民再§154 Ⅳ)	110
(7)	根抵当権の極度額を超える部分の仮払いに関する定め	110
B	しばしば問題となる点	
(1)	弁済率と弁済期間	110
(2)	免除の時期	112
(3)	別除権付債権、一般優先債権の弁済との関係	112
(4)	債権者に対する説明会	113
22	再生計画案の提出	113
23	再生計画案の決議	114
(1)	決議に付する旨の決定	114
(2)	決議と認可決定	114
(3)	債権者集会に向けての手順	115
(4)	可決要件取得の作戦	115
24	再生計画の認可決定の確定と再生計画の効力	116
25	再生計画の税務	117
(1)	債務免除益課税(平成22年1月現在)	117
(2)	損金算入について考慮すべき点	118

VI 再生計画認可後その他 ……………………………………………… 120

- 26 再生計画の遂行 ……………………………………………………… 120
- 27 事業の再生・継続 …………………………………………………… 121
- 28 別除権に関する協定 ………………………………………………… 125
  - (1) 協定締結の必要 …………………………………………………… 125
  - (2) 協定書 ……………………………………………………………… 125
- 29 再生計画の変更、再生計画の取消し、再生手続の廃止、破産手続への移行 …… 126
  - (1) 再生計画の変更 …………………………………………………… 126
  - (2) 再生計画の取消し ………………………………………………… 127
  - (3) 再生手続の廃止 …………………………………………………… 127
  - (4) 破産手続への移行 ………………………………………………… 127
- 30 簡易再生、同意再生 ………………………………………………… 128
  - (1) 簡易再生手続 ……………………………………………………… 128
  - (2) 同意再生手続 ……………………………………………………… 129
- 31 再生手続の税務 ……………………………………………………… 129
  - (1) 繰越欠損金を有する法人を支配することによるその欠損金利用のメリット …… 129
  - (2) 清算法人の債務免除益の扱い …………………………………… 130
  - (3) 仮装経理による還付金 …………………………………………… 131
  - (4) デット・エクイティ・スワップ（DES） ……………………… 131
- 32 罰則 …………………………………………………………………… 132

Column6 自分の頭で考えろ ……………………………………………… 133

第5章 個人再生

- 1 小規模個人再生 ……………………………………………………… 135
  - (1) 適用要件 …………………………………………………………… 135
  - (2) 特徴 ………………………………………………………………… 136
- 2 給与所得者等再生 …………………………………………………… 137
  - (1) 適用要件 …………………………………………………………… 137
  - (2) 特徴 ………………………………………………………………… 138
- 3 住宅資金貸付債権に関する特則 …………………………………… 138
  - (1) 適用要件等 ………………………………………………………… 138
  - (2) 特徴 ………………………………………………………………… 139

Column7 対比または対応する概念 ……………………………………… **140**

第6章　裁判所が関与しない再建に役立つその他の制度

1　私的整理ガイドライン ………………………………………………… **142**
　(1)　要点 …………………………………………………………………… **142**
　(2)　手続の流れ …………………………………………………………… **142**
　(3)　手続の長短 …………………………………………………………… **143**
2　産業再生機構、企業再生支援機構、整理回収機構(RCC) ………… **144**
　(1)　産業再生機構 ………………………………………………………… **144**
　(2)　企業再生支援機構 …………………………………………………… **144**
　(3)　整理回収機構(RCC) ………………………………………………… **145**
3　事業再生ADR ………………………………………………………… **145**
　(1)　法的・私的、裁判所の関与の有無、強制力の有無と各手続との関係 … **145**
　(2)　ADRについて ……………………………………………………… **146**
　(2.1)　事業再生ADR(特定認証ADR) ………………………………… **147**
　(2.2)　中小企業再生支援協議会 ………………………………………… **149**
4　会社分割 ………………………………………………………………… **150**
　(1)　会社分割制度 ………………………………………………………… **150**
　(2)　会社分割の再建への利用 …………………………………………… **152**
　(3)　会社分割と民事再生手続の比較 …………………………………… **155**
　(4)　会社分割の民事再生手続における利用 …………………………… **156**
5　中小企業庁による施策 ………………………………………………… **158**
　(1)　中小企業承継事業再生計画の認定制度 …………………………… **158**
　(2)　認定制度について留意すべき点 …………………………………… **159**
　　Column8　弁護士の選任 …………………………………………… **160**

第7章　債権者・販売先との交渉

1　債権者との交渉 ………………………………………………………… **161**
　(1)　債権者の種類別 ……………………………………………………… **161**
　(2)　債権者説明会 ………………………………………………………… **162**
　(3)　交渉の要点 …………………………………………………………… **164**

| 2 | 販売先との交渉 | 166 |

(1) 販売先（得意先）の類型 … 166
(2) 交渉の要点 … 166
　　Column9　相手との交渉 … 167

第8章　債権者からの対策

1　個別に債務者に対する対策 … 169
(1) 債務者の破綻前・破綻時の対策 … 169
(2) 法的措置 … 169
2　債務者の全財産に対する対策 … 172
3　手続全体に対する対策 … 173
(1) 文書の閲覧・謄写 … 173
(2) 監督委員に対する問い合わせ・情報提供 … 173
4　緊急融資の制度 … 173
5　税務対策 … 174
　　Column10　相手の立場で考えてみること … 175

第9章　企業買収（M&A）の視点

1　民事再生手続でスポンサー（支援企業）となることの利点 … 177
2　スポンサーになる方式 … 178
3　スポンサーになろうとするにあたって注意すべき点 … 179
　　Column11　勝負根性の不足 … 180

第2編　実 例

第1章　民事再生法―自力再生型

1　事　案 ··· 185
(1)　民事再生手続申立てに至った事情 ·· 185
(2)　民事再生手続申立て後の業務の経過 ·· 186
2　民事再生手続 ·· 187
(1)　手続の経緯 ·· 187
(2)　再生計画の概要 ··· 187
3　留意点 ·· 188
(1)　事案について ·· 188
(2)　民事再生手続について ·· 189

第2章　民事再生法―スポンサー支援・事業譲渡型

1　事　案 ··· 191
(1)　民事再生手続申立てに至った事情 ·· 191
(2)　民事再生手続申立て後の業務の経過 ·· 192
2　民事再生手続 ·· 193
(1)　手続の経緯 ·· 193
(2)　事業譲渡 ·· 193
(3)　再生計画の概要 ··· 194
3　留意点 ·· 195
(1)　事案について ·· 195
(2)　民事再生手続について ·· 195

第3章　民事再生法—スポンサー支援・株式引受型

1　事　案 197
(1)　民事再生手続申立てに至った事情 197
(2)　民事再生手続申立て後の業務の経過 198
2　民事再生手続 198
(1)　手続の経緯 198
(2)　再生計画の概要 199
(3)　事業継続 199
3　留意点 200
(1)　事案について 200
(2)　民事再生手続について 201
　　Column12　人の評価が分かる状況 202

第4章　民事再生法—学校法人のケース

1　学校法人の破綻・再建 204
(1)　少子化による現況 204
(2)　学校経営の破綻に対する対処 204
(3)　破綻についての文部科学省の施策 205
2　学校法人△△の経営破綻状況と民事再生法による法的手続 205
(1)　学校法人の概要 205
(2)　破綻に至った経緯 205
(3)　民事再生法による法的手続 206
3　大学の組織・運営上の問題点と検討 207
(1)　非営利の財団型の法人 207
(2)　理事、評議員の選出 207
(3)　経営面と教学面の関係 208
(4)　監督 209
4　学校法人の再建へのプロセスと特徴的な留意点 209
(1)　再建へのプロセス 209
(2)　再建への特徴的な留意点 212
5　学校法人への民事再生法の利用 213

Column13 仕事は作品 214

第5章　会社更生法のケースの特質と動向

1　特に問題となった点 215
2　問題点の対処—DIP型会社更生手続 216
3　その他の問題点 218
　(1)　商取引債権一般の保護 218
　(2)　手続の迅速な進行 218
　(3)　その他 220
4　結　語 220
　　Column14 方向付けは細心に行うが、結果はいったん考えない 222

第6章　清算法制を再建に用いた例—破産法

1　事業継続型—Z社のケース 223
　(1)　事案と処理 223
　(2)　準自己破産・自己破産手続 225
　(3)　留意点 226
2　事業再開型—G社のケース 227
　(1)　事案と処理 227
　(2)　自己破産手続 228
　(3)　留意点 228
3　結　語 229

第7章　清算法制を再建に用いた例—特別清算

1　構　成 231
2　実　例 232
3　結　語 233
　　Column15 すぐに行動すべき場合とゆっくり行動すべき場合 234

補章　事業再生への知的財産権の利用

1　はしがき ··· 235
2　事業再生における知的財産権の有用性 ······················· 235
　(1)　NHK のテレビ番組 ··· 235
　(2)　知的財産権の有用性 ·· 237
3　再建中の企業における知的財産権の取得・活用 ·········· 238
　(1)　特許権の取得 ·· 238
　(2)　特許権の活用 ·· 240
4　特許関係費用の減免制度 ·· 241
　(1)　特許取得にあたっての費用 ··································· 241
　(2)　審査請求料、特許料の減免 ··································· 241
5　知的財産権の利用と倒産法制 ····································· 243
　(1)　問題の所在 ··· 243
　(2)　破産法の改正 ·· 243
　(3)　ライセンサー(倒産)の解除権の制限の必要と衡量 ··· 244
　(4)　特許法改正も含めた手当て ··································· 246
　(5)　倒産に関しての知的財産権の利用についての他の問題 ······ 247
6　知的財産権の価値評価、担保化・その実行 ················· 249
　(1)　知的財産権の価値評価 ··· 249
　(2)　知的財産権の担保化とその実行 ····························· 250

資料 ··· 251

事項索引 ·· 298
法令索引 ·· 304

※本書において、次の法令の略語・条文の略記を用いる。

1 法令の略語

略 語	法 令
民再	民事再生法
民再規	民事再生規則
会更	会社更生法
破産	破産法
会社	会社法
特定調停または特調	特定債務等の調整の促進のための特定調停に関する法律

2 条文の略記

　例えば、民事再生法第174条第2項第4号については、民再§174Ⅱ④のように略記する。

第1編

再建法制と再建の手法

第1章　再建の原理

1　再建の原理の要点

(1)　事業運営と債務整理

　破綻した事業または事業体の再建(**事業再生**^注)については、車の両輪のように①事業運営と②債務整理の両面がある。ここで「**破綻**」とは、債務の返済について格段に(典型的には法的に)配慮されねば事業の運営が続けられない状態といえよう。上記二面につき、具体的には、②**債務整理**は、債権者に対して支払猶予、分割返済、元本・利息の免除等を求めることである。民事再生法等の法的手続は法制度を利用してこれを行うものである(本書では民事再生法の利用が中心であるので、特に断らなければ、法的手続としては同法を念頭に考える。ただし、会社更生法などでも共通の考え方をする場合が多い)。債務者に対する債権には、(イ)商取引債権(仕入の買掛債権等)と(ロ)金融債権があるが、信用を維持して円滑な事業運営を図るためには、(ロ)の整理は行っても、(イ)の弁済は継続できるような法的な工夫が検討される。上記の①**事業運営**は、破綻の原因を解消するようにしつつ、収益の増大と費用の削減を図ることである。例えば、スポンサー等から運転・弁済資金を得て事業の展開を図ると同時に、組織のリストラを行うことである。

注　「事業再生」について、内閣府の定義では、「過剰債務に陥っている企業がコアとなる事業に関して十分な競争力がある場合、これを過剰債務の原因となっている不採算部門から切り離すことなどにより、競争力を回復すること」とされる(平成15年1月。内閣府のホームページ参照)。したがって、企業全体でなく特定の事業のみを再生・再建することをいう。産業再生機構(p.144。既に解散)ではこの意味で用い、中小企業庁(p.158)、中小企業再生支援協議会(p.149)などでは、この意味で用いているようである。しかし、一般には、このような特定の事業に限らず企業全体の再生・再建について用いられることも多い。ちなみに、整理回収機構(RCC)(p.145)では「企業再生」の語を用いている。本書では、上記のように「事業」、「事業体(企業のみでなく、学校等の法人も含む)」の両者の再建を含んだ意味で用いることとする。実務的には、両者において、再建の手法は共通するからである。

前記の破綻した債務者に対し、債権者として典型的な、金融機関、商取引業者、リース業者との関係を図示すると、次のように表せよう。

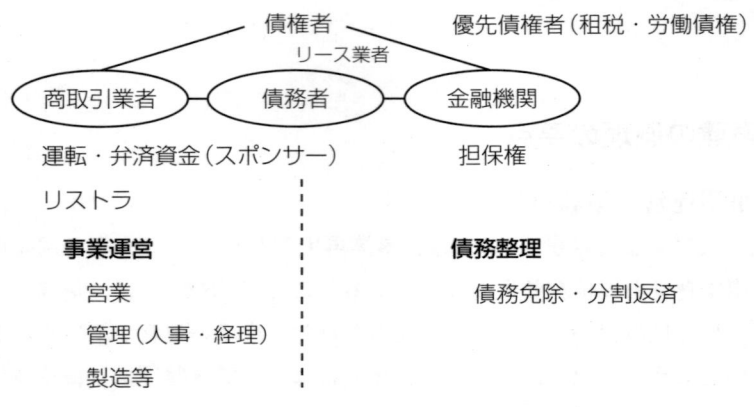

図2　再建における事業運営と債務整理

再建のための事業運営の目的は上記のとおりであるが、**再建のエッセンス**として考慮すべきは、(イ)従業員の雇用の維持と、(ロ)商取引関係、特に仕入先等の維持である。破綻した債務者は、もちろん販売先(得意先)に対しても迷惑をかけているのであるが、仕入先に対しては買掛金が支払えないことにより(これに対し、販売先に対しては売掛金)、一層の迷惑をかけるからである。前記の商取引債権についての配慮はこの意味でも好ましい。

(2) 再建の条件

第1に、事業運営の面では、まず、人的組織的に債務者の従業員が一丸となって再建に協力することが重要である(第2編第1～第4、第6、第7章のケースはいずれもこれにあてはまるが、特に第4章のケースでは筆者が学園の理事長を務めていたこともあって分かりやすい)。次にこの点をおいて、計数的にも、収益(売上)から経費(仕入(売上原価)及び販売費一般管理費)を

差し引いた営業利益がプラスでなければならない。

　これがマイナスであれば、現存の資金を喰いつぶしていくことになり、むしろ直ちに解体・清算した方が債権者のためにプラスになる。これについては、後に本編第3章で更に詳しく述べる。

　また、破綻すると、他から融資は得られないので、最小限(2〜3か月分程度)の運営資金の用意が必要である。

　第2に債務整理の面では、債権の種類として、一般の債権(商取引債権等)に比して、これに優先する担保権付債権、未払いの公租公課(租税・社会保険料)、未払いの労働債権が多いと、弁済に充てられる利益がこれらに喰われ、弁済ができず、再建についての一般債権者の賛同が得られない。また債権者として強硬な者がいると再建が難しくなる。強硬な者としては、例えば街金や一部の公的金融機関等があげられる。かつて、公的金融機関でも、早期かつ自己のみの回収を図る者が債権の割合を多く持っていると極めて再建が困難な例があった。

2　スポンサー(支援企業)について

　これは、再建にあたって事実上最も重要かつ問題となり、債務者及び債務者代理人(本書では弁護士と想定)としては意を用いる事項の1つであるので、やや詳しく述べる。

(1)　選定にあたって考慮すべき点

　スポンサーについて、①業種(同種か異種か。実業かファンドか)、②資力、③支援するねらい、④支援の経緯、⑤支援金額、⑥雇用・商取引関係の維持、⑦支援の態様、⑧税務上の視点などが考慮されねばならない。

① 業種について

　　一般に、スポンサーの業種が債務者と同種であれば、事業運営に対するスポンサーの関与は強くなり、異種であれば関与はより弱く、運営を債務者にまかせるという傾向があるであろう。スポンサーの業種が金融機関で

ないという意味で実業であれば、一般にスポンサーが自ら継続して事業を行うと考えられる。しかし、いわゆる**ファンド**等であれば、いずれはその事業を転売すると考えられる。したがって、支援に入れる金額（後出 p.7）も少なくかつ従業員のリストラなども早期に行うと考えられる。極端にいえば、直ちに転売しても利益（ウマミ）が出るような金額でしか支援しないとも考えられる。もっとも、これは、ファンドか否かという業種の問題ではなく、上記のようないわばファンド的考え方か否かの問題である。現に、スポンサーとして、上場企業ではあるがまったく業種が異なり、かつ業績が良くない企業が名乗り出てきたことがあったが、これは上記のファンド的考え方によるものではないかと考えられる。

② **資力について**

平成20年9月15日のリーマン・ブラザーズの倒産による10月以後の景気の落ち込みで、それまでスポンサーを考えていた企業がより少なくなった、あるいは支援の条件（金額、一括払いか分割払いか等）が債務者にとってより悪くなったように思われる。

③ **支援するねらいについて**

もちろん経済的利益が中心であるが、次のようなケースもあるので留意する必要がある。すなわち、倒産したとはいえ、債務を棚上げしてしまえば、多くの債務者に有用な資産はありうる（例：担保のついていない建物）。そこで、スポンサーとして入り、債権者への弁済を少なくして、事業は徐々に解体して、価値のある資産を取得するという方法が考えられる。これは、前記 p.4 の再建のエッセンスにまったくそぐわない。現に、東京地方裁判所での（あるいは他の地方裁判所でもあるかもしれない）ほとんどの民事再生の事案について、スポンサーとして名乗りを上げている企業がある。しかし、そんなに多種で多数の事業を支援することは金額的にも人的にも困難と思われる。筆者は、この企業がスポンサーとなった民事再生手続に中途から申立代理人となったが、少なくともその時点ではこの企業は再建のスポンサーとしては不適と考え、スポンサー契約を解約した。この

企業は、解約の不当を主張してきたが、既に他の民事再生手続でトラブルを生じていたことも調査してあったので、断固として譲らなかった。この企業は、「会社四季報」のある号の解説記事に「スポンサーとして民事再生企業を積極支援。中期で再生投資拡大のテコに」などと書かれてあったが、3か月後の次号では全て削除された。筆者の「再生で営利を図っている」との指摘によるものと思われる。

そもそも経営が事実上破綻した企業に言葉巧みに入り込んでくる問題企業は従来から多くあるが、民事再生のような法的手続にも正面から入り込もうとしているのである。

スポンサーが支援するねらいとして、経済的利益以外に、例えば学校法人などに対しては理事長としての名誉などもあり、その任にたえない者もいる。

④ **支援の経緯について**

支援の時期については、いわゆる**プレパッケージ型**のように、民事再生申立て時に既に債務者と協議してスポンサー予定の者がいる場合もあり、また、申立て後、債務者の要請を受け、あるいは倒産・再建の情報を得て支援を申し出る者もいる。スポンサー候補者が多くいれば入札等を行うことになる(留意点について後出(2)参照)。概して早くから人的・金銭的に支援を行ってきた者は、債務者の事業価値を認め、債務者もこれを受け容れていた面があり、スポンサーに適していることが多い。ただし、事業の譲受・承継等の対価については、考えを整理して、適切なものとせねばならない。

⑤ **支援金額について**

これは、事業の取得代金、事業運営のための債務者への融資金などが考えられる。事業の取得代金には、事業継続の方式により、事業譲渡における譲渡代金、債務者の減増資における新株発行の引受金額、会社分割における事業承継の対価などである(p.121)。

債務者には当然、支援金額は多い方が良い。そこで、次のことにも留意

したい。債務者は倒産後、仕入先等との間で、通常、代金引換えの支払を求められるが(p.164(3)①(ロ)参照)、スポンサーの支援及びその信用により、支払期間を倒産前のように戻していく(例：2か月の掛買い)ことが可能となる。すると、その期間分の資金の必要がなくなり、債務者、したがってスポンサーにとっての利点となる。つまり、実質的に支援額が少なくて済むという効果があることになる。債務者側としては、支援金額の増額に向けて、この点はよく主張してよい。

　スポンサーは当然のことながら、用意する資金のうち運転資金にまわすのはやむを得ないと考えるが、債務の弁済には充てたがらない。その中で、再建についての債権者の賛同を得るために債務者(代理人)としては、スポンサーと交渉して、できるだけ弁済に充てる額を多額にしようと努力すべきことになる。

⑥　雇用・商取引関係の維持について

　再建のエッセンスとして考慮すべき点が、前記 p.4 のように(イ)従業員の雇用の維持と(ロ)商取引関係の維持であるところから、スポンサーにもこれを要請することが考えられる。(イ)については、基本的に、事業引き継ぎ時に希望者の全員雇用を求める(例：資料1第4条。ただし、例えば、1年程度後には相応の配置転換・退職の必要性はありえよう)。(ロ)についても、極力これを求める。

　なお、新たな雇用については、(i)いったん全員解雇して再雇用する方式と、(ii)そのまま雇用を維持する方式とがある。退職金については、例えば、(i)では債務者が支払うことになり、(ii)でスポンサーが引き継ぐ場合は、その分を事業譲渡代金から差し引くことになるが、退職制度の引き継ぎには難色が示されることもある。

⑦　支援の態様について

　通常は、スポンサーによる支援としては、スポンサーが事業を行う主体の変更の視点からとらえられる(詳しくは p.121、p.178 参照)。しかし、実質的に事業の支援となるという視点からは、多様な方法が考えられる。例

えば、取引上の支援、経営基盤の支援(人材の派遣、事業設備の担保権実行からの保全等)がある。そして、これらにより、スポンサーは種々利を図りうると考えられる。

⑧ 税務上の視点

民事再生法は、会社更生法などとともに事業再編のために用いられるものとして、支援対象の企業の有する欠損金の利用が認められることがある(p.129等参照)。

(2) 入札などにあたって留意すべき点

スポンサーを選ぶにあたり、入札などするが、留意すべき事項を述べる。

第1に、我が国ではこのような入札が未だ余り一般的でないせいか入札者が少なく、予想外に低い入札額でスポンサーになることがある。これに対しては、特に債務者において広く入札者を募るように努力する必要がある。第2に、入札額の多寡のみでスポンサーを決めてはならず、金額以前に当該再建に適切かどうかを考えねばならない。往々にして反社会的企業は高い入札額を示すことがありうる。

スポンサーの選定は、民事再生申立ての前後を問わず、再生計画案作成の前までになされうる。

債務者がスポンサーに支援を受ける旨の契約(再生支援契約。**スポンサー(シップ)契約**)の簡潔な例は、資料1のとおりである。

3 DIPファイナンスについて

DIPとは、Debtor in Possession(**占有(継続)債務者**)の略で、民事再生手続におけるように破綻後も経営を行う債務者のことである。DIPファイナンスとは、このような破綻した債務者に与える融資である。通常、融資枠を設けてその枠内で融資をするが、債務者の出せる担保は売掛債権、在庫品などであることも多く、債務者は枠の設定料と金利を払うことになる。民事再生手続では、監督委員の同意を得て借り入れ、借入金は共益債権となる。**共益**

第1編　再建法制と再建の手法

債権は、一般債権に優先し、随時弁済され、万一破産となった場合は、財団債権(破産手続において共益債権と同様)となるように保護されている債権である(p.72 ①(ロ)参照)。

　債務者とファンドとの関係は、借りたい時はなかなか貸してもらえず、借りる必要がない時に借入れを打診してくるような状況になり勝ちである。

　債務者としては、できるだけ担保に入れる売掛金等を少なくし、次の融資も受けられるようにすべきである。また、不要な借入れは、融資枠の設定料、金利の支払分が余計な出費となるので避けたい。ただし、場合により、融資を受けられたことを公表することにより再建への信用が得られることなどもあろう(p.213(2)②の例も参照)。

Column 1
真剣になっても深刻になるな

　本書のコラム欄では、私の弁護士業務、特に再建すべき債務者代理人として経験したこと、そのうち特に一般社会でも役立ちそうなことなどについて述べる。もとより、人により、当たり前と思われることもあり、また逆に「ああそうかな」と気付くこともあると思われる。

　「真剣になっても深刻になるな」ということがいわれる。私も、弁護士になったころ、先輩の弁護士から言われた。このことばは、日常の社会生活においても成り立つが、弁護士業務との関係で考えると、次のようになろう。

　「真剣にする」ということは、客観的に一生懸命やることである。これに対し、「深刻になる」ということは、主観的に打ち込むことであり、さらには感情移入するに至ることもある。

　ところで、弁護士業務は、依頼者のために、代理人などとして、良い成果を得ることが目的である。そのためには、状況を客観的に分析・評価し、解決のための手法を見つけ、それを推進しなければならない。客観的に見るためには、当事者を含む事案から少し離れて、場合によれば少し上からながめることが有益である。ここで当事者と同じ平面で一緒に喜んだり悲しんだりしていては良い事案解決の筋道が見つかり難いことが多い。

　それのみか「深刻になる」と自分の体調を崩すことがある。そして、かえって仕事に支障を来す。筆者も弁護士になって間もないころ、依頼者を「助けてやろう」と強く思って流行性感冒にかかってダウンしたことがあった。恐らく体内の生理的機能に変調を生じ、免疫力が落ちたことによると思われる。その後は、感情を過度にさしはさまないように留意しており、たまに下痢をすることはあるがその限度である。弁護士業務は、人の大きな不幸に対処することがある仕事であるから、自己を適切にコントロールすることが必要になる。

　この「真剣になっても深刻になるな」という言は、日常の社会生活においてもいえよう。もちろん、生じた事案の困難さ、人間関係の複雑さなどにもより、またそもそも弁護士であれば多くの場合、代理人(いわば助っ人)であるのに対し、通常の社会生活においては事案における本人であるという相違があるが、「真剣になっても深刻になるな」の言を思い起こすことは有益と思われる。

第2章　再建法制を中心とした倒産法制の概要

1　倒産法制と立法の経緯

(1)　倒産法制の分類——再建型・清算型と私的・法的手続

　債務整理とは、当初の約定通りには返済することが困難になった複数の債務について、期限の猶予、元本・利息の減免などを得て、総合的に履行(弁済、返済)できるようにすることである。

　債務整理をして会社などを再建しようとする場合(**再建型**)と、財産を全部債務の弁済に充てて会社などを清算して消滅させるために行う場合(**清算型**)とがある。

　手法としては、裁判所が関与する法的手続と、そうではなく債務者が多数の債権者と個別に交渉して進める私的手続とがある。

　債務整理のための法律・手続制度を「実務と考え方」という視点から機能的に分類すると、次のようになろう。

	再建型	清算型
私的手続	私的(または任意)整理	私的(または任意)整理
法的手続	民事再生法 会社更生法 特別清算(再建利用型) (会社法§510〜) 特定調停(特定調停法*)	破産法 特別清算(会社法§510〜)

　　　＊)　正確には、「特定債務等の調整の促進のための特定調停に関する法律」

　上記のうち、**私的手続**は、債務者と債権者との個別和解の集合ともいえる

ものなので、債権者数が少なかったり、債権者の同意が得られやすい場合に適し、手続に要する費用、時間が節約できるところから、実際には多く利用されている。

法的手続のうち、特定調停は、調停の一種であり、当事者、ここでは債権者と債務者の話し合いの結果の合意の集まりとして成立する。したがって、合意がなされた人について合意が得られた範囲でしか拘束力が及ばない。これに対し他の法的手続は、法律で定めた要件に従って進められ、結果は、全債権者・債務者を拘束する。

特別清算は、本来は、文字通り清算のための制度であるが、債務を負った旧会社（A）から一部または全部の事業を新会社（B）に移転し、Aは清算をして消滅させ、実質的にBがAの債権者に対して弁済を行うという形式をとるならば、再建型として利用できる。そこでこれを再建利用型の特別清算と呼ぶことにする。

従来、再建型の法的手続として、会社整理があったが（旧商法§381〜）、会社法の制定（平成17年6月。平成18年5月1日施行）に伴い廃止された。もっとも、平成12年の民事再生法施行後はほとんど利用されていなかった。

なお、民事再生法は、再建型であるが、結果的に清算型の計画・履行で終了することもある。

(2) 各法制の関係

民事再生法、会社更生法、破産法、特別清算を総称して**倒産法**ともいう。そのうち、破産法は清算型の一般法であり、再建型では民事再生法が**一般法**となり、会社更生法は要件がより厳格になった**特別法**といえる。民事再生法は、従来の和議法に代わるものとして新しく制定されたものである。

民事再生法、会社更生法、破産法、特別清算について、各要件等について、どのような異同があるかを、次に、表にして整理する。この表はやや細部にわたるので、読者は、ここを飛ばして読み、後に個別内容の理解が必要になったときに繰り返して見ても良い。

第2章 再建法制を中心とした倒産法制の概要

表1 民事再生法、会社更生法、破産法、特別清算の比較

		再建型		清算型	
		民事再生法	会社更生法	破産法	特別清算
1	目的	事業又は経済生活の再生	大規模会社の継続	清算、財産の公平な分配	清算の迅速と公平
2	適用対象	自然人・法人等	株式会社	自然人・法人	株式会社
3	特色	裁判所の後見の下で、原則として債務者が業務遂行権・財産管理処分権を維持しながら、債権者の法定多数により認められた再生計画に基づき、再建を図る手続。通常、監督委員が置かれる。	更生管財人が事業の経営・財産管理処分権を有し、債権者・担保権者の法定多数により認められた更生計画を遂行して会社の再建を図る手続。	破産管財人が債務者の総財産（破産財団）を換価処分し、債権者へ平等公平に分配する。	清算人による裁判所の監督を受けた清算手続。債権者の法定多数による協定の可決で分配する。
4	申立ての要件	事業の継続に著しい支障を来すことなく弁済期にある債務を弁済することができないとき（21Ⅰ後）。破産の原因たる事実の生ずるおそれのあるとき（21Ⅰ前）。	事業の継続に著しい支障を来すことなく弁済期にある債務を弁済することができないとき（17Ⅰ②）。破産の原因たる事実の生ずるおそれのあるとき（17Ⅰ①）。	支払不能（15Ⅰ）、支払停止（支払不能と推定）（15Ⅱ）。支払不能又は債務超過（法人の場合）（16）。	清算会社が、清算遂行に著しい支障を来すべき事情（510①）。債務超過の疑い（510②）。
5	申立権者	債務者。債権者（21Ⅰ前の場合）。	会社（17Ⅰ）。資本の1/10以上の債権者・株主も（17Ⅰ①の場合。17Ⅱ）。	債権者、債務者（18Ⅰ）。取締役等（準自己破産）（19Ⅰ）。	債権者、清算人、監査役、株主（511）。
6	保全処分	再生債務者の業務・財産に関し、弁済禁止、処分禁止仮処分等（30Ⅰ）。保全管理人による保全管理命令（79）（例外）	会社の業務・財産に関し、弁済禁止、処分禁止仮処分等（28Ⅰ）。保全管理人による保全管理命令（30）。	債務者の財産に関し、弁済禁止、処分禁止仮処分等（28Ⅰ）。	会社財産に関し、弁済禁止、処分禁止仮処分等（540ⅡⅠ）。
	保全処分後の申立取下制限	あり（32）。	あり（23）。	あり（29）。	なし。
7	経営者の交代の有無	原則なし（DIP型）。ただし、（保全）管理命令がなされた場合を除く。	あり。ただし、損害賠償の責任査定を受けるおそれがない取締役は可（67Ⅲ）。	―	なし。

第1編　再建法制と再建の手法

		再建型		清算型	
		民事再生法	会社更生法	破産法	特別清算
8	手続開始後の業務遂行権と財産管理処分権の帰属	原則 旧経営者（DIP型）。ただし、保全管理命令により保全管理人に専属（81）。管理命令により管財人に専属（66）。	保全期間中は保全管理人に専属（32Ⅰ）。開始決定後は管財人に専属（72Ⅰ）。	管財人に専属（78Ⅰ）。	清算人が清算事務を遂行（DIP型）。
9	他の手続との関係	申立後開始まで破産、特別清算、強制執行等の中止命令可（26Ⅰ）。開始後は破産、強制執行等は中止、特別清算は失効（39Ⅰ）。	申立後開始まで破産、再生、特別清算、強制執行等の中止命令可（24Ⅰ①）。開始後は破産、再生、強制執行等は中止、特別清算は失効（50Ⅰ）。	申立後開始まで強制執行等の中止命令可（24Ⅰ）。開始後は強制執行等は失効（42Ⅱ）。	申立後開始まで破産（開始前）、強制執行等の中止命令可（512Ⅰ）。開始後は破産（開始前）、強制執行等は中止（515Ⅰ）。
10	開始又は宣告後の担保権の実行	実行可。ただし、一定の場合、中止命令可（31Ⅰ）。	当然中止（50Ⅰ）。申立後開始前でも中止命令可（24Ⅰ②）。	実行可。	実行可。ただし、一定の場合、中止命令可（516）。
11	担保権者（質権・抵当権）の処遇	別除権（53Ⅰ）。手続外で行使可（53Ⅱ）。不足額は手続内弁済（88）。ただし、担保権消滅制度あり（148～）。	更生担保権として更生計画に従って弁済を受ける（2Ⅹ、135）。担保権消滅制度（104～）。	別除権（2Ⅸ）。手続外で行使可（65Ⅰ）。担保権消滅制度（186～）。	担保権は手続外で行使可（cf.522Ⅱ）。例外として、協定参加（566）。
12	債権の届出及び調査・確定手続の有無と効力	届出あり（94）。届出期間内に届出しないと、再生債務者が認否書において自認しない限り、劣後的取扱いを受け（181Ⅱ）、又は原則として失権する（178）。	届出制あり（138）。届出しないと失権（204Ⅰ）。	届出制あり（111）。届出期間経過後は帰責ない事由のない限り届出はできない（112）。	届出制なし。ただし、債権申出の公告・催告手続あり（499）。
		調査・確定手続あり（100～、104）。再生債権者表の記載は確定判決と同一の効力を有する（104Ⅲ）。	調査・確定手続あり（145～、150）。更生債権者表及び更生担保権者表の記載は確定判決と同一の効力を有する（150Ⅲ）。	調査・確定手続あり（116Ⅰ、124）。債権表の記載は確定判決と同一の効力有す（124Ⅲ）。	議決権の調査のみで債権確定手続なし（448Ⅱ）。知れたる債権者以外除斥（503Ⅰ）。協定に債務名義の効力なし。

第2章 再建法制を中心とした倒産法制の概要

		再建型		清算型	
		民事再生法	会社更生法	破産法	特別清算
13	可決要件	（再生計画案）出席債権者（書面決議の場合は回答した債権者）の過半数かつ総議決債権額の2分の1以上（172の3Ⅰ）。	（更生計画案） ・更生債権者 総議決債権額の2分の1超。 ・更生担保権者 3分の2以上（ただし、内容により4分の3以上又は10分の9以上）。 ・株主 過半数（196Ⅴ）。	―	（協定案）出席債権者の過半数かつ総議決債権額の3分の2以上（567Ⅰ）。
14	可決後の手続	裁判所による再生計画の認可（174）と再生債務者（管財人）による再生計画の遂行（186）。再生計画の変更（187）。監督委員があるときは、認可確定後3年間監督委員による履行監督（188Ⅱ）。 監督委員及び管財人がないときは、計画認可確定により手続終結（188Ⅰ）。管財人があるときは、計画遂行又はその確実まで裁判所が関与（188Ⅲ）。	裁判所による更生計画の認可（199）と管財人による更生計画の遂行又は事業経営、財産管理処分監督の開始（209）。更生計画の変更（233Ⅰ）。終結（更生計画の遂行又はその確実）まで裁判所が関与（239）。	管財人による配当（209、195Ⅰ）。	裁判所による協定の認可（569）と清算人による協定の実行。協定の内容の変更（572）。清算完了まで裁判所が関与。
15	取締役らの責任追及の簡易手続	あり（142～）。	あり（99～）。	あり（177～）。	あり（545Ⅰ）。
16	相殺とその制限	債権届出期間内に限り可（92Ⅰ）。相殺禁止あり（93、93の2）。	債権届出期間内に限り可（48Ⅰ）。相殺禁止あり（49、49の2）。	時期の制限はなし。ただし、管財人の催告権あり（73）。相殺禁止あり（71、72）。	時期の制限なし。相殺禁止あり（517、518）。
17	否認権	あり（127～）。行使は監督委員又は管財人（135Ⅰ）。	あり（86～）。	あり（160～）。	なし。
18	租税債権の優先性に対する制約	なし。（一般優先債権（122Ⅰ））	あり。原則は更生債権。開始後の原因に基づくものは共益債権。滞納処分の中止（24Ⅱ③、50Ⅱ③）。	なし（財団債権148Ⅰ③、優先的破産債権98Ⅰ）。	なし。

民事再生手続で、管財人・保全管理人が選任される場合は極めて例外的なので、小さい字で示した。

我が国では、次に述べるように、倒産処理の一般法というものがなく、どの手続を採るかによって効果も違ってくるので、事案に適した手続を採るために各法制度の理解が必要となる。私的(任意)整理は、裁判外で簡易迅速に処理するために、法的手続、例えば再建型であれば民事再生法、清算型であれば破産法の趣旨に沿って手続を進めることになる。

(3) 立法の経緯

　倒産法制としては、我が国のように、申立て時点で選択すべき手続、いわば入口が4つある制度の他に、ドイツやフランスのように入口は1つで後に再建型と清算型に分かれる制度、あるいはアメリカのように入口が再建型と清算型の2つがあるが、使う法律は同一で手続相互間の移動が容易な制度もある。入口が一本化されていると、後に裁判所において再建型か清算型かなどの振り分けがなされることになる。

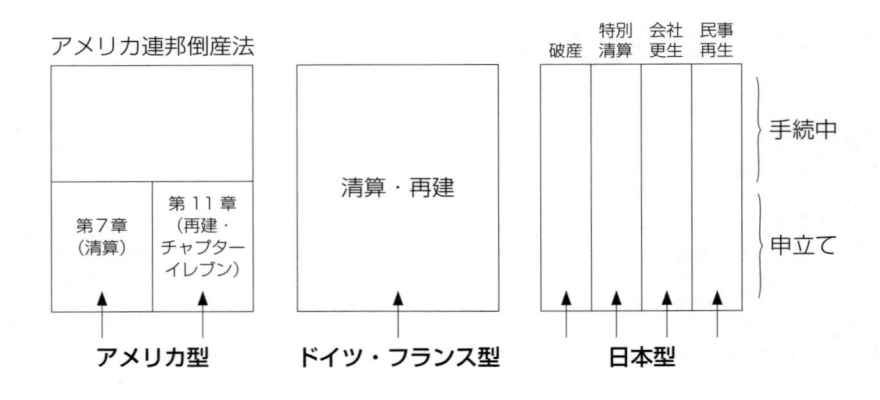

アメリカ連邦倒産法		ドイツ・フランス型	日本型				
			破産	特別清算	会社更生	民事再生	
第7章(清算)	第11章(再建・チャプターイレブン)	清算・再建					手続中
↑	↑	↑	↑	↑	↑	↑	申立て
アメリカ型		ドイツ・フランス型	日本型				

　我が国では、入口一本化の議論があったが、長引く不況で特に中小企業の倒産が著しく増加したので、これに対処するために、入口を広くとり、簡易迅速を旨とし、経営者が続投する民事再生法が平成11年12月14日に制定され、同12年4月1日から施行された。再建型手続として従来制定されていた**和議法**には、(イ)申立てと同時に事態が十分に明らかでないままに再建計

画(弁済条件)を提示しなければならなかったこと、㊥決議された再建計画の履行を強制させることができなかったこと等の欠点があり、「和議は詐欺」などといわれていた。**民事再生法**は、これを是正して設けられたものである。

その後、民事再生の特別手続として、㋑**小規模個人再生**、㊥**給与所得者等再生**、㊧**住宅資金貸付債権**に関する**各特則**が設けられ、また外国倒産手続に我が国も協力するという「**外国倒産手続の承認援助に関する法律**」(**外国倒産手続承認援助法**)が制定され、これを受けて外国倒産関連規定が整備された(いずれも平成12年11月21日成立、同13年4月1日施行)。そして、**会社更生法**が大幅に改正され(平成14年12月6日成立、同15年4月1日施行)、倒産法制の基本法たる**破産法**(大正12年施行)が抜本的に改正された(平成16年5月25日成立、同17年1月1日施行)。その後、会社法の制定と合わせて**会社整理手続**が廃止され、**特別清算手続**の改正がなされた(平成17年6月29日成立、同18年5月1日施行)。以上により、我が国の倒産法制は面目を一新し、世界的に見ても十分に通用するものになったといわれる。

(4) 各法制の利用状況

表2 事件の種類と新受件数の推移

	破産	民事再生	小規模個人再生	給与所得者等再生	会社更生	特別清算
平成11年	128,488				37	343
平成12年	145,858	662			25	352
平成13年	168,811	1,110	1,732	4,478	47	335
平成14年	224,467	1,093	6,054	7,444	88	336
平成15年	251,800	941	15,001	8,611	63	290
平成16年	220,261	712	19,552	6,794	45	326
平成17年	193,179	646	21,218	4,830	44	398
平成18年	174,861	598	22,379	3,734	14	400
平成19年	157,889	654	24,586	3,086	19	395
平成20年	140,941	859	21,810	2,242	34	385

※司法統計:最高裁判所HP「平成20年度「民事・行政事件編」」

2　民事再生法の概要

(1)　要点

　裁判所の後見的な監督の下で、原則として債務者が業務遂行権・財産管理処分権を維持しながら（DIP型。DIPにつきp.9も参照）債権者の法定多数（法律に定められた多数）により認められた再生計画に基づき自主的再建を図る手続。

　かつての和議法が前記p.18のような欠点があったことを改めて、平成12年4月1日から再建型倒産法の基本法として施行された。

　民事再生法は、前記**アメリカ連邦倒産法第11章（チャプターイレブン）**の影響の下に成立したものであるが、チャプターイレブンについては、2009年に米国バラク・オバマ大統領がGM（ゼネラル・モーターズ）への同法の適用、それに伴う国の支援を認めた。

　民事再生法については、平成13年4月1日から更に広く、小規模個人再生、給与所得者等再生という簡易な手続、住宅資金貸付債権に関する特則が施行されている。外国倒産関連規定も整備された（民再第11章。破産法、会社更生法においても、同様に整備）。

表3　民事再生手続における既済、廃止、終結の件数

	再生手続既済件数	再生手続廃止	再生手続終結	再生手続終結割合
平成16年	834	109	515	61.8%
平成17年	1,010	194	763	75.5%
平成18年	941	157	736	78.2%
平成19年	814	155	607	74.6%
平成20年	731	187	480	65.7%

※司法統計：最高裁判所HP「民事・行政事件編」より

(2) 手続の流れ

申立てから終結までの手続の流れを、通常のケースに沿って、簡潔に、他の手続と比較できるようにして示す。

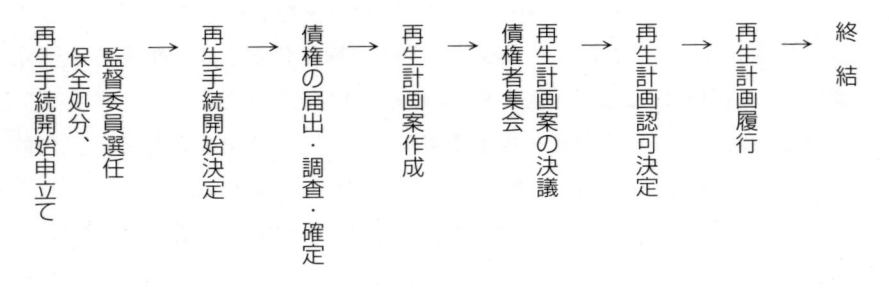

再生手続開始申立て → 監督委員選任 保全処分、 → 再生手続開始決定 → 債権の届出・調査・確定 → 再生計画案作成 → 再生計画案の決議 債権者集会 → 再生計画認可決定 → 再生計画履行 → 終結

① 再生手続開始申立ての要件は、(イ)破産手続開始の原因となる事実（後出p.28③参照）の生ずるおそれのあるとき、または(ロ)事業の継続に著しい支障を来すことなく弁済期にある債務を弁済することができないときである（民再§21Ⅰ）(会社更生でも同様（会更§17Ⅰ))。

通常、申立てと同時に、債務者の財産の保全（手形不渡りの回避も）のために、保全処分の申立てがなされる（民再§30Ⅰ）。また裁判所によって監督委員が選任される（監督命令）（民再§54Ⅰ）。

② 再生手続開始決定は、手続が進められることの可否が審理されて正式に手続が進められることが決定されることである（民再§33Ⅰ）。これによって、再生債権の弁済は禁止され（民再§85Ⅰ）、債権者の個別の権利行使（例：強制執行）も禁止される等の法律効果が生ずる（民再§39）（詳細はp.70）。

民事再生法では、この開始決定は、再生計画の可決の見込みがないことが明らかなどの事態以外には広く、かつ早期に（申立てから1週間程度）認められる（民再§25）。

③ 裁判所からの開始決定の通知を受けて、再生債権者は再生債務者に対する債権の届出を行う（民再§94）。

債権の届出・調査・確定は、再生債権者からの債権の届出を受けてその

存否・内容を調査して確定することである(民再§100、104 等)。

④　再生債務者の個別財産についての担保権者(抵当権、質権、特別の先取特権等)は、再生手続外で、その権利を行使することができる。この担保権を行使することができる担保権者の権利を**別除権**という(民再§53 ⅠⅡ、破§2 Ⅸ)。これを拘束すると、手続が複雑化するからである。別除権は、「別」のものとして手続から「除ける」の意味である。

⑤　再生手続で扱われる債権を**再生債権**に一元化し、上記別除権の他、共益債権、一般優先債権(労働債権、租税債権等)を手続の外に出した。これらを手続に組み込むと、計画案の決議等の関係で一般再生債権者と区別して扱う必要が生じ、手続が複雑化するからである。

⑥　再生計画案は、再生債務者などによって作成され、再生債権について、その何％をどの位の期間(10 年を超えない期間内)で弁済し、残額は免除を受けるかなどの計画である(民再§154 Ⅰ、155 Ⅲ、156、157)。

　計画による弁済は、最終的な清算である破産手続による場合(清算価値)より多くなければならない。これを「**清算価値保障原則**」といい、民再§174 Ⅱ④はこれを示す。

　再生計画案を債権者に提示し、債権者集会での決議を経て、裁判所の認可決定を得る(民再§174 ⅠⅡ)。決議の可決の要件は、出席債権者の過半数(頭数要件)及び総議決権債権額の2分の1以上(議決権額要件)の賛成である(民再§172の3 Ⅰ)。

⑦　再生計画の履行は、再生計画認可決定確定から3年間(履行が終了すればそれまで)、監督委員の監督を受ける(民再§186 Ⅱ)。そして、手続が終結する(民再§188 Ⅱ)。

(3)　手続の長短

① 長所

(イ)　事業再建のために柔軟に、(i)債務者自身による再建(**DIP 型**)、(ii)監督委員の監督下での自主的再建(**後見型**)、(iii)管財人による再建(**管理**

型)の方式が用意されている。実務では(ii)がほとんどであるが、これも基本的には DIP 型である。(iii)は極めて例外。東京地方裁判所では現在までに例外的な 1 件のみ。これは、管財人が必要なら会社更生手続にすればよいという考えである。さらに手続を一部省略した(iv)簡易再生手続、(v)同意再生手続が選べるようになっている(民再第 12 章)(これらもほとんど採用されていない)。

その結果、債権者からの反対が少なければ、旧経営者が残って経営を続けることができる。この点が、会社更生手続との最大の相違である。
- (ロ) 自然人、会社他全ての法人に適用され、申立て原因も広い。
- (ハ) 再生計画案可決の要件が、前記(2)⑥のとおりで、ハードルが低い。
- (ニ) 債権の届出・調査・確定、否認権の行使(民再§127〜)、取締役等に対する損害賠償責任追及の簡易手続(民再§143Ⅰ)などの手続・手段がある。

債権者からの届出のない債権は原則として失権する(民再§178)。
- (ホ) 実務ではほとんど監督委員が選任され、再生計画認可決定から 3 年間(履行の終了まで)、監督委員を通じて裁判所の監督に服することになり、履行確保が図られる。

② 短所

短所はまた長所の裏返しでもあるが、次のような点があげられる。
- (イ) 担保権が手続に拘束されないので、その対象物件が事業の継続に不可欠の場合に、担保権者との話し合いがつかなければ、担保権の実行(競売申立て)を受けるなどして事業の継続に困難を生ずる。
- (ロ) 旧経営者が残り、かつ決議のハードルが低いことから問題点の抜本的な解決がなされないおそれがある。

3　会社更生法の概要

(1)　要点

大規模または社会的存在意味のある株式会社について、債権者、株主、従

業員等の関係人の利害を調整しつつ、事業の維持継続を行い、会社の再建を図る。**更生管財人**が事業の経営を行い、関係人多数の同意と裁判所の認可を得た更生計画を遂行する。

担保権者、租税債権者らをも手続内に取り入れた強力な手続であり、他の再建型・清算型の倒産手続に優先する。

会社更生法は、昭和27年に米国法の影響を受けて成立したが、先に成立・施行（平成12年4月）されていた民事再生法の使用実績が良かったところからその成果を採り入れて、平成14年12月に大幅に改正が加えられた（同15年4月施行）（以下、改正会社更生法）。

(2) 手続の流れ

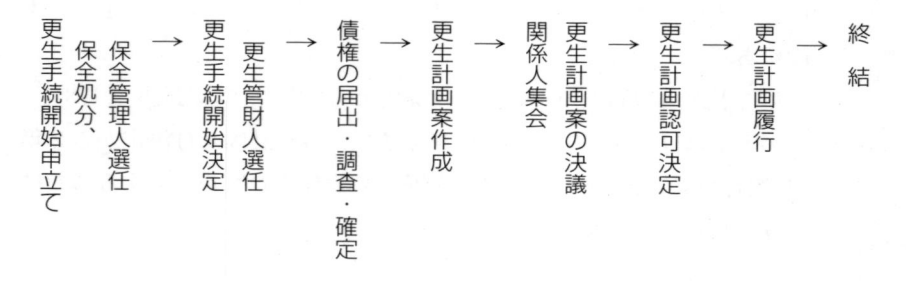

更生手続開始申立て → 保全管理人選任、保全処分 → 更生手続開始決定 → 更生管財人選任 → 債権の届出・調査・確定 → 更生計画案作成 → 関係人集会 → 更生計画案の決議 → 更生計画認可決定 → 更生計画履行 → 終結

① 手続開始申立て（会更§17）、開始決定（会更§41）、債権の届出・調査・確定（会更§145、150等）、計画案作成（会更§167Ⅰ、170Ⅰ）・その決議（会更§189〜）という手続の手順自体は、民事再生法と同様である。したがって、本編第4章で民事再生法について詳述するところも参照いただきたい。ここでは、大きな相違点に着目して述べる。

② 更生手続開始申立てと同時に、債務者の財産の保全（手形不渡りの回避も）のために、保全処分の申立てがなされる（会更§28）。また、裁判所によって**保全管理人**（弁護士）が選任される（保全管理命令）（会更§30）。旧経営者の**経営権**（業務遂行権及び財産管理処分権）はなくなる。

③ 更生手続開始決定の要件は、民事再生手続と同様であるが（会更§41）、

その吟味について、民事再生手続に比し、より厳格で、かつ決定までの期間も1か月程度を要する。

④ 開始決定後は、保全管理人が更生管財人として法的処理とともに、事業の運営を行う（会更§67Ⅰ、72Ⅰ、73）。必要により、事業家の管財人（**事業家管財人**（事業管財人）という）が選任される。この場合、弁護士の管財人は**法律家管財人**（法律管財人）という。改正会社更生法により、会社に対して損害賠償の責任のない旧経営者は、管財人となりうることとなった（会更§67Ⅲ）。

⑤ 会社更生手続では、民事再生手続と異なり、担保権の実行が禁止されている（会更§50Ⅰ）。更生担保権（担保権の被担保債権）は弁済禁止となり、更生計画に基づいて支払われる（会更§47Ⅰ）。なお、**更生担保権**は、民事再生法、破産法における別除権の範囲と同様である（会更§2Ⅹ）。

改正会社更生法により、更生担保権の評価の基準は時価とされた（会更§2Ⅹ）。これは従来、「会社の事業が継続するものとして評定した価額」（継続企業価値 going concern value）とされていたが、この算定が困難で、多くの紛争を生み（更生担保権確定訴訟）、手続の円滑な進行を妨げていたことに鑑み、より客観的な基準として採られた。しかし、「時価」であってもやはり算定は難しいところがある。これについて、裁判所による担保目的物の価額決定の制度（会更§153）等が設けられた（p.221参照）。

更生計画案作成にあたって、この更生担保権の評価をしなければならない。

⑥ 更生計画案の**関係人集会**での**可決の要件**は、㋑更生債権については、総議決債権額の2分の1超、㋺更生担保権については、a.期限猶予を定める更生計画案は総議決債権額の3分の2以上（実際には、このケースが多い）、b.減免等を定める更生計画案は4分の3以上、c.事業の廃止を定める更生計画案は10分の9以上、の各議決権者の同意があることである（会更§196Ⅴ）。改正前会社更生法では、上記㋑については3分の2、㋺aについては4分の3、㋺bについては5分の4以上であったところを、より緩和したものである。㋩株式については、株主の議決権数の過半数の同意であ

るが債務超過のときは株主に議決権はない(会更§166Ⅱ)。
⑦　更生手続の終結については、更生計画の遂行またはそれが確実と認められるまで手続が続く(会更§239)。更生計画認可決定後も、従来の法律家管財人が、**法律顧問**として(会更§71)、更生計画の履行の円滑化に寄与するという運用がなされている。この点で、民事再生手続(p.23㈱参照)よりも、履行が確実となっているといえる。

(3)　手続の長短
① 　長所
- ㈥　更生会社の経営権が管財人に移り、管財人を通じて裁判所の監督権が及ぶ。これにより、手続の透明性が確保される。
- ㈪　担保権者も民事再生法を含む他の倒産法とは異なってその評価に基づいて更生手続に服させられるので、事業再建に不可欠な物件の使用が保護されうる。
　　さらに租税債権は他の倒産法では優先されていたが、その優位性が減殺されている(会更§24ⅡⅢ、50ⅡⅢ等)。
- ㈧　債権の届出・調査・確定、否認権の行使(会更§86～)、取締役等に対する損害賠償責任追及の簡易手続(会更§100)などの手続・手段がある。
　　債権者からの届出のない債権は失権する(会更§204Ⅰ)。
- ㈤　会社法の特則として、合併、分割、増減資、定款の変更、取締役の変更等を更生計画で定めることができるので(会更§220、221、222、223、212、215、213、211等)、**組織の再編**(組み換え等)などに利点がある。これに対し、民事再生手続では、組織再編には原則として会社法の手続を必要とする。

② 　短所
- ㈥　手続が複雑で時間と費用が掛かる。したがって、中小企業の再建手続としては採り難いといわれてきた。

(ロ)　旧経営者の経営権がなくなる。また、場合により責任を問われる（必ずしも短所とはいえないが）。そのため、申立てが躊躇される。

　上記(イ)(ロ)の短所を改めるべく、平成 21 年から **DIP 型**、すなわち保全管理人は選任されず、会社の代表取締役が事業家管財人、会社更生申立代理人が法律アドバイザーまたは法律家管財人となり、別に調査委員が加わり、時間の短縮化も図られた会社更生手続が導入されている。詳細は、第 2 編第 5 章参照。

(ハ)　担保権者にとっては制約が大きく、また手続が強力であるために、「会社更生法は他人の犠牲の上に再建を図る悪法である」との声もある（もっとも、これは民事再生法に比し、程度の問題と考えられる）。

4　破産法の概要

(1)　要点

　債務者の財産を換価処分し、その金銭を債権者に平等に配当する手続である。清算型手続の一般法であり、さらには、再建ができなければ、法的に最終的にはこの手続を採らざるを得ないという意味で、**全倒産法の基本法**である。

　法人のみならず自然人にも適用可能な制度である。

　企業の破産の場合は、債権者のために、債務者の財産の清算を目的とするが、個人の破産の場合は、主に債務者の経済生活の再生の機会の確保を目的とする（事件数につき次表参照）。

	破産事件総数	企業破産事件数 *)	個人破産事件数
平成 18 年	174,861	8,522	166,339
平成 19 年	157,889	9,365	148,524
平成 20 年	140,941	11,059	129,882

*) 破産事件総数から個人破産事件総数を差し引いたもの

※司法統計：最高裁判所 HP「民事・行政事件編」より

　大正 12 年施行の古色蒼然とした破産法が、先行して制定・改正された民

事再生法・会社更生法の使用実績を踏まえて抜本的に改正された（平成16年5月成立、同17年1月1日施行）（以下、新破産法）。

　本来、清算型であるが、破産管財人がうまく事業を継続・譲渡することにより、実質的に**再建型**として利用することも不可能ではない。

(2) 手続の流れ

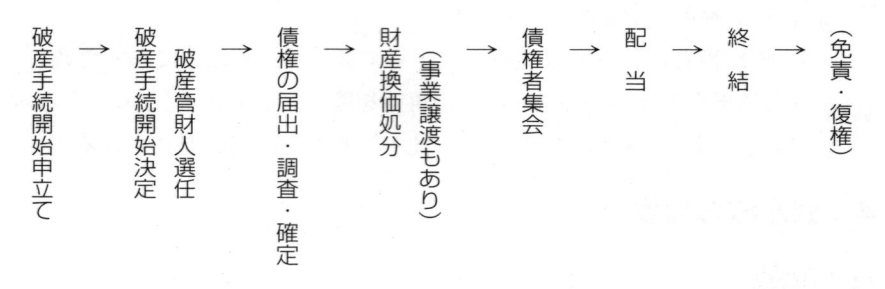

破産手続開始申立て → 破産手続開始決定 → 破産管財人選任 → 債権の届出・調査・確定 → 財産換価処分（事業譲渡もあり）→ 債権者集会 → 配当 → 終結 →（免責・復権）

① 破産手続は、経済的な死刑ともいえるので、再建手続（会社更生、民事再生）がこれに優先し、清算手続でも債権者の多数決で処理する特別清算手続は破産手続に優先する。

② 破産手続開始申立ては、債務者が自ら行う場合を**自己破産**（破§18Ⅰ）、会社の取締役が申し立てる場合を**準自己破産**といい（破§19Ⅰ）、債権者も申し立てることができる（破§18Ⅰ）。

③ 破産手続開始原因のうち最も原則的なものは債務者の支払不能である（破§15Ⅰ）。**支払停止**（例：手形不渡りによる銀行取引停止処分）は支払不能と推定される（破§15Ⅱ）。法人の場合は、**債務超過**、すなわち債務につき、財産をもって完済することができない状態（負債額が資産額を超過した状態）も開始原因とされている（破§16Ⅰ）。

　破産手続開始決定（破§30Ⅰ）は、旧破産法では、「**破産宣告**」といわれていた。開始決定は、申立て後1週間程度で出される。

④ 破産者が破産手続開始の時に有する財産を**破産財団**という（破§2XIV、34Ⅰ）。**破産管財人**は、破産財団を管理・換価し、公平な配当をし、破産

債権者の利益を代表する面を持つ(破§78Ⅰ、79)。裁判所の監督に服する(破§75Ⅰ)。

　資産を換価するための事業の継続・譲渡等は、裁判所の許可を得てなしうる(破§36、78Ⅱ③)。

⑤　債権届出・調査・確定は、民事再生法と同様である(p.21③参照)(破§111、116Ⅰ、124等)。

⑥　破産手続により配当が支払われる破産債権の他に(破§2Ⅴ)、破産債権よりも優先して支払われる**財団債権**として(破§2Ⅶ)、㈹破産手続に要する費用(例：管財人の報酬)、㈹租税債権、㈹使用人の給料・退職金などがある。財団債権は、民事再生手続における共益債権(p.22⑤、詳しくはp.72①㈹)と同様のものである。新破産法では、上記㈹の範囲を納期限未到来または到来後1年以内のものに制限した(破§148Ⅰ③)。また㈹は、手続開始前3か月分の給料及びその額に相当する退職金である(破§149ⅠⅡ)。

　また、破産債権の中にも、**優先的破産債権**として財団債権とはならない租税、給料等があり、他の破産債権に優先する(破§98Ⅰ)。反対に、破産手続開始決定後の利息等は**劣後的破産債権**となる。

⑦　別除権者(p.22④。破§2Ⅸ)は、破産手続外で担保権を実行することができる(破§65Ⅰ)。本来、破産手続は破産者の財産を換価清算する手続であるからである。ただし、実際には、競売では価額が下がるので、管財人が裁判所の許可を得て任意に売却をし(破§78Ⅱ①)、担保権者と話し合って売却金の一部(例：5％)を財団に組み入れることが行われる。

⑧　破産手続前の債務者の財産隠匿・処分に関する行為(詐害行為)、一部債権者に対する優先的な弁済行為(偏頗行為)を否認して財産を回復する否認権の制度が重要な意味を持つ(破§160〜)。

⑨　自然人の破産において破産財団を構成すべき財産がなく手続費用すら出せない場合は、破産手続開始決定と同時に**破産廃止**がなされることがある(**同時廃止**)(破§216Ⅰ)。

また、自己破産の申立てにおいては、比較的安い（東京地裁では20万円）報酬で破産管財人を選任し、手続を簡略化しながら進める運用がなされている（いわゆる**少額管財手続**。手続の進行の結果、配当がなされない場合は、**異時廃止**）。

⑩ 自然人においては、上記手続に続いて、支払えない債務の免除を受けるという**免責制度**（破§248〜）、同時に破産者ではなり得ない資格制限がなくなるという**復権制度**がある（破§255）。旧商法では破産者は取締役となれなかったが、会社法ではそのような制限はなくなった。

(3) 手続の長短

① 長所
 (イ) 手続の公正・衡平（釣合のとれていること）を担保する法的規制が整備されており、破産管財人による財団の管理、裁判所の監督も最も厳正である。
 (ロ) 債務者としても、個々の債権者からの厳しい取立てへの最後の砦である。
 (ハ) 破産手続開始決定後の取得財産は、破産財団に帰属しない**自由財産**となる（自然人の場合）。

② 短所
 (イ) 手続の硬直性と繁雑性、時間と費用が掛かり弁済率が低いなどといわれる。
 (ロ) 在庫商品などが低額でしか処分できず、また、否認権の行使や換価のために手続が長期化することもある。また、債権者の同意を要しないために**形式的平等原則**を貫くことになり、少額債権に配慮した特例扱いができない（これに対し、民事再生について、p.73 ③(イ)(ii)、p.74 ③参照）。

  新破産法で是正はされたが、やはり租税債権が優遇されているという問題はある。

5　特別清算の概要

(1)　要点

　本来の特別清算は、解散し、清算中の株式会社が債務超過の状態にある場合に、裁判所の監督の下に行われる清算手続である（**本来型**）。昭和13年の商法改正で、破産より簡易な、いわば「ミニ破産」ともいえる清算手続として導入され、平成17年7月の会社法の制定（同18年5月施行）に伴い、旧商法の手続が改善された。**特別清算人**が、その作成の協定案（債務免除を含む）を債権者の多数決によって可決し裁判所の認可を受け、資産・負債を均等の状態にするように処理をする（DIP型。負債が残れば、破産とならざるを得ない）。

　これを、債務を負った旧会社（A）から、**事業譲渡**または**会社分割**によって一部または全部の事業を取り出して新会社（B）に移転（譲渡・承継）し、Aは特別清算を行って消滅させ、Aの債権者に対して、BがAに支払った移転の対価あるいはBの債務の引受けにより弁済を行うという形式を採れば実質的に再建型として利用できる（いわば**再建利用型**）。

　なお、特別清算には、税務処理のメリットを求めて、親会社が赤字の子会社を清算する場合にも用いられる（**対税型**）。すなわち、親会社（B）の子会社（A）の業績が不振で債務超過の状態にあり、BはAを解体しようと考えたとする。㈲BはAに対して第三者の有する全債権を買い取る。㈹Bは、Aとの間の債権について、Aの資産から回収をする。㈸Bは更に残った債権を免除する。この場合、B（債権者）は、特別清算申立て時に、債権額の2分の1を損金算入でき、協定案の可決・認可による債務の免除を行うと免除した金額全額を損金として認められるという税務対策である。損金は、「益金（例：収益）－損金」が課税の対象となるので、その分、課税を免れることになる。その他、損金の例として、p.119参照（なお、収益の例は売上など）。実際には対税型の利用が多い。

(2) 手続の流れ

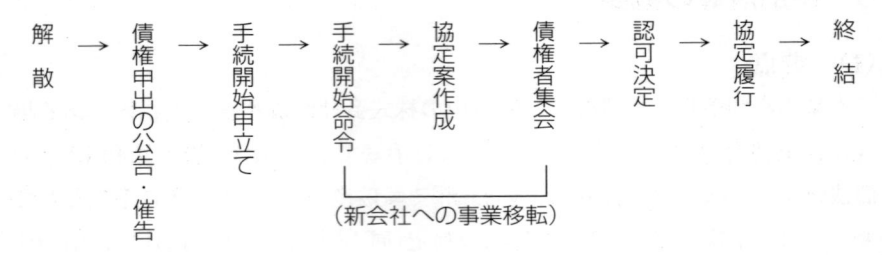

解散 → 債権申出の公告・催告 → 手続開始申立て → 手続開始命令 → 協定案作成 → 債権者集会 → 認可決定 → 協定履行 → 終結

（手続開始命令〜債権者集会の範囲：新会社への事業移転）

① 手続開始申立てに先立って**解散の決議**をしなければならない（会社§471）。解散したら清算がなされるが（会社§475①）、この場合、債権者に対し、債権を申し出るべき旨の官報公告、知れている債権者への催告がなされなければならない（会社§499Ⅰ）。

② **手続開始申立ての要件**は、(イ)清算の遂行に著しい支障を来すべき事情のあること、(ロ)債務超過の疑いがあることである（会社§510）。

　なお、債務超過でなければ特別清算でなく、**(通常)清算**として残余財産の分配がなされる（会社§475〜）。

③ 新会社への事業の移転は、特別清算手続内においては、上記図に示すような段階でなしうる。手続開始申立て前に事業の移転を行い、旧会社を特別清算することも可能である。この利用も多い。この場合は、申立て前の事業の移転は私的手続で行うことになり、全体として、私的手続と特別清算との組み合わせによる再建ということになる。また、事業の移転は、事業譲渡の他に会社分割（事業の承継）でもよい。

　手続の簡易化のため、否認権は認めていない。

　清算株式会社に対する債権を協定債権という。

④ 協定案の**可決の要件**は、出席債権者の過半数で総議決債権額の3分の2以上である（会社§567Ⅰ）。旧商法では、賛成の債権額が4分の3以上であったが、会社法では、要件がより緩和された。

　協定は、債権者の多数決によって定められる当事者の合意といえる。その結果、協定は、破産手続とは異なり、実質的な平等を図るため、債権の

額(少額かどうか)、種類(商取引債権かどうか)等によって異なる扱いをすることが可能である(会社§565)。

実務上、債権者数が少ない場合(多くは、対税型)は、協定(協定型)でなく、債権者との個別和解(**和解型**)によれば、債権者集会を行わなくて済むなど手続を簡易化できて処理期間も短くなる。

⑤　本来型の特別清算では、協定の履行は清算である。
⑥　監督委員、調査委員の制度がある(会社§527〜、533〜)。前者は特別清算人の監督、後者は、会社の業務・財産の状況などの調査を行う。旧商法では検査役。

(3) 手続の長短

① 長所
　(イ) 手続が簡略なので、従来の経営者が残り、迅速かつ柔軟な方法で処理できる。
　(ロ) 少数株主の非公開会社(閉鎖会社)、同族会社、親子会社などで解散決議が容易にできる場合に適する。
　(ハ) 会社法の(通常)清算手続の特別手続として位置付けられるので、倒産のイメージが乏しい。
　(ニ) 総議決債権額の3分の2以上の同意が得られそうな場合、予納金が50,000円と極めて低額である(東京地裁)。
② 短所
　(イ) 協定案の可決要件のハードルが高い。会社法では、旧商法に比し、要件がより緩和され、手続が利用されやすくはなった。
　(ロ) 再建利用型において、旧会社(A)と新会社(B)とは別法人なので、Aが取得していた官庁の許認可などが、事業譲渡の場合は必ずしもBに引き継がれず、会社分割においても引き継がれないものがあるので注意が必要である。

6　特定調停の概要

(1)　要点

　一般の**民事調停の特例**として設けられたものである(平成11年12月13日成立、同12年2月17日施行)。経済的に破綻するおそれのある自然人、法人について、専門的知識を有する調停委員と裁判官によって構成される**調停委員会が**、当事者(債権者・債務者)から事情を聴取し、事案処理に関係ある文書の提出を求めるなどし、当事者の意向を調整しながら合意を目指す手続である。

(2)　手続の流れ

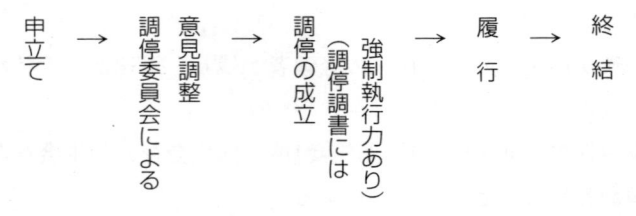

申立て　→　意見調整 調停委員会による　→　調停の成立 (調停調書には強制執行力あり)　→　履行　→　終結

① 　特定調停手続によって調停を行うためには、申立て時にその旨を求めねばならない(特調§3ⅠⅡ)。これをしないと、通常の民事調停事件として扱われる。
② 　特定調停では、話し合いの成立のために、民事調停におけるよりも、債権者の個別執行の停止の措置が拡大している(執行の対象が担保権などの他、判決に基づくものなどに拡大し、停止の要件も緩和)(特調§7)。
③ 　**調停委員**として、法律、税務、金融、企業の財務、資産の評価等に関する専門的な知識経験を有するものが選ばれる(特調§8)。
④ 　調停条項は、債務者の経済的再生に資するとの観点から、公正かつ妥当で経済的合理性を有する内容のものとされる(特調§15)。
⑤ 　裁判所が条項の決定をし、当事者が異議を述べなかったときは、その決定を裁判上の和解と同視する**調停に代わる決定**の制度がある(特調§20)。

調停委員会でなく、**裁判官**だけで**特定調停を行う**ことも認められている（特調§19）。
⑥ 調停によって免除した債務について、課税上損金として認められうるか（**無税償却**）は問題がある。平成11年12月7日の特定調停法制定時の国税庁課税部長の衆議院法務委員会での答弁では基本的にこれを認める旨の発言もあったが、特定調停では財産評定がなされていないので、実際上は難しいところがあると思われる。無税償却を認める手続（例：私的整理ガイドライン、事業再生ADR。p.142～、p.145～参照）が先行するなどの場合には、認められることがあると思われる。
⑦ 私的整理ガイドライン、事業再生ADRなどにおいて、一部の債権者のみが反対して合意が成立しない場合の受け皿としての利用が考えられる。この場合、事案によっては、前記⑤を活用して手続の迅速化を図ることができる。
⑧ 特定調停は、圧倒的に消費者関係の事件が多い。

　通常の民事調停事件の管轄は、簡易裁判所であるが、企業の再建に関する特定調停事件は、当事者の合意を得て、地方裁判所に申立てをする。東京地裁では民事第8部が担当である。

(3) 手続の長短

本制度は、民事調停の一類型であるので当事者間の合意が前提とされることに伴い、次のような長所と短所がある。
① 長所
　(イ) 簡易、迅速、柔軟といった調停手続の長所が生かせる。
　(ロ) 裁判所の関与があるので、私的整理などに比し、手続の透明性や公平性などに、より期待できる。
② 短所
　一部の債権者がどうしても合意せず、強制執行や破産の申立て等によって権利を行使しようとする場合には、本制度の利用は困難である。民

事再生手続などを利用すべきことになる。

7　私的（任意）整理の概要

(1)　要点

　裁判所の関与なしに債務者が多数の債権者と個別に結ぶ**和解契約の集合**である。公正・衡平の理念に基づいた手続の進行がなされるならば、簡易・迅速かつ柔軟な処理を図ることができ、また隠密にできるなどのメリットは大きい。

　手続が頓挫したなら法的手続に移行できる裏付けで行われるべきものである。

(2)　手続の流れ

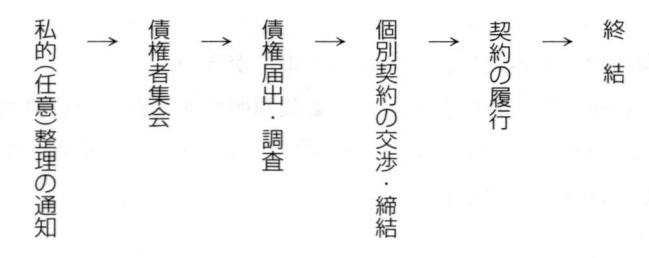

私的（任意）整理の通知　→　債権者集会　→　債権届出・調査　→　個別契約の交渉・締結　→　契約の履行　→　終結

① 　債権者集会は必要に応じて何回行っても良い。
② 　手続の進行のために、債権者委員、債権者委員会、債権者委員長が設けられることがある。一般に、債務者代理人たる弁護士が手続を適切にリードすることが重要である。
③ 　債権者、債務者以外の第三者が介在する場合は、本編第6章で述べる裁判外紛争解決手続（ADR。Alternative Dispute Resolution）となる。
④ 　実際の倒産事件の多くが、この私的整理によって処理されているといわれる。

　　なお、「任意整理」ということばで、経営困難に陥った企業が活動を停止し、在庫の仕入品、原材料などは納入先に返して負債を減じ、金融機関の

担保権の実行にまかせるなどの処理方法が採られることがあるが、早いもの勝ち・強いもの勝ちといえる状況で、とても本書で扱う「整理」とはいえない。

(3) 手続の長短
法的手続との比較として次のようなことがいえる。
① 長所
　一般的に、費用が低廉で簡易・迅速かつ柔軟、そして秘密に手続が進行し、弁済が短期かつ高めに行われる。
② 短所
　㈦　旧経営者の不正のチェックが困難であり、また強硬な債権者が無理を主張したりして手続が公正・衡平に行われないこともありうる。
　㈵　特に再建型の場合、全債権者の同意を得なければならないが、これが難しい。
　　また、保全処分を求めることができず、担保権者に対しても無力であり交渉は難しい。

㈦㈵の短所に対処するため、手続を整備、合理化したものとして、私的整理ガイドラインがある。さらに債権者・債務者以外の第三者の関与・主宰の立場が明確になったものとして事業再生ADRがある（以上、本編第6章）。

これらは、本章7での私的整理（いわば**純粋私的整理**）と法的手続との間に位置する。事業再生ADRは、私的整理ガイドラインの欠点を改めるべく登場したものであるので、より整備された強い手続である。

8 各手続の整理

ここで、これまで述べた各手続における債権者の同意の要否、**可決の要件**である**法定多数**の程度についてまとめると、次のようになる。

表4 各手続における債権者の同意の要否・可決の要件

手続	同意の要否	人数（頭数要件）	債権額（議決権額要件）
私的整理	同意要す	全債権者	
特定調停			
特別清算		出席債権者の過半数	総議決債権額の3分の2以上
会社更生法（更生担保権）		なし	（期限猶予の場合） 更生担保権者の 総議決債権額の3分の2以上 （減免等の場合） 更生担保権者の 総議決債権額の4分の3以上 （事業の廃止の場合） 更生担保権者の 総議決債権額の10分の9以上
会社更生法（更生債権）			更生債権者の 総議決債権額の2分の1超
民事再生法		出席債権者の過半数	総議決債権額の2分の1以上
破産法	同意不要		

各手続における債権と債務者の種類・名称についてまとめると、次のようになる。

表5　各手続における債権と債務者の種類・名称

	民事再生法	会社更生法	破産法	特別清算
一般債権 *1（無担保）	再生債権	更生債権	破産債権	協定債権
優先する場合		優先的更生債権 *2	優先的破産債権(p.29)	
劣後する場合			劣後的破産債権(p.29)	
	約定劣後再生債権 *3	約定劣後更生債権 *3	約定劣後破産債権 *3	
共益または公益的等債権	共益債権 一般優先債権（手続外で優先して弁済）	共益債権 *4（手続外で優先して弁済）	財団債権(p.29)（破産債権に優先）	一般優先債権 *5（手続外で優先して弁済）
	開始後債権 *6	開始後債権 *6		
担保付債権	別除権	更生担保権	別除権	
債務者	再生債務者（手続申立て後、開始決定の前後を問わない）	更生会社（開始決定後。申立て後、開始決定前は「開始前会社」）	破産者（開始決定後。開始決定前は単に「債務者」）	清算株式会社（手続申立て後、開始決定の前後を問わない）

*1 無担保で、非優先・非劣後の債権。
*2 民事再生法における一般優先債権と同様（会更§168Ⅰ②）。
*3 金融機関等がいわゆるBIS規制の要請に従うために、借り受けて資本とみなす劣後債・劣後ローン。劣後処理の合意がなされる（民再§35Ⅳ、155Ⅱ、会更§43Ⅳ①、168Ⅰ④、Ⅲ、破§99Ⅱ。いずれも新破産法制定時に制定）。実際には、弁済はほとんど考えられない。
*4 民事再生法における共益債権と同様だが、やや拡大（会更§127～131、132ⅠⅡ）。
*5 民事再生法における一般優先債権及び共益債権と同様（会社§515Ⅲ参照）。
*6 民再§123Ⅰ、会更§134Ⅰ

また、各手続の法的優劣をまとめると、次のようになる。

	債務者申立て	債権者申立て	
私的(任意)整理			} 再建型
法的手続 会社更生法			
法的手続 民事再生法			
法的手続 特別清算			} 清算／再建利用
法的手続 破産法			} 清算型

法的には、原則として、次のような優先順位となる。
① 債務者申立て ＞ 債権者申立て
　理由は、次のように考えられる。まず、倒産処理手続の採否は、債務者にとって極めて重要な事項なので、これを第一義的に債務者の意思に委ねること、次に、手続の履行は、債務者の協力がなければ合理的になし難いので、その意思をより重視することなどである。
② 再建型 ＞ 清算型
③ 会社更生法(特別法) ＞ 民事再生法(一般法)
　民事再生法 ＞ 特別清算(再建利用型)(民再§26Ⅰ①、39Ⅰ)
　特別清算は、本書では再建のための利用について考えるが、本来、清算型なので、法的には上記のようになる。
④ 特別清算(清算型、本来型)(特別法) ＞ 破産法(一般法)

Column 2
争う土俵の重要性

　ある面で世の中でヤクザと弁護士はケンカのプロ（専門家）である。ケンカは争いであるが、おとなのケンカ、社会におけるケンカはそれがなされる場（いわば土俵）が重要である。場に適した人間が勝つのである。したがって、場の設定が重要である。例えば、ケンカに類したケースとしてリングを場にすれば、私はアントニオ猪木にかなわないが、法律の場、もっと端的には法廷においては私は猪木に負けない。

　このように、ケンカにおける勝敗は、そのなされる場の設定によって決まる。ケンカのプロにはそのことが分かっているから、自分のウデを生かせる得意な場でケンカをしようとする。また、そのような場を作ろうとする。そして、そのような場に相手を引っ張り込もうとする。そうすれば勝つわけである。

　ヤクザも弁護士もケンカのプロであるから、相手の土俵には行こうとしない。したがって、互いに自分の土俵で戦おうとして正面衝突せず、いわばスレ違いになる。そして、事案の解決に向けてヤクザと弁護士が相手方となった場合には、いわばスレ違った状態で解決が図られることがある。

　ところで、弁護士業務も、最初のうちは自分の得意な場というものがなかなか持てない。しかし、年数を経てそれなりの努力を重ねて経験を積むと段々と自分の場が形成できて、そこで仕事ができるようになる。誰でも、年齢が上がれば、若いころに比し、体力はもちろん特に記憶力や新しい分野を究める頭脳の力が衰えることは明らかである。しかし、自分の形成した場においては若い人達に負けない。逆にそうなれるように努力を重ね経験を生かせるようにならなければいけないということである。

　私は、若い弁護士に対してはもちろん、大学等で学生に教えることもあるところから、このように自分の頭で考えた努力の継続の必要性を説いている。

第3章　いかなる再建手続を採るか

1　再建か清算か

　まず、再建しうるか清算をせざるを得ないかについて考える。この場合、ある事業部門を取り出して、再建できないかを考えることもできる。なお、事業部門を取り出す方式に、事業譲渡(p.83〜等参照)、会社分割(p.150〜参照)がある。

(1)　考慮すべき要因
① 　営業利益の段階で黒字かどうか。

　営業利益(E)とは、売上(A)から売上原価(B)を引いた売上総利益(粗利)(C)から販売費一般管理費(D)を引いたものである。

```
　　売上(A)
 －売上原価(B)
　　売上総利益(C)
 －販売費一般管理費(減価償却費を含む)(D)
　　営業利益(E)
```

　この**営業利益**が黒字(すなわち、$E = (A - B) - D > 0$)でないようでは債権者に対する返済などできず、したがって債権者に対する返済をしつつ再建をすることは不可能である。むしろ現存の資産を食いつぶしていくだけであり、事業体として継続させる価値はなく、直ちに清算した方が債権者の利益にもかなうということになる。

　ただ正確にいえば、販売費一般管理費の中には減価償却費があり、こ

れは一面では実際に設備の維持・改新のために用いられるが、他面では形式的な基準で算定されるため、その分利益を内部に留保できることになる。したがって、短期的な視点で考えれば、減価償却費を除いた販売費一般管理費を引いて営業利益が黒字になることが必要ということになる。

またギリギリでも、上記の意味での営業利益が黒字でなくても、遊休物件の売却、不採算部門の切捨て、リストラなどの経営努力によってこれが黒字にできることが不可欠である。

② 3か月程度の運転資金(仕入、給料その他の経費)を確保できるか。

会社が倒産状態になれば、借り入れができないからである。

③ 仕入先が今後も商品を供給してくれるか。

販売先が今後も購入を続けてくれるか。

④ 別除権(担保権)や租税等の、一般債権に優先する債権が過大でないか。

これらが過大だとどの法的手続を採っても、これらを削ることは困難なので、一般債権の配当までは手が廻らず、したがって再建についての同意が得られない。

⑤ 従業員が残ってくれるか。

優秀な従業員の確保が、ある意味では金銭だけでは最も解決し難い問題だと思われる。

(2) 判断

再建のためには上記①〜⑤の要因をクリアーしなければならない。ただ自分の力だけでなく、例えばスポンサー(支援企業)が現れたり、仕入先、販売先などが支援してくれたりして、上記要因をクリアーしても良い。

ここで裁判所に納める**予納金**について、民事再生法(再建型)と破産法(清算型)の場合について簡単に触れる。次表によれば、破産手続では、管財事務に大きな負担のない債務者申立て(自己破産)の場合は、官報公告等の費用

のほかは 20 万円と低廉であり（少額管財手続）、債権者申立ての場合においても、民事再生に比し 1/3～3 割程度、低廉である。なお、特別清算では、協定型では 50,000 円、和解型では 8,360 円と極めて低廉である。

表 6　民事再生手続と破産手続の予納金（東京地裁）

負債総額	民事再生手続	破産手続（法人）	
		債務者申立て	債権者申立て
～5000 万円未満	200 万円	20 万円	70 万円
5000 万円～1 億円未満	300 万円		100 万円
1 億円～5 億円未満	400 万円		200 万円
5 億円～10 億円未満	500 万円		300 万円
10 億円～50 億円未満	600 万円		400 万円
50 億円～100 億円未満	700 万円		500 万円
100 億円～250 億円未満	900 万円		700 万円～
250 億円～500 億円未満	1000 万円		
500 億円～1000 億円未満	1200 万円		
1000 億円以上	1300 万円		

民事再生手続の東京地裁の運用では、計 3 回の分納が認められている。詳しくは裁判所の担当書記官と相談されると良い。

2　私的手続か法的手続か

次に、再建を目指すとして、私的手続を採るか、法的手続を採るかについて考える。

(1)　決議の可決の要件

私的整理は手続に費用が掛からず、簡易、迅速、柔軟に処理を行うことができる。ただし、債権者全員一致の同意を要する。これに対して法的手続は裁判所の関与の下、より公正・衡平かつ透明性のある処理ができ、債権者による決議の可決は法定の多数で足りる。

したがって、債権者数が少なくかつ交渉困難な債権者がいない場合は私的

(任意)整理で解決できることがあるが、そうでない場合には法的手続とせざるを得ない。ここで交渉困難な債権者とは、他の債権者に比し自己の利益の主張が強過ぎたり、解決について柔軟でなかったりする者である。前者の例としていわゆる「街金」、後者の例として、ある場合の公的金融機関などがあげられる。

(2) 保全処分などの措置を採りうるか

　法的手続では、財産に対する保全処分などの措置を採りうる。また、弁済禁止の保全処分により手形不渡りを免れることができる。

　この場合も、交渉困難な債権者がいると、その債権による権利行使(差押え、仮差押え等)をされるおそれがある。また、民事再生手続も、「倒産処理手続」の一種ではあるが、現在では「再生」の色彩も強く、世間的には手形不渡りより良いという見方もある。

(3) 手続費用他

　手続費用としての裁判所に納める予納金については、法的手続ではさきにも触れた程度の額を要し、私的整理ではこれが不要となる。

　私的整理も、内容的には法的手続、例えば民事再生法などの趣旨を生かして手続を進めることが合理的であり、手続的には手続が頓挫したならばこれら法的手続に移行できることが手続を推進できる力となる。

3　いかなる再建型の法的手続を採るか

　再建型の法的手続については、既に本編第2章で横断的にその概要を見てきたところであるが、結論として、(イ)民事再生手続、(ロ)会社更生手続、及び(ハ)特別清算手続で、再建利用型として、手続中または手続前に(ⅰ)事業譲渡をする場合、(ⅱ)会社分割をする場合、が考えられる。(ニ)特定調停も、債権者の協力が得られる場合には、これを採ることが考えられる。この中から、次に述べる①～⑧のような視点より総合的に検討して手続を選択すべきことにな

る。総じていえば、①は絶対的な要件となり、②以下のうち、②③④はより重視されるであろう。

① 株式会社か否か

会社更生手続、特別清算は株式会社についてのみ適用がある。これに対し、民事再生手続、特定調停は自然人、法人が対象で、法人についてはどんな種類であるかを問わない。

② DIP 型を採るか管理型(管財人を選任)を採るか

(イ) 旧経営陣に再建の意欲と能力があり、かつ大口債権者も反対しないようであれば、DIP 型(p.9、p.22 参照)でよい。したがって、民事再生手続か、再建利用型としての特別清算手続を採ることとなる。

次に、各手続を実際に主導して行うのが誰で、それをどのような機関が監督し、また業務・財産状況などの調査をするかについて示す。

	主導者		通常	例外的
民事再生法	債務者(代理人)	DIP 型	監督委員	管財人、調査委員
特別清算	特別清算人(常置代理人)	DIP 型		調査委員、監督委員
会社更生法	更生管財人	管理型		調査委員、監督委員

通常、民事再生手続の債務者代理人は弁護士がなり、特別清算手続の特別清算人に弁護士がなることもでき、特別清算人常置代理人も弁護士がなる。**常置代理人**は、裁判所の許可を得て、個別の法律行為でなく、包括的常置継続的に代理をなしうる。更生管財人は、弁護士がなる場合と、法律家管財人に弁護士、事業家管財人に事業家がなる場合がある。更生管財人は、裁判所の許可を得て、更生管財人代理を選任することができる(会更§70。なお、破産管財人も同様に破産管財人代理を選任できる(破§77))。

倒産に至るについて旧経営陣の有責性が高いなどの理由で大口債権者の賛同が得られないようであれば、DIP 型であっても旧経営陣は退陣

し、あるいは管理型を採ることになる。管理型であると、旧経営陣に対する責任の追及は、より厳しくなると考えられる。なお、最近では会社更生手続においてもDIP型の採用がなされている。事案によるが、その要件を充たすことは必ずしも容易ではないように思われる。

(ロ) DIP型で旧経営陣が経営を行えば、経営の継続性を保つことができ、新たに更生管財人が経営を主導するより、迅速、柔軟かつ合理的な経営が期待できる。社外からも経営の安定性が分かる。

③ **手続の透明性**

いずれの手続を採っても公正、衡平に行われなければならないことは論をまたないが、②で示した各手続を実際に行う機関によって手続の**透明性**(外部から分かりやすいという意味で)に差異が出よう。

④ **担保権の実行をされるか**

倒産手続に入れば、担保権者との交渉を要するが、会社更生手続では担保権者をも手続に取り入れるために担保権の実行をされることがない。これに対し民事再生手続、特別清算では、担保権は手続外での扱いとなるため、その実行を一時的にしか止められない。したがって、交渉の困難な強引な担保権者がいるかどうかがポイントとなる。

これら手続について具体的には各ケースによるが、一般的には特別清算→民事再生→会社更生の順に後者ほど手続が厳格になり透明性も高くなるが、手続には費用、時日を要し、会社更生→民事再生→特別清算の順に後者ほど手続が柔軟、迅速、低廉になる傾向があるといえる。

⑤ **債権者の数、種類**

これは、表4(p.38)のような各手続の可決の要件である法定多数を取れるか否かという視点から考えねばならない。

人数については、多くのケースで債権者となる仕入先等は商取引維持を望むことが多く、したがって賛同が得られるであろうから要件をクリアできよう。ただし、ゴルフ場などのケースで会員に反対運動など起こされてしまうと過半数の取得が困難となることも生じ得よう。なお、会社更生法

では、株式会社の資本性から頭数要件は不要とされる。

問題は債権額である。これについて考えるべき視点として、1つは、さきに述べたような交渉困難な債権者の有する債権額の割合が重要である。これが小さいほど手続の選択の幅が広がり、例えば特別清算手続も採れることになる。もう1つは、次に述べる大口債権者の意向である。

⑥ 大口債権者の意向の予測

大口債権者は、多くの場合金融機関である。したがって、もちろん申立てに先立って採る手続について打診して同意を得られれば良いが、隠密に行わねばならないことも多い。しかし、この場合も採ろうとしている手続に何とか賛同してもらえそうな読みは必要となる。ここで「読み」とは、利害得失を説いて賛同してもらえそうな計算である。利害得失の最も基本となるものは再建手続を採った場合の、破産と比較しての有利性である。ただし、その差が余りに小さいと、金融機関側の不良債権処理を早期に行うべき要請や債権管理にコストを要すること等から賛同を得られないことがある。

また、その手続においてあるいは手続に至る事情において不透明、特にダーティ、偏頗等と見られるものがありこれが解消されないと認められるならば賛同が得られないことは当然である。

⑦ 事業の規模

会社更生法は手続が厳格で強力なため周囲に及ぼす影響が大きい。そのため、申立てに際して受理されるための疎明も詳しいものを求められ（数か月間の運転資金の準備の説明なども含む）、さらに開始決定を得るための更生計画の可決の見込みがありうること等の要件の審理も厳格で、これに至るまでの期日も要す。

そこで事業の規模も大きく、その存在が社会的に価値ある会社に適する手続である。そうでなければ、民事再生手続などが選ばれることになる。もっとも、大規模な会社でも民事再生手続が採られるケースもある。

⑧ **特定調停**

　特定調停は、債権者全員との合意が必要なので、債権者数が少ない場合や交渉困難な債権者がいないことが条件となろう。ただし、私的整理の場合とは異なり裁判所の関与した手続であり、また専門性を有する調停委員による合意に向けての説得などは十分に期待できる。

4　再建手続と事業継続の方式との組み合わせ

　以上は、主に再建について、債務整理(p.3)の観点から、採るべき手続について検討したが、これに事業継続の方式を組み合わせると、本書においては、次のように整理しえよう。

		私的整理	ADR[*1]	法的手続		
				民事再生	会社更生	特別清算（再建利用型）
別会社による事業継続	事業譲渡					
	会社分割					
会社は代えずに第三者が事業継続（株式引受）[*2]						

[*1] 裁判外紛争解決手続(p.36(2)③参照。詳しくは、p.146〜参照)。
[*2] 会社の株式を100％減資して第三者(引き受け先)が増資を引き受けるなど(p.121参照)。

Column 3
ヒト、モノ、カネ

経営には、「ヒト、モノ、カネ」が要点といわれるが、これについて、私が従来、再建を通じて弁護士として携わってきたところを本書との関係でまとめると、次のようになると思われる。

1 ヒト、モノ、カネの意味
① ヒトとは人材のことである。個々人についてとその集合としての組織体についての面がある。
② モノは、ヒトとカネ以外である。例えば、製造設備、商品、知的財産権などである。
③ カネは文字通りである。

2 倒産原因と対処
(1) 倒産原因
　直接には資金繰りがつかなくなることがほとんどである。さらにその原因としては、①通常事業の不振、②通常事業を超える面のある、例えば、過大な設備投資、新たな事業展開（副業なども）の失敗、株取引の失敗などである。
(2) 対処
　倒産後、上記(1)②からは撤退することになり、再建のためには(1)①の改善が不可欠である。この(1)①については、㈲コスト削減を図って売上の量的拡大を目指す方向と、㈠売上について、質的な転換を図ってその拡大を目指す方向とがある。売上が上らないと再建は困難である。(1)①、特に㈠については、従来の方法を変え、「需要（顧客）に合わせること」である。ここをよく反省しないで金をつぎ込んでも無駄である。その手段としては、a. 外部からの意見も採り入れて（場合により外部の人に企業内に入ってもらい）、衆議に努め、そのために組織を風通しのよい（意見が出やすい）ものにし、b. 良いと思う方向にやってみることである。やり方の工夫はあろうが。

3 倒産法制（再建法制）
　ところで、我々が本書で検討する倒産法制のうち再建法制はどのような位置付けになるのであろうか。これは、基本的には、前記1③の金の出を抑えることに資する制度である。よく経営のためには「入るを量って出ずるを制することだ」というが、出ずるを制するためのものであり、入るを量るためのものではない。さきに第1章で企業の再建のためには、a. 事業運営と、b. 債務整理が車の両輪であると述べたが、このbの面にかかわるものである。もっとも前記2(1)②の対処などには法制度の利用が不可避であるが、これは必ずしも「倒産（再建）」法制には限らない。
　しかし、「出ずるを制する」といっても商取引債務の支払を止めるあるいは減ずると、商取引に支障を生じ、事業運営に支障

を来し、再建はおぼつかなくなる。そこで商取引債務と金融債務（通常こちらが大きい）とを区別して、法的に後者の支払を減ずる工夫がなされることになる。この考えは、第1編第6章で述べるところである。

4 M&Aの視点

端的には、前記1①、②の総体に価値を見出し（①②間のウェイトは各事業によって異なる）、3を利用して資金を有効に活用することである。事業を展開しようとする場合、新たに事業を起こすより、既存の事業を手に入れて整備する方が良いというところをねらうことになる。またファンド的な視点からは、手に入れた事業を整備して転売して利を図りうれば良いということになる。

5 弁護士の役割

ところで、再建に携わる弁護士とはどのような役割をになうべきことになるか。再建への両輪は、事業運営と債務整理であり、後者については主導的立場になり、前者についても事業者に必要なアドバイスを与えることになる。ここで留意すべきは事業者は再建をしようとしていて、弁護士に対し、（新たな案件を）「しても良いか」と問うことになる。これに対し、弁護士が、少しでも問題・危険性があれば、「しない方がよい」と答えたのでは、役に立たない。「できるか」という方向から考え、どのような条件の下に問題・危険性があり、仮に問題が生じたらどう対処したら良いかなどという視点から答えるようにすべきである。

また、弁護士が事業運営を主導する立場になる場合には、複数の立場の違う人の意見も聞いて判断していくようにすべきである。

私が以前に扱った大手居酒屋チェーンの再建の案件で、私は債務者の代理人であったが、スポンサーが弁護団を連れて乗り込んできて、当初は、むしろ私達を敵視するような状況であった。しかし、連れてきた弁護団が、失敗した場合の退路の心配ばかりをしていて、「これからしたい」ということについて相談しても答が出てこないということで、もっぱら私達の方に相談をしてくるようになったというケースがあった。

第4章　民事再生法による再建手続

　民事再生法について、再建手続の一般法として、㈵手続のより厳格な再建の特別法である会社更生法との関係、㈻清算手続の一般法である破産法との関係にも留意しつつ、「実務と考え方」に即して説明を行う。手続の流れを、次図に示す。

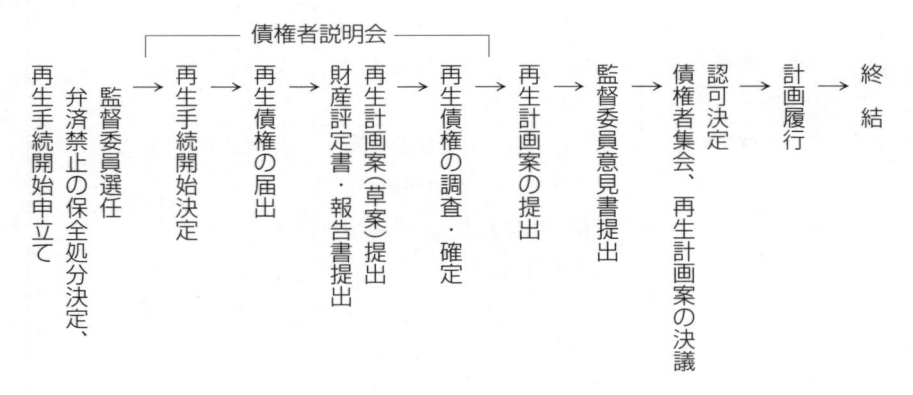

再生手続開始申立て、弁済禁止の保全処分決定、監督委員選任 → 再生手続開始決定 → 再生債権の届出 → 財産評定書・報告書提出 → 再生計画案(草案)提出 → 再生債権の調査・確定 → 再生計画案の提出 → 監督委員意見書提出 → 認可決定、債権者集会、再生計画案の決議 → 計画履行 → 終結

（債権者説明会は再生手続開始決定から再生計画案の提出の間に行われる）

Ⅰ　民事再生法の和議法との相違・特徴・施行状況

　民事再生法は従来行われていた**和議法**の長所を残し、欠点を改めるべく制定されたものである。長所とは簡易な再建手続であることであり、欠点は、㈵再建計画（弁済条件）を申立てと同時に提示しなければならないことや、㈻再建計画の履行確保の手段が用意されていないことなどである。㈵については、倒産時の混乱期に十分に検討した再建計画を立てられるかといった問題があり、㈻については、再建計画が可決され裁判所の認可決定がなされると、後は裁判所の手を離れるため債務者が再建計画を履行しない場合にその

履行を強制するための手段に乏しかった。そのために、筆者も、第1回の弁済期から履行がなされなかったケースにも遭遇しており、「和議は詐欺」などといわれ、信用性が得られない制度であった。

次表に、民事再生法と和議法との簡単な比較を行う。

表7 民事再生法と和議法の比較

		民事再生法	和議法
1	適用対象	個人、法人。	個人、法人。
2	開始原因	破産原因の生ずるおそれ等（早期に申立て可）。	破産原因。
3	再建計画案の提出時期	事態を理解する程度の期間の後で可。	申立てと同時。
4	履行確保の手段	裁判所が選任する監督委員が3年間再生計画の履行を監督。債権者表に対する執行力の付与。	用意されていない。
		不履行の場合の手続取消の容易化（1/10以上の債権者の申立て）。	（3/4以上の債権者の申立て）。
5	担保権に対する制約	担保権実行の一時停止、担保権消滅請求が可。	なし。
6	可決の要件	債権額の1/2以上（出席債権者の過半数）。	債権額の3/4以上（出席債権者の過半数）。
7	保全処分後の申立て取下げ制限	あり。	なし。
8	否認権	あり。	なし。
9	経営者	残る。	残る。

また、我が国の長引く不況下に特に中小企業の倒産が著しく増加したのでこれに対する法的再建手続を早急に用意する必要があった。その結果、**民事再生法**が平成11年12月14日に成立し、**民事再生規則**などが整備されて、同法は平成12年4月1日から施行されている。

　民事再生法の目的は、「経済的に窮境にある債務者について、その債権者の多数の同意を得、かつ、裁判所の認可を受けた再生計画を定めること等により、当該債務者とその債権者との間の民事上の権利関係を適切に調整し、もって当該債務者の事業又は経済生活の再生を図ること」である（民再§1）。

　民事再生手続（以下、再生手続とも略す（民再§2④））の特徴は、既に本編第2章2で述べたところであるが、実務的に見ると、次のように考えられる。最大の点は、**DIP型**、すなわち基本的に旧経営陣が経営を行いうるということである（「業務を遂行し（**業務遂行権**）、又はその財産を管理し、処分する権利（**財産管理処分権**）を有する」民再§38Ⅰ）。そして、巷間では、債務者において、再建に能力がある弁護士を民事再生申立代理人に選べば、効率的合理的に再建を行うことができることの利点がいわれる。この点が、申立て後は債務者の手を離れ、裁判所によって選任された更生管財人（弁護士）によって運営がなされる会社更生手続との相違である（なお、会社更生手続の最近の動向について第2編第6章参照）。ただし、再生債務者（したがって申立代理人も）は、従来（再生手続開始前）のように自己の利益だけを図っていてよいわけではなく、「債権者に対し、公平かつ誠実に、業務の遂行、財産の管理・処分を行い、再生手続を追行する義務を負う」のである（**公平誠実義務**。民再§38ⅡⅠ）。なお、実際には、小規模会社などで、代表取締役が事業面で不可欠の能力を有している場合には経営者として残ることがあろうが、ある程度の規模の会社では、経営責任の面から、申立て後などに代表者が退任しないと、大口、特に金融債権者の賛同が得られないことも多いであろう。

　再生手続の実務的に2番目の特徴は、手続の迅速性である。裁判所によって、申立日から債権者集会まで5か月の手続の標準スケジュールが定めら

れ、これに沿って厳格に手続の進行が図られている。

　再生手続は、その内容が社会的要請に合致し、使い勝手も良く、これに東京地方裁判所民事第20部等によるその運用の積極的推進などが相まって、和議手続に比し、飛躍的にその利用が増加した。その状況は表2（p.19）のとおりである。最近では、次第に、地方にもその利用が広まってきている。そして当初は、中小企業が対象と考えられたが、㈱そごうのような大企業にまで適用され、最近平成20年9月にはリーマン・ブラザーズ証券㈱が申立てを行った（事業譲渡後、解散・清算中）。また、平成13年4月から個人についての簡易な再生手続も導入された。

　なお、再生手続中に、この手続に賛同しない者によって会社更生手続の申立てがなされることがあるが、再生手続によることが債権者の一般の利益に適合するときには（例：再生手続の進行状況の考慮）、その申立ては棄却される（会更§41Ⅰ②）（原則はp.40③のとおりであるが）。

Ⅱ　申立てから開始決定まで

1　申立て前の留意事項

(1)　必要資金の用意と保管
① 必要資金の用意

　民事再生を申し立てると、信用上、仕入先からは代金引換えでないと商品の仕入ができなくなり、下請などは代金支払と引換えでないと仕事をしてくれないという事態になるので、これらに対処する資金の用意が必要となる。

　つまり、民事再生を申し立てて、手続開始前（保全命令が出るとそれ以前）の旧債務は棚上げされるが、申立て後の事業資金は現金で支払わねばならなくなって、負担は軽くならない。むしろ早期に払うべき種々

の出費が生じたりすることもある。さらに、売掛金の回収はできるはずであるにもかかわらず、売掛先（得意先）が、納入品のアフターフォローが不十分になるのではないかという口実などによって支払を引き延ばすおそれがある。

これらのため、申立て後数か月（例：2か月）程度後に最も資金繰りが苦しくなることがあり、これを乗り切れるだけの、2～3か月程度の運転資金（追加が生ずることも含め）の目処が必要とされる。

民事再生を申し立てると、他にも直接的または間接的に信用上の問題を生ずることがあり、客観的かつ冷静な対応が必要とされる。

② 資金の保管・入金場所

民事再生申立てにより、金融機関から期限の利益の喪失を受け、預金等は相殺される。また、申立て後はこれを知った金融機関は預金等を相殺できないはずである（p.91 参照）。しかし、実際には金融機関の担当者との間などでトラブルが生じやすい。そこで、債権者である金融機関の口座から債権者でない別の金融機関の口座（必要なら新しく口座を設けておく）に預金を移しておかねばならない。また、同様の理由で、売上などの入金も別の口座にする。

(2) 申立ての時期

申立て会社は一般に運転資金にも窮していると思われるところから、大きな入金が得られた後あるいは大きな出金がなされる前が良いということになる。

もとより取込詐欺的なことがあってはならない。また、一般に債権者との間で遺恨を生じるようなことを行うと、手続を進める上で後々まであつれきを生じ、負担となることがある。上場会社の場合、証券の取引時間（「場」）の終了後に行うなどの配慮を要することがあり、証券取引所での説明を求められることがある。週末に申立てを行うことも考えられる。

(3) 事前の裁判所との連絡その他

東京地裁の運用では、申立て前に、資料2「再生事件連絡メモ(法人・個人兼用)」のような簡潔な事件、手続の予定についてのメモを裁判所宛に送信することとされている。

また、申立て直後(1週間以内)に、債権者に対し、民事再生申立てについての説明会(後出 p.61)を行う必要があるので、人数・時間を予測して会場を確保する。場合により、警備に留意する必要があることもある。

2　申立て

(1) 申立ての要件、申立権者

申立ての要件は、①債務者に破産手続開始の原因となる事実の生ずるおそれがあるとき(民再§21Ⅰ前段)、または②債務者が事業の継続に著しい支障を来すことなく弁済期にある債務を弁済することができないときである(同後段)。

申立権者は、債務者(民再§21Ⅰ)、及び上記①の場合は債権者も申立てをすることができる(民再§21Ⅱ)。

①における破産手続開始の原因とは、(イ)支払不能、または(ロ)債務超過である(破§15Ⅰ、16Ⅰ)。支払停止があれば、支払不能と推定される(破§15Ⅱ)。(イ)について、**支払不能**とは支払能力を欠くために、弁済期にある債務につき、一般的かつ継続的に弁済することができない状態をいう(民再§93Ⅰ②、破§2ⅩⅠ)。(ロ)について、**債務超過**とは、債務者がその債務につき、その財産をもって完済することができない状態である(破§16Ⅰ)。

民事再生手続申立てに至った債務者については、債務超過であることがほとんどであるが、申立ての要件との関係では、上記①のうち、支払不能、または②が、より顕在化する。端的には、申立ては、資金繰りに窮してなされることがほとんどである。

(2) 申立書

① 申立書の記載事項は次のとおりである（民再§21、民再規§12、13）。民再規§12は**必要的記載事項**、民再規§13はその他の記載事項（いわば**実務的記載事項**）をあげるが、併せて整理すると次のようになる。

(イ) 申立ての趣旨

(ロ) 再生手続開始の原因たる事実及びこれが生ずるに至った事情

(ハ) 会社の事業の状況及び概要等

会社の目的、会社の経歴及び業界における地位、事業の状況、会社の役員、従業員、営業所及び工場の状況

(ニ) 会社の資本、資産、負債その他の財産の状況

資本、会社の株主、会社の資産・負債その他の財産の状況、会社に対する再生債権者、会社の主要取引先

(ホ) 会社の財産に関してされている他の手続または処分

(ヘ) 労働組合

名称、主たる事務所の所在地、組合員数、代表者氏名

(ト) 会社の設立または目的である事業について官庁その他の機関の許可があるときは、その官庁等の名称・所在地

(チ) 再生計画案の作成の方針についての申立人の意見

② 申立書に添付する疎明資料（民再規§14）

東京地裁は、資料3「民事再生事件申立書類提出要領」を作成し、提出書類をチェックできるようにしている。

③ 申立書の例

資料4参照。

(3) 予納金

申立て時に裁判所に予納金を納めなければならないが（民再§24Ⅰ）、これは、ほとんどが監督委員の報酬及び監督委員の補助者である公認会計士の費用に充てられる。

民事再生手続の予納金は、東京地裁の運用では、表6(p.45)のとおりである。

ただし、同地裁の運用では、申立て時に6割を納め、残額をその後2か月間に月各2割宛で分納することは可能である。

(イ) 関連する複数の会社の申立てを行う場合には、主たる会社以外は1社50万円と大幅に減額になる。

(ロ) 会社の申立てに合わせて会社代表者個人の申立てを行う場合には、25万円である。

これらのケースにおいては、監督委員や公認会計士の業務が会社・会社あるいは会社・個人間で共通するので費用が減ぜられるからである。逆に手続の進行後に追納が命ぜられることもある。いずれにしろ、予納金が足りないから申立てができないということを避けるために、東京地裁ではかなりフレキシブルな調整も考えられるようなので、裁判所と相談するとよい。

(4) 管轄

管轄は、主たる営業所の所在地が基準となる(民再§5Ⅰ)。親子会社(直接または別の子会社を通じての分も合わせて間接に、発行済株式数の過半数を所有している関係)において、一方が申し立てた裁判所に他方も申し立てることができる(民再§5ⅢⅣ)。また会社と代表者において、一方が申し立てた裁判所に他方も申し立てることができる(民再§5Ⅵ)。このように管轄が柔軟に認められている。

民事再生について、東京地裁などは豊富な実例を扱っていて、処理が迅速である。同地裁では何らかの事由で、同地裁管内に営業の拠点があれば申立てを受け付けるといわれている。立川支部管内であっても本庁で受け付けるといわれる。管轄は極めて柔軟な扱いがなされる場合があり、必要により、事前に裁判所に相談するとよいであろう。

(5) 民事再生手続の標準スケジュール

東京地裁では次のようになっている。

第4章　民事再生法による再建手続

表8　東京地裁の民事再生の標準スケジュール

民事再生手続スケジュール（15.5.26改訂）　　東京地方裁判所民事第20部

手　続	申立日からの日数
申立て・予納金納付	0日
保全処分発令・監督委員選任	0日
（債務者主催の債権者説明会）	（0日〜6日）
第1回打合せ期日	1週間
開始決定	1週間
債権届出期限	1月＋1週間
財産評定書・報告書提出期限	2月
計画案（草案）提出期限	2月
第2回打合せ期日	2月
認否書提出期限	2月＋1週間
一般調査期間	10週間〜11週間
計画案提出期限	3月
第3回打合せ期日	3月
監督委員意見書提出期限	3月＋1週間
債権者集会招集決定	3月＋1週間
書面投票期間	集会の8日前まで
債権者集会・認否決定	5月

（財産評定書・報告書・計画案（草案）は提出期限の2日前までにドラフトで結構ですのでFAX送信してください。）

（計画案は提出期限の2日前までにドラフトで結構ですのでFAX送信してください。）

平成12年4月1日施行。6月15日、7月10日、7月31日、13年1月9日、15年5月26日改訂。

　上記は、民事再生手続制定時に比し、①債務者主催の債権者説明会が明示され、②開始決定、債権届出期限、認否書提出期限が早められ、③書面投票期間も定められ、より実状を取り入れ、迅速化が図られている。

(6)　債権者に対する説明会

　再建型ではどの手続においても（私的整理の場合もほとんど）手続申立て直後に債権者に対する説明会が持たれる。

　この説明会には、監督委員の出席を得て、その判断の下に、早期の開始決

定が得られるようにする。

説明会の内容はほぼ次のようになる。p.162(2)①も参照されたい。
- (イ) 手続申立てに至ったおわびのあいさつ
- (ロ) 手続申立てに至った理由
- (ハ) 現状
- (ニ) 今後の手続についての説明
- (ホ) 手続についての協力要請

債権者説明会では、上記を、再生債務者代表者、再生債務者の担当者、再生債務者代理人が適切に分担して説明をすべきこととなる。質問に対してはきちんと応答すべきである。最初の説明会では弁済率などの具体的数値は出せないことも多いであろう。

配布する資料としては、民事再生申立書の上記(ロ)(ハ)を示す部分の要約、(ニ)についての説明書、支払の可否を示す表（表9（p.75））、申立書添付の清算貸借対照表、直近の残高試算表（貸借対照表）などが考えられる（直近の残高試算表については、資料4の注（p.266）も参照）。

説明会に先立って、状況により、大口債権者、担保権（事業用不動産、所有権留保物件、リース物件等について）の実行のおそれのある債権者等に、個別に説明を行い、その意向も問い、再生手続への協力を願うことは、より好ましい。

(7) 文書の閲覧・謄写

利害関係人（債権者、従業員、株主等）は、裁判所書記官に対し、裁判所に提出され、または裁判所が作成した**文書の閲覧・謄写**を請求できる（民再§16）。再生債務者の事業の維持再生に著しい支障を生ずるおそれがある等の場合には閲覧・謄写の制限がなされうる（民再§17）。なお、裁判官との打合せメモ等は、上記「裁判所に提出され」に該当しないとされるが、疑問がある場合は、裁判所と相談するとよいであろう。

3　保全処分

(1)　保全処分の必要

　申立てから開始決定までは通常1週間程度期間がある。これは、監督委員が開始決定が相当かどうかを調査するに必要な期間である。

　上記の間に債権者からの強引な回収に対して再生債務者の財産を維持する必要がある。また手形不渡りを回避することがその後の手続進行上好ましいことがある。弁済禁止の保全処分が出ると普通の不渡りとはならず、したがって**銀行取引停止処分**を受けない。

　このような場合、再生債務者の財産の保全を求めて裁判所に保全処分の申立てを行う。この申立書は、通常は再生手続開始申立てと同時に提出する。

(2)　申立書

　申立書は、資料5のとおり、簡潔なものでよい。なお、資料2に保全処分の主文の予定も示されている。

　裁判所は、保全申立てが濫用にあたると判断した場合を除いて申立て当日に保全処分を発令する。

　申立人は、**手形不渡り回避**については、持出銀行(支払場所)に対し、保全処分決定謄本またはその写しを、通常、申立て後直ちに提出する(提出にあたって注意的に、弁済禁止保全処分により支払えないとして処理する(**0号不渡り**)旨を依頼してもよい。通常、p.70で述べる資料9の文書の送付と同時)。

　保全処分がなされると、再生手続の申立てを取り下げるには、裁判所の許可を要する(民再§32)。保全処分の濫用を防ぐためである。かつて和議法の下で、和議申立ての取下げが制限されず、申立てにより弁済禁止の保全処分を得て手形不渡りによる銀行取引停止処分を免れ、その間に資産を処分して申立てを取り下げたという例があったとされる。

(3) 保全処分の種類

① 裁判所は、申立てから開始決定までの間、保全処分として、再生債務者の業務・財産に関し、弁済禁止、借財禁止、処分禁止の仮処分を命ずることができる(民再§30Ⅰ)。

東京地裁では、保全処分と同時に監督命令により監督委員が選任され、選任されると財産の処分や借財は監督委員の同意が必要になる(資料6第4項(1)(2)(5)参照)。そこでこれらの行為には保全処分の必要がなく、結局、**弁済禁止の仮処分**のみ発令されている。そして、毎月、会社の業務及び財産の管理状況についての報告書を裁判所及び監督委員に提出することが求められる。

多数の再生債権者から強制執行等を受けるおそれがある場合(担保権の実行は除く)には、これら再生債権者に対し、**包括的禁止命令**が出されることがある(民再§27)。

② 保全管理命令により保全管理人が選任されるが(民再§79Ⅰ)、東京地裁では実質的にそのような前例はなく、大阪地裁でも例外的とされる。

4 監督委員

監督委員は、通常、職権(裁判所)により、保全処分が発令されると同時にあるいは保全処分の申立てがなされなければ再生手続申立て後直ちに選任される。

(1) 監督命令

東京地裁の場合、申立て後開始決定前及び開始決定後について、資料6のような形式でなされる。なお、大阪地裁における上記との主な差異の抜粋は資料7のとおりである。

資料6第3項のように、監督委員は、申立て後開始決定前に、再生債務者の事業の継続に欠くことができない行為(常務に属する取引)によって生ずる

相手方の請求権を共益債権(p.72 ①(ロ))とする旨の裁判所の許可に代わる承認をすることができる(民再§120 ⅠⅡ)。

最近では、申立てと同時に、監督委員宛に、この承認を求める申請書を提出することが行われる(資料8)。

(2) 監督委員の主な具体的業務

前記監督命令記載の行為をするには監督委員の同意を得なければならない(民再§54 Ⅱ。資料6では、第4項)。これに違反すると再生手続の廃止事由(p.127(3)②)ともなることに留意(民再§193 Ⅰ②)。上記の他、次のような業務が重要である。なお、監督委員は、再生債務者・その代理人・取締役等及びこれらであった者に対して再生債務者・その子会社の業務及び財産の状況につき報告を求め、帳簿・書類等を検査することができる(民再§59 ⅠⅢ)。

① 開始決定して良いかについて意見書を作成する(民再§125 Ⅲ参照)。

原則として、前記p.61の債権者説明会に出席して債権者の意向等を把握する。必要ならば、主要な債権者から意見を聴取するなどする。再生債務者は、申立て後債権者説明会を速やかに行い、これに監督委員の出席を得て(あるいはそれに代わる措置が採られるようにして)、早期に開始決定が得られるようにする。

② 監督委員に選任後遅滞なく**補助者**として**公認会計士**を選任し、再生債務者の経理関係の調査を行う。

通常、申立て後早期に、次のような調査を行う。

(イ) 経営が困難となった原因の究明

(ロ) 帳簿の正確性

(ハ) 財務関係の違法行為の有無

その後、開始決定日現在の財産の評定につき(民再§124 Ⅰ。p.80参照)、再生債務者の評定の適正性について調査を行う。

監督委員と補助者とは、それぞれの職務の違いに応じ、再生手続におい

ても、補助者は監督委員と協議の上、適切な部分を担当することになる。ただし、再生手続の監督はあくまで監督委員の権限と責任の下になされるので、監督委員の主導的で適切な判断が重要である。
③ 否認権を行使する権限(民再§56Ⅰ、135Ⅰ)

この権限の下に、監督委員は、上記補助者の協力を得て、否認権の対象となるおそれのある行為について調査を行い、再生債務者らその対象者に問い合わせて説明を受け、必要な説得もするなどして、財産関係・権利関係を適切な状態に戻すことなどが行われる。
④ 再生計画案について意見書の作成

これは、補助者たる公認会計士からの報告を参照しつつ、それまでの再生債務者からの調査、再生債務者代理人からの報告などを総合して作成する。特に、次の点に留意を要する。
　(イ) 申立てに先立つ違法行為の有無

もちろん、是正すべき点は、否認権の行使権限を背景にするなどして、是正をさせるようにする。
　(ロ) 再生計画の履行可能性(民再§174Ⅱ②)

加えて、特に破産手続と比べた利害得失(清算価値保障原則を充たすか(民再§174Ⅱ④))などである。
⑤ 一般に監督委員の方が再生債務者代理人より再生手続について経験があることが多いので、手続についての必要なアドバイスを与えることがあり、また債権者、商取引関係者等からの問い合わせについて調査など行い回答をする。
⑥ 3年間(履行が終了すればそれまで)の履行の監督(民再§188Ⅱ)

実際には弁済さえなされれば、これを履行したときの報告で足りるが、このような形で監督がなされている。

(3) 監督委員の機能

監督委員は、裁判所から選任された中立的機関として、裁判所が判断する

場合の参考意見を述べる。また、債権者の利益を代表する面も持ち、債権者に対し、再生債務者についての必要な情報を提供して、債権者の判断に資するようにする。監督委員は、善良な管理者の注意をもって、その職務を行わねばならない(**善管注意義務**。民再§60Ⅰ)。実際には、上記目的のために、再生債務者、債権者その他関係者と裁判所との間に立ち、種々調査・調整を行うことになる。そして、再生計画案についての意見書は、補助者公認会計士からの報告と相まって、再生債権者が集会において賛否を示す最も基本的な資料を提供することとなる。

また認可決定後3年間履行の監督がなされることと併せて、再生手続の信頼性を高める上で有力な役割を果たしていると考えられる。

(4) 監督委員と更生管財人と破産管財人

① 民事再生法における監督委員は、手続の「監督」を行う(民再§54)。実際には、「**監督**」はどの範囲までかはなかなか難しいというのが、監督委員をした経験からの筆者の感想である。これに対し、会社更生法における**更生管財人**は「会社の事業の経営並びに財産の管理及び処分」を行う(会更§72Ⅰ)。ただし、民事再生法においても、従来の経営者に経営をまかせられない場合などにおいては、管財人が選任され、「業務の遂行並びに財産の管理及び処分」を行う(民再§64Ⅰ、66)。しかし、これは実務では極めて例外とされる(東京地裁では、従来例外的な1件のみ)。このような場合には民事再生手続でなく会社更生手続を採ればよいからとされる。そもそも、民事再生は、債務者が迅速に再生計画を作成・履行する手続であり、会社更生は管財人が厳格に更生計画を作成・履行する手続であるからである。

② 民事再生法における監督委員は、事業の再生のために監督を行う。これに対し破産法における**破産管財人**は、破産者の財産を集めて財団を増殖させ、これを債権者に公平に配当する。このうち、公平な配当はそれほど問題なく、財団の増殖に腕を要するところである。

したがって、例えば債務者の行為を見る場合にも、監督委員であれば再生に役立つかという視点となり、破産管財人であれば債務者財産が減じないかという視点がそれぞれ基本となることが留意されるべきである。

5 調査委員

再生手続開始申立てがあった場合、必要があると認められるときは、裁判所により、**調査委員**が選任される(**調査命令**。民再§62ⅠⅡ)。調査委員については、監督委員についての調査権限、善管注意義務等の規定が準用されている(民再§63)。

実務上、調査委員が選任されるのは、債権者申立ての場合に監督委員を選任すると、これが商業登記簿に記載されて再生債務者の信用を害するおそれがあるので、そのような場合の他、先行する破産手続に対抗する形で民事再生の申立てがされたときにその相当性を調査する場合等に限られているようである。p.223～のケースでは、準自己破産申立て後の保全の段階で、債権者から民事再生が申し立てられ、調査委員が選任されて調査がなされたが、そのまま破産手続を行うことが「債権者の一般の利益に適合する」(民再§25②)との意見が出された(詳細は前記箇所参照)。後出 p.70 のケースも、破産の債権者申立て後債務者から民事再生の申立てがされ、調査委員が選任されて調査がなされ、再生手続開始不相当とされた(そのまま破産手続によることとなった)。このケースでは、債務者から破産手続の中止命令申立て・中止決定もなされた(民再§26Ⅰ①。p.71 参照)。

Ⅲ 開始決定から再生計画案の作成に至る手続

民事再生法を含む倒産法については、倒産手続において、㈠民事訴訟法等民事手続法の特別法といえる**倒産手続法**と、㈣倒産者を中心とした利害関係人との権利義務関係について、民法・商法等の民事実体法が変更されている

倒産実体法とがある。p.53 の図に表した事項は(イ)に関するものである。Ⅲでは、主に(イ)について述べる。

6　開始決定

(1)　意味と手続

　裁判所において正式に手続が進められることが決定されることである。実際には申し立てられたほとんどが開始決定になっている(**開始の条件**は民再§25)。開始決定は、前記の東京地裁の標準スケジュール(表8)では申立日から1週間となっているが、事案によって短縮が図られうる。裁判所は監督委員の意見を参考にして開始決定を行うので、監督委員が意見書を作成するにあたっての期間が必要となる。監督委員は、前記の債権者説明会に出席して債権者の動向を把握するなどして、判断することになる。なお、監督委員の意見書は、「平成○年○月○日に開催された再生債務者主催の説明会における債権者の意見の結果等(または主要債権者の意見聴取の結果等)から棄却事由が認められないので、再生手続開始決定するのが相当である」のような簡潔なものである。

　ところで、民事再生法は、本来「事業の再生…を目的とする」(民再§1)ので、手続の結果によって清算することはやむを得ないが、初めから清算を目的とすることは法の趣旨に沿わないとされる。したがって、再生計画案(清算価値保障原則を充たしたもの)の作成の見込みがないことが明らか(民再§25③)であってはならない。なお、民再§25は再生手続開始申立ての棄却事由をあげる。注意しなければならないのは、申立てが1社のみであればこの要件の判別は容易であるが、例えば、申立てが実質的に1グループをなす数社の場合で(事件は各社毎となる)、1社は実際には清算する見込みであるが、グループ全体の中で処理したい(かつ債権者もそれを望んでいる)場合に、この1社のみを特別清算などすることは手続的にも迂遠である。この場合も、この1社について何らかの支援が得られて存続するような形式とし、「再生計画案の作成の見込みがないことが明らか」でないように申し立てねば

ならない(実際に、存続する会社は何らかの意味で利用しうることも多い)。

　開始決定にならなかったケースとして、前記 p.68 でも述べたが、申立人を民刑事的に問題を生じた人物が実質的に支配し、そのため債権額の過半数を超える大口を含む債権者が民事再生手続に反対していたケースがあった。これについて、調査委員の調査がなされ、実質的に再生計画案の可決の見込がないことが明らか(民再§25③)として開始申立てが棄却された。

(2)　効力

　開始決定による法律効果として、再生債権の弁済が禁止され(民再§85Ⅰ)、次の7に述べる強制執行等の他の手続の中止・中断の他に、再生債権者から再生債務者に対する相殺禁止の適用関係も違ってくる。

　再生債権者が、①再生手続開始後に再生債務者に対して債務を負担したときは相殺できず(民再§93Ⅰ①)、②再生手続開始の申立て後に再生債務者に対して債務を負担した場合、その負担の当時再生手続開始の申立てがあったことを知っていたときも相殺できない(§93Ⅰ④)。

　したがって、再生債権者である再生債務者の取引銀行に再生債務者の販売先などから入金があった場合、銀行は開始決定後なら相殺できないが、開始決定前なら、そのことを知っていた場合にのみ相殺できないということになる(知っていることを「**悪意**」といい、反対の、知らないことを「**善意**」という)。

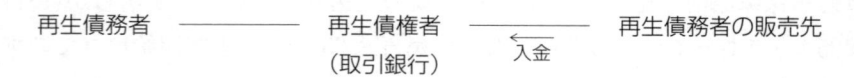

```
再生債務者 ──────── 再生債権者  ←──── 再生債務者の販売先
                   (取引銀行)    入金
```

　そのため、申立て後直ちに取引金融機関宛に申立てを行った旨を記載した資料9のような文書をFAX送信して(金融機関を悪意にさせて)、相殺を防止するようにする。

　また、さきに p.55 でも述べたが、再生債務者は、開始決定後は、債権者に対し、公平誠実義務を負う(民再§38ⅡⅠ)。これは民事再生手続において再生債務者が**第三者性**(当事者でない中立性)を有することを表すものとさ

れる。

7　他の手続の中止命令及び中止・中断

　再生債務者についての次の(イ)～(ハ)の手続について、①再生手続開始申立てから開始決定まで、裁判所は、その**中止**を命ずることができ(民再§26Ⅰ)、②開始決定後は、**中止**、**失効**((イ)、(ロ)。民再§39)または**中断**する((ハ)。民再§40Ⅰ)。①の段階では、「中止できる」とされるが(必要による)、②では、開始決定の効力により、当然に「中止等する」。

(イ)　破産、特別清算

(ロ)　再生債権に基づく強制執行、仮差押え、仮処分

　　民再§26Ⅰ②、39Ⅰで「再生債権に基づく」とされており、担保権の実行(例：債権譲渡担保における債権譲渡の通知)は中止し得ない。これに対し、上記に対応する会更§24Ⅰ、50では、更生債権または更生担保権に基づく強制執行等が中止され(う)ると明記されている。さらに、共益債権や一般優先債権に基づく強制執行等も中止されない。

(ハ)　財産関係の訴訟

　　中断する(民再§40Ⅰ)のは、財産関係の訴訟のうち、再生債権に関するものである。債権調査(後出 p.76)の中で確定することが予定されているからである。したがって、再生債務者に家賃の未払いがあった場合、未払い家賃については中断する(止まる)が、家屋の明渡し訴訟は止まらないことに留意せねばならない。再生手続においては再生債務者が財産管理処分権を有するからである。

　　中断した訴訟については、一定の期間内に再生債権者は再生債務者を相手に、**受継の申立て**をすることを要する(民再§107、105Ⅱ)(詳細は、p.172 ⑤参照)。

8　債権の種類と民事再生手続における弁済

(1)　民事再生手続を進める上で取り扱われる債権

　民事再生手続では、別除権の他、共益債権、一般優先債権(後出 p.73)を手続の外に出し、同手続で扱われる債権を**再生債権**に**一元化**した。手続の簡明・迅速を図るためである。深山卓也、花村良一、筒井健夫、菅家忠行、坂本三郎『一問一答民事再生法』(2001 年) p.14 では、「無担保・非優先の**一般債権**のみを再生債権とし」とある。

　取り扱われる債権は、次のように分けられよう。

① 　発生時期から

　㈠　**再生債権**は、再生手続開始前の原因に基づいて生じた債権である(民再§84Ⅰ)。

　　　再生手続開始後の利息債権も、債権の一元化の観点から再生債権とされる。ただし、一般の再生債権並みに処遇されないことについて、p.107、p.103 ②㈠(ⅴ)参照。

　㈡　**共益債権**は、全債権者にとって利益をもたらす行為等から生じた債権である(民再§119)。例えば、(ⅰ)開始決定後の原材料購入の代金債権、(ⅱ)民事再生申立てから開始決定までの間の原材料購入の代金債権で監督委員の承認を得たもの(資料6の第3項)、などである。

　㈢　**開始後債権**とは、再生手続開始後の原因に基づいて生じた債権で、共益債権、一般優先債権などでないものである(民再§123Ⅰ)。例えば、再生債務者がその業務や生活に関係なく行った不法行為を原因とする債権などであるが、実例に乏しいとされる。

② 　発生条件・原因から

　㈠　**別除権付債権**は、再生手続開始の時において再生債務者の財産につき存する担保権(抵当権、質権、特別の先取特権、商事留置権等)を行使できる権利(**別除権**)付きの債権である(民再§53Ⅰ)。特別の先取特権、商事留置権については、p.170 参照。担保権は、上記の法定のもの(典型

担保)の他、判例によって認められた譲渡担保、所有権留保などの非典型担保がある(p.171参照)。またリース債権も、判例によって認められる担保権付、したがって別除権付債権である(p.96参照)。

(ロ) **一般優先債権**は、(i)一般の先取特権(p.170参照)、(ii)その他一般の優先権がある債権である(民再§122 I)。例えば、(i)は従業員の労働債権(給料、退職金など)である。未払いの残業代も含まれる。(ii)は**公租**(租税)**公課**(社会保険料など)などである(国税徴収法§8によって徴収)。

③ 金額などから

(イ) **少額債権**

(i) 弁済禁止の保全処分の例外(資料5では10万円)

(ii) 再生手続を円滑に進めるため、または再生債務者の事業の継続に著しい支障を来さないようにするため(民再§85 V)

　少額の再生債権を早期に弁済することにより、上記の目的を達せられるときに裁判所の許可を得てなされる弁済である。

　少額か否かは、再生債務者の規模、負債総額、資金繰りの状況、弁済による事業価値の維持も踏まえて判断されよう。この制度により、商取引債権の弁済がなされることがあり、その保護に資する。

(ロ) 中小企業者の保護のため(民再§85 II)

　再生債務者を主要な取引先とする中小企業者が、その有する再生債権の弁済を受けなければ事業の継続に著しい支障を来すおそれがあるときに裁判所の許可を得てなされる弁済である。

(2) 民事再生手続における弁済

　これら債権のうち、民事再生手続の再生計画に基づいて弁済されるのは、前記の①(イ)再生債権のみである。①(ロ)共益債権、②(ロ)一般優先債権は再生手続(再生計画)と関係なく、適宜弁済される(民再§121 I II、122 II)。②(イ)**別除権付債権**は、やはり再生手続とは関係なく、(i)担保権の目的財産(担保物件)の処分もしくはその受戻し(対価を払っての取得)により、または(ii)別

除権者と再生債務者との間で別除権付債権の弁済について結ばれた合意などによって弁済される(民再§53Ⅱ)。本来、担保権は再生手続に拘束されずに権利行使(担保権の実行)できるが、円満な履行を求めて再生債務者と話し合いが行われることになる。話し合いの要点は、(i)別除権価額の評価(評価額については全部弁済せねばならない)と、(ii)その弁済時期である(別除権に関する協定については、詳しくは、後出 p.125 参照)。

　①(ハ)開始後債権は、再生手続が終了した後に弁済される(民再§123Ⅱ)。

　③(イ)少額債権等は、前記の目的のために弁済することができる。しかし、実際に弁済するかどうかは、(i)まず資金繰り上可能かどうかの他に、(ii)政策的に有利かどうかの視点からも考えねばならない。(i)との関係では特に、「少額」以上の債権者であっても「少額」以上分を放棄すれば弁済すべきことが考えられるので、その点の予測を立てねばならない。次に(ii)として、確かに少額債権を弁済すれば手続上の負担は減る。しかし、少額債権は、商取引債権(仕入先)などであることが多く、これらは多くの場合再生債務者の存続すなわち再生手続に賛成のことが多いので、後に債権者集会における再生計画案の可決の頭数要件であること、及びこれを充たしていれば、もう1つの可決の要件である議決権額要件を充たし得ない場合にも集会の期日の続行を求めることができること(民再§172の5Ⅰ①、なおⅡ)において意味がある。したがって、軽々に弁済を行って債権を消滅させてよいかは考慮を要する。

(3)　民事再生手続における支払の可否のまとめ

　実際には、民事再生申立て後、支払を求められた債権がいかなる債権になるか、特に再生債権か共益債権かは弁済額、弁済時期との関係で極めて大きな差異を生ずるが、この両債権は、分かり難い場合が多く苦労する。

　支払の可否をまとめれば、次表のようになろう。

　実際には、支払時期に合わせて、aとbを分けて使用するのが便宜であろう。

第4章　民事再生法による再建手続

表9　民事再生手続における支払表

		債権発生時期 支払時期	申立前 （～7/24）	申立後開始決定前 （7/25～7/30）	開始決定後 （7/31～）
租税・社会保険		a. 申立後 開始決定前	○ （保全命令の例外）	○ （保全命令の対象外）	
		b. 開始決定後	○ 優先債権（§122Ⅰ）	○ 優先債権（§122Ⅰ）	○ 共益債権（§119②）
従業員の給料		a. 申立後 開始決定前	○ （保全命令の例外）	○ （保全命令の対象外）	
		b. 開始決定後	○ 優先債権（§122Ⅰ）	○ 優先債権（§122Ⅰ）	○ 共益債権（§119②）
電気・ガス・水道・通信費		a. 申立後 開始決定前	○ （保全命令の例外）	○ （保全命令の対象外）	
		b. 開始決定後	△ 注1	△ 注1	○ 共益債権（§119②）
リース料		a. 申立後 開始決定前	△ 注4	△ 注4	
		b. 開始決定後	△ 注4	△ 注4	○ 共益債権（§119②）
金融・商取引	少額債権 （現状10万円以下） 特注★	a. 申立後 開始決定前	○ （保全命令の例外）	○ （保全命令の対象外）	
		b. 開始決定後	× 再生債権（ただし、注2は可）	× 再生債権（ただし、注2、3は可）	○ 共益債権（§119②）
	その他の債権 （現状10万円超） 特注★	a. 申立後 開始決定前	× （保全命令による禁止）	○ （保全命令の対象外）	
		b. 開始決定後	× 再生債権	× 再生債権（ただし、注3は可）	○ 共益債権（§119②、⑤）

（記号の意味）　○：原則として支払可能。
　　　　　　　△：場合により支払可能。
　　　　　　　×：支払不可。

注1　一定の期間（週、月等）を単位とする請求の場合、申立日を含む期間分については、支払可能（共益債権）。下水道料金については、全て支払可能（優先債権）。
注2　少額債権に対する裁判所の弁済許可により、支払可能になる場合がある。
注3　申立後開始決定前に取引を行い、支払時期が開始決定後に来る場合は、監督委員からあらかじめ共益債権化の承認を得た場合にのみ支払可能（本件では7/25に承認取得済み）。
注4　リース物件が事業の継続に必要な物件か精査し、個別に協議・判断する。

特注★　債権が少額債権（現状10万円以下）か否かは、その取引先各位が申立人に対して有する一切の債権を基準に判断する。個別の債権または取引を基準として判断できない。

　　上表の日時は、第2編第3章の実例についてのものである。

9　再生債権の届出・認否・調査・確定

(1)　再生債権の届出・認否

開始決定後、再生債権者宛に**債権届出期間**及び**一般調査期間**が定められて（民再§34Ⅰ）、再生手続開始通知書と再生債権届出書（届出のため）が送られる。再生債権者は、債権額の他、債権の種類・内容・原因、約定利息金・遅延損害金、担保権の種類、担保権の実行で不足する見込額（別除権予定不足額）等を届け出る（民再§94）。

届出債権について、再生債務者は、その内容や議決権を認めるか否かの**認否**を行い、その結果を認否書として提出する。実務では、再生債務者は、その債権を認めないとして**異議**を出したときは（民再§102Ⅰ）、資料10のように、理由を付して債権者に通知している。そして、再生債務者、再生債権者の調査・話し合い等により、**異議の全部または一部**が**撤回**されることがある。

届出がなくても、再生債務者に知れている再生債権は認否書に記載しなければならない（**自認債権**。民再§101Ⅲ）。自認債権には議決権はない（民再§104Ⅰで議決権額から除外）。

届出期間内に届出がなかった場合、原則として**失権**する（民再§178）。ただし、㈑再生債務者が知っていて認否書に記載しなかった再生債権（民再§181Ⅰ③）、㈺再生計画案の付議決定前に届出ができない事由のあった再生債権（民再§181Ⅰ①）については、失権しない。失権しない再生債権は、再生計画に定められた一般的基準によって権利が変更される。そして、上記㈺については、再生計画に定められた再生債権と同時期に弁済がなされ、上記㈑については、再生計画に基づく弁済期間が満了するまでは弁済を受けられない（民再§181ⅠⅡ）。

これに対し、会社更生法には、上記のような規定はなく、失権する。

(2)　調査・確定

認否後の再生債権について、一般調査期間内に他の再生債権者から異議が

出ないときは再生債権として確定する。確定した再生債権は、**再生債権者表**に記載されると再生債権者の全員に対して確定判決と同一の効力を有することになる（民再§104Ⅲ）。再生債権者表は、再生債権の内容を明確にするために裁判所書記官により作成される。

再生債務者が認めず、または他の再生債権者から異議が出た場合、再生債権者は、再生債務者及び異議を述べた再生債権者を相手として裁判所に**査定の申立て**をすることができる（民再§105Ⅰ）。この査定の申立てについての裁判に不服がある者は更に**異議の訴え**を提起することができる（民再§106Ⅰ）。

再生債権者の責に帰すことができない事情によって債権届出ができなかった場合は、届出の追完ができる（民再§95Ⅰ。p.172⑤も参照）。この場合**特別調査期間**を設けて債権調査を行う（民再§103Ⅰ）。

10　別除権・担保権の対処

別除権の意味と担保権が基本的に民事再生手続に拘束されずに権利行使できること等は、前記p.72②(イ)及びp.73(2)において述べたとおりである。ここでは、(イ)別除権の評価、(ロ)別除権者への対応、(ハ)担保権の実行にブレーキをかけうる手段について述べる。

(1)　別除権の評価

再生手続には、別除権は取り込まれておらず、別除権についての弁済は手続外（再生計画外）で行われることになる。

別除権について、債権者はこれを大きく見ようとし、債務者は小さく見ようとする。別除権として認められた範囲で全額弁済し、認められない部分は別除権不足額として再生債権として扱われ、権利変更した割合の弁済しか受けられないからである。

なお、被担保債権と別除権評価額との差額、すなわち別除権の行使でカバーされないと予測される額が**別除権予定不足額**であり、実際に担保権が実行

されて生じた不足額が**別除権不足額**である。

　そして、議決権の対象となる再生債権額は、さきの債権届出における別除権予定不足額（A）を基本とするが、これと再生債務者の見立てによる予定不足額（B）とが大きく隔たる場合には、話し合いをして定めるなどすることになる（別除権が減ずれば届出再生債権額、したがって議決権額は増える）。そして、話し合いがまとまらない場合は、届出再生債権者は債権者集会で議決権について異議を述べることができ、そのときは裁判所が議決権額を決めることになる（民再§170ⅠⅡ③）。したがって、実際には、状況により、再生債務者は、事前に裁判所と打合せを行うことになる。

　これに対し、実際の弁済の対象となる再生債権額は、再生手続外で、担保物件の処分がなされたとき、または再生債務者と別除権者との間の別除権額の合意が得られたとき等において、別除権の行使によって弁済されない債権の部分として算出される。別除権者は、その別除権の行使によって弁済されない債権の部分についてのみ、再生債権者として権利を行うことができる（**不足額責任主義**）（民再§88）からである。そのため、再生計画に再生債権額が定まったときに配当がなされる方法についての条項が設けられることになる（民再§160Ⅰ。p.109⑤参照）。このように別除権付債権については、通常、まず議決権の面で、次に弁済の面で額が定まることに注意せねばならない。

　これに対し、会社更生法では、担保権付債権も手続に取り込まれ、**更生担保権**として確定され、更生計画に基づいて弁済されることになる。

(2)　別除権者への対応

　別除権者（担保権者）との間では、次に(3)で詳述する担保権の実行を止めることの点をおいても、これら債権者が、担保権でカバーされていない部分も合わせて大口債権者であることも多い。そして、担保権の評価をめぐって折り合いがつかないことが明らかであると債権者集会における再生計画案の決議に賛成しないことも考えられ、注意しなければならない。

大口債権者である金融機関などは、カバーされた担保権による回収分(全額)が、カバーされない部分についての配当よりも大きいことが多く、したがって担保権の評価が問題となるからである。

(3) 担保権の実行にブレーキをかけうる手段

別除権者(担保権者)との話し合いができないと、再生手続外で、担保権者が担保権の実行(競売申立て等)を行うことが生ずる。

担保権の対象が再生債務者の営業にとって不可欠な財産であると(例えば、主力の工場の土地・建物・機械装置など)、再生債務者の事業の運営にも困難を生ずるようになる。

そこで、担保権の実行を抑える手立てとして、次のような制度が設けられている。

① 中止命令(**担保権実行手続中止命令**)

裁判所は、相当の期間を定めて担保権の実行としての競売手続の中止を命ずることができる(民再§31 I)。

相当の期間とは、東京地裁では、通常3か月程度である。通常、再生債務者と担保権者との間の担保権の実行についての交渉の状況を考えると、債権者集会を超えて中止期間の伸長を認める必要性は乏しいとされる。また、中止命令は、競売申立人に不当な損害を及ぼすおそれがない場合に限られる。

抵当権の実行中止命令を得て、抵当権者と話し合いが行われ、競売申立ての取下げ、再生計画案の賛成も得られた例につき、p.195 参照。

② 担保権消滅請求制度

担保権の対象物が再生債務者の事業の継続に欠くことのできないものであるときは、その対象物の価額に相当する金銭を裁判所に納付して担保権を消滅させることの請求をなしうる(民再§148 I)。

ただし、その価額(時価)に相当する金銭を一括払いしなければならない(民再§152 I)。また、価額の決定などに手間を要し、実際にはこの制度

の利用には困難もある。

11 財産の評定、裁判所への報告等

(1) 財産の評定

① 再生債務者は、再生手続開始後遅滞なく（東京地裁の運用では、表8（p.61）のように定められる。なお、(1)(2)(3)とも提出期限の2日前までにドラフトを裁判所にFAX送信することとされている）、再生債務者に属する一切の財産につき再生手続開始の時における価額を評定し（民再§124Ⅰ）、財産目録及び貸借対照表を作成して裁判所に提出する（同Ⅱ）。

この評定は、財産を処分するものとして行う（**処分価額**）。必要がある場合に、併せて、全部または一部の財産について、再生債務者の事業を継続するものとして評定することができる（民再規§56Ⅰ）。事業の全部または一部の譲渡を検討している場合に譲渡対価の参考とする場合などになされると考えられる。また財産目録及び貸借対照表には、その作成に関して用いた財産の評価の方法その他の会計方針を注記する（民再規§56Ⅱ）。

これに対し、会社更生法では、財産の価額の評定は、**時価**によるものとされている（会更§83ⅠⅡ）。

これは、同じく再建型の手続でありながら、民事再生法では、全ての財産を処分して破産になった場合の価値を求め、再生手続によれば、これよりどれだけ多く配当できるかを明らかにすることに相当する。これに対し会社更生法では企業の現在価値を示すものである。そして、改正前会社更生法は、企業が継続するものとしての価値（**継続企業価値**、ゴーイングコンサーンバリュー Going Concern Value）を基準とするものとしていたが、改正会社更生法では、これに代えて、より客観的な「時価」をとるものとした。

② 処分価額による財産評定を行うには、ほぼ次のような手順になるものと思われる。

　　a 申立て前の　　　　　b 修正　　　　　　c 清算
　　　貸借対照表　　→　　貸借対照表　　→　　貸借対照表
　　（開始決定日現在の
　　　ものに調整）

　aには、会計帳簿の記載漏れ、仮装、不良債権、不良在庫などがあるので、会計の継続性の原則に則って、これを十分に修正したbを作成する。したがって、bは継続企業価値を示すものとなる。bから、**清算価値**すなわち破産となった場合の価値を示すcを作成するが、その作成については、不動産、債権(貸付金、売掛金)、棚卸資産(在庫商品、原材料等)等の資産について、処分の困難性を十分に考慮して算定したものとせねばならない。この場合、申立代理人(弁護士)は、税理士など任せにせず、むしろ自ら主導する心構えで算定するようにすべきである。税理士などは過度に従来の経理処理に拘束されて処理するおそれがあるからである。

　cは、清算価値を示すものであるが、実際に破産となった場合には、その手続の履行のための**清算費用**を要する。例えば、破産管財人の報酬、廃棄費用などである。破産会社の解雇予告手当も考慮される。廃棄費用については、PCBその他特に規制されたものが使用されているなどの事情があれば加算されることになる。したがって、実際の配当の予想額は、上記cの清算価値から、清算費用を控除したものによって算定される。また、清算貸借対照表の負債に、清算費用をあげる形式もある。**清算価値保障原則**、すなわち再生計画における弁済が清算価値以上でなければならないという原則(再生計画案の要件となる)は、清算費用による資産の減額も考慮したものと解せられる。

　いずれにしろ、この財産評定で作成する貸借対照表は、後に作成される再生計画案が清算価値保障原則を満足するか否か、あるいはその程度

を検討する基礎となるものであることの留意が必要である。

また、上記の債権、棚卸資産の評価（評価額の算定）は、再生債務者の税務処理にも影響を与えることがあると考えられる（詳しくは、p.119③参照）。

実際には、監督委員、特にその補助者である公認会計士から、上記財産評定の適正性についての調査を受ける。修正を必要とされることもある。

③　不動産の正常価格と特定価格

不動産の鑑定評価によって求める価格は、(イ)**正常価格**、すなわち、現実の社会経済情勢の下で合理的と考えられる条件（自由市場、売り急ぎ・買い進みがなされないこと、対象不動産を相当期間市場に公開）を充たす市場で形成されるであろう価格の他に、(ロ)特定価格等がある。**特定価格**は、市場性を有する不動産について、(i)民事再生法に基づく評価目的の下で、早期売却を前提とした価格を求める場合、(ii)会社更生法または民事再生法に基づく評価目的の下で、事業の継続を前提とした価格を求める場合等で、正常価格の前提となる条件を充たさない場合における価格である（詳しくは、国土交通省「不動産鑑定評価基準」平成14年7月3日全部改正、平成19年4月2日一部改正、同省「不動産鑑定評価基準運用上の留意事項」上記同日全部及び一部改正参照）。例えば、特定価格は正常価格の20〜35％程度減であることがあろう。

したがって、再生債務者の財産評定における不動産の価格は特定価格となり、その結果、別除権の対象となる不動産の評価について、別除権者と交渉する場合にも、特定価格を基本とすべきことになる（p.125参照）。

(2)　裁判所への報告

再生債務者は、再生手続開始後遅滞なく（表8のように、(1)と同時に）、再生手続開始に至った事情、再生債務者の業務及び財産に関する経過及び現状

などを記載した報告書を裁判所に提出しなければならない（民再§125）。

なお、東京地裁の運用では、民再§126の財産状況報告集会を裁判所が主催して行っていない。したがって、この民再§125の報告書の提出は、情報開示の観点からも重要である。

(3) 再生計画案草案の提出

再生債務者はまた、東京地裁等では、上記(1)(2)と同時に、再生計画案の**草案**（正式な再生計画案の提出に先立って事実上作成される文案）を提出することとされる。したがって、この時までに再生計画の概要を組み立てておく必要がある。弁済率等の詳細は決め難い場合が多いと思われる。

12　事業譲渡

(1)　事業譲渡と時期

事業譲渡は、会社法によって、従来の営業譲渡のことばに代えて用いられているが、その実質に変更はないとされる（会社法§467等、旧商法§245等）。従来、営業とは、債務者の個々の営業財産ではなく、債務者の有機的一体をなす営業財産の全部または一部であるとされた。

事業譲渡は、①再生計画によってもなしうるが、②事業の継続のために再生計画認可前に迅速に行いたいという要請がある。資料11に、事業譲渡契約書の例をあげる。

上記再生計画による事業譲渡の代わりに、会社分割を用いることもできるが（p.122参照）、その詳細は、p.156(4)を参照いただきたい。

なお、事業譲受によって一定の取引分野における競争を実質的に制限することとなる場合には、譲受会社について公正取引委員会に対する届出義務が定められている（独占禁止法§16ⅡⅢ）。会社分割についても同様な届出義務が定められている（同法§15の2ⅡⅢ）。

(2) 事業譲渡の方法

前記(1)②の場合に、民事再生法には、裁判所の許可を得て事業譲渡ができるように規定が設けられている。

すなわち、(イ)民再§42Ⅰでは、再生債務者の事業の再生のために必要と認められる場合には、裁判所の許可を得て、事業等の譲渡を行うことができ、(ロ)民再§43Ⅰでは、株式会社において債務超過の場合には、その事業の全部または重要な一部(譲渡資産の価額が総資産額の5分の1超)(会社§467Ⅰ①、②)の譲渡が事業の継続のために必要である場合には、裁判所が株主総会の決議に代わる許可(**代替許可**)を与えることができるとされる。株式会社において事業譲渡を行うには、会社法§309Ⅱ⑪で、**株主総会の特別決議**(会社§309Ⅱ)、すなわち議決権の過半数を有する株主が出席し、出席株主の議決権の3分の2以上の賛成、がなければできない。しかし、**債務超過**(p.58参照)であると、会社財産が財務上マイナスとなるので、株主の権利(会社財産に対する持分)が制限されているのである。通常は、民再§43Ⅰの代替許可は、同§42Ⅰの許可と同時に行われるようである。

このように、民再§43の適用がある場合には同§42も適用される。したがって、裁判所は事業譲渡の許可をする場合には、再生債権者の意見を聴かなければならない(民再§42Ⅱ)。東京地裁では、事業譲渡許可の申立ての2週間程度後に意見聴取期日を開催し、再生債権者の意見を直接聴くことを原則としている。再生債務者に労働組合があるときは、その意見を聴かなければならないが(民再§42Ⅲ)、東京地裁では、書面により意見を求めているようである。

そこで、再生債務者において、上記期日に先立って事業譲渡についての再生債権者に対する説明会を開くことになる。この説明会において、事業譲渡の必要、その得失等についての十分な説明をし、質疑を尽くすことになる。この説明会は、状況によっては、再生計画案についてのあらかじめの説明会と兼ねることもあり得よう。

前記(1)①の場合には、事業譲渡についての債権者の意見は、再生計画案の

賛否の中に表されるものとして、別に裁判所における意見聴取期日は開かれない。しかし、再生計画案についての賛成を得るために、債権者に対する説明は必要である。この説明会は、再生計画案についての説明会(p.113)と兼ねてよい。時期的な関係もあり、またこの事業譲渡が再生計画の骨子の1つとなるからである。

13 役員に対する損害賠償請求権の査定

　この制度は、経営破綻の原因が再生債務者の役員(取締役、監査役、理事、監事またはこれらに準ずる者)にある場合に、これらの者に応分の責任を負わせるために設けられた制度である(民再§143)。

　通常の訴訟によると、相当の時間と費用が掛かるが、この査定の裁判によれば簡易・迅速になされる。

　査定の裁判に不服があれば、異議の訴えを提起できる(民再§145Ⅰ)。

14 株主責任の明確化(従来の「減資」)、資本金の額の減少、募集株式を引き受ける者の募集(増資等)

(1) 株主責任の明確化(従来の「減資」)

① 再生手続においては、再生債権者に対して債権の一部免除を求めることの前提として、株主の責任の明確化のために、株主にも一定の負担を求めることが多い。このために、従来は、株主の有する発行済株式を無償で強制的に消却する措置が採られたが、その場合、資本金の減少も伴ったので、その措置を「**減資**」と称していた(全発行株式を消却した場合、「100％減資」)。しかし、新会社法(平成17年6月制定、同18年5月施行)では、資本金の額の減少と株式の消却は切り離され、株式の取得及び自己株式の消却は資本金の額の減少を伴わない。

　これを受けた平成16年改正の民事再生法では、**株主責任の明確化**のために、旧株主からの株式の強制取得及び取得された自己株式の消却または処分という措置などが採られた。

②　すなわち、再生債務者が債務超過の場合には、裁判所の許可を得て、再生計画で**株式の取得**に関する条項を定めることができ(民再§154Ⅲ、166ⅠⅡ)、再生計画が認可決定確定した場合には、株主総会の特別決議(p.84参照)等の会社法上の手続を履行しなくても、株式取得の効力が認められる(債務超過でなければ、株主の権利保護のために、上記会社法上の手続を要する)。そして、再生計画によって、取得する株式の数及び取得する日を定め(民再§161Ⅰ)、再生計画の認可決定確定により、その株式を取得する(民再§183Ⅰ)。

上記条項を定めた再生計画案を提出しようとする場合、株主の利益保護のため、あらかじめ裁判所の許可を得なければならず(民再§166Ⅰ)、この許可について、官報公告をし(民再§166Ⅲ、43Ⅳ、送達に代わる公告について10Ⅲ)、また株主には即時抗告権がある(民再§166Ⅳ)。そこで、これらに要する期間を適宜見計らって、再生計画案提出前に許可申請を行わねばならない(資料12参照)。

スポンサーが債務者から株式を取得する方式として、㈦債務者が取得した株式を消却しスポンサーに募集株式を引き受けてもらう(新株発行)方式と、㈺債務者が取得した株式を自己株式の処分としてスポンサーに譲渡する方式とがある。㈦では、(i)発行済株式総数の変更と通常行われる資本金の減少(次の(2)参照)で30,000円と、(ii)増資(次の(3)参照)で増資額の1000分の7の各変更登記(2週間以内(会社§915、911Ⅲ⑤))のための登録免許税を要する(別に登記手続を委託すればその分の費用)。㈺ではこのような費用は掛からない。㈺ではまた、別に、取得した株式を、債務との振り替え(デット・エクイティ・スワップ(DES)。p.131、p.119④参照)に利用することができる。

(2)　資本金の額の減少

株式の取得・消却をしても資本金の額に影響しないが、新たに募集株式を発行する場合、従来の資本金の額に払込み金額(の一定額)が上乗せされるた

め、資本金の額を減少することが考えられる。

これについて、再生債務者が債務超過の場合には、裁判所の許可を得て、再生計画で**資本金の額の減少**に関する条項を定めることができる(民再§154Ⅲ、166ⅠⅡ、161Ⅲ)。再生計画の認可決定確定により、その資本金の額の減少がなされる(民再§183Ⅳ)。

上記の条項を定めた再生計画案を提出する場合に必要なあらかじめの裁判所の許可その他の手続については、前記(1)②と同様である。

本書で、従来の「減資」に対応する「株式の取得・消却及び資本金の額の減少」を便宜的に「**減資**」ともいう。

(3) 募集株式を引き受ける者の募集(増資等)

① 平成16年改正前の民事再生法では、資本金の額の減少は再生計画で行うことができるが、増資については再生計画外で旧商法に則って行うこととされていた。これは、資本金の額の減少には株主総会の特別決議が必要とされているのに対し、増資は通常取締役会の決議によるとされているので、容易に実行可能であるからとされていた。

しかし、民事再生法の主な利用者である中小企業においては、その大部分が非公開会社である。**非公開会社**(**閉鎖会社**、**株式譲渡の制限のある会社**)とは、株式の譲渡につき会社の承認を要する旨の定款の定めがある会社である(公開会社について、会社§2⑤)。その場合、株主以外に新株を割り当てるには株主総会の特別決議を要すると解されていた(会社§199Ⅱ、309Ⅱ⑤)。すると、非公開会社で、減資については、株主総会の特別決議が不要とされたのに、減資と裏表をなす増資については特別決議が必要となり、円滑な資本の再構成、したがって実効的な再生計画の設定が妨げられる。

② そこで、平成16年の改正民事再生法によって、非公開会社において、債務超過であり、かつ募集株式を引き受ける者の募集が再生債務者の事業の継続に欠くことができないものであると認められるときは、裁判所

の許可を得て再生計画案に**募集株式を引き受ける者の募集**(**増資等**)に関する条項を定めることができるようになった(民再§154Ⅳ、166の2ⅡⅢ、162)。その結果、取締役の決定(取締役が複数であれば多数決(会社§348Ⅱ)。取締役会設置会社では取締役会の決議)によって募集株式を引き受ける者の募集をすることができる(民再§183の2Ⅰ)。

　上記条項を定めた再生計画案を提出する場合に必要なあらかじめの裁判所の許可その他の手続については、前記(1)②と同様である(民再§166の2ⅡⅢⅣ)。

　なお、「募集株式を引き受ける者の募集」の語は、会社法に合わせて改正民事再生法においても使用されるようになったもので、㈥会社が発行する株式または㈂会社が処分する自己株式、を引き受ける者の募集を意味する(会社§199Ⅰ)。従来の「新株発行」は㈥の場合であり、「**増資**」は正確には㈥を指すことになろう。なお、公開会社においては、募集株式を引き受ける者の募集(増資等)を取締役会決議で行うことにつき改正はされていない。

③　ところで、スポンサーとなるために、株式引受、すなわち債務者から株式を取得する方式があり(p.121参照)、これについて、前記p.86の㈥㈂の方式がある。㈥は、従来「株式の取得・消却」に「資本金の額の減少」も伴ったので(したがって「減資」)、併せて行われる「増資」とともに「減増資」と称された。本書でも、これが株式引受の典型であり、かつ従来の用語例もあることから、株式引受を、便宜的に「減増資」(など)と述べることがある。この場合、もとより、p.86の㈂の「株式の取得・譲渡」の方式によることも可能である。

④　再生計画による減増資に伴って**発行可能株式総数**(いわゆる**授権株式**)について**定款の定めを変更**する必要が生じる場合には、債務超過のとき、裁判所の許可を得て、これを再生計画によって行うことができる(民再§154Ⅲ、166Ⅱ)。変更内容を再生計画に定め(民再§161Ⅳ)、再生計画の認可決定確定により、変更される(民再§183Ⅵ)。

この再生計画案を提出する場合に必要なあらかじめの裁判所の許可その他の手続については、前記(1)②と同様である。

資料12は、上記(1)(2)(3)の事項を再生計画案に定める場合の裁判所に対する許可申請書の例である。

Column 4
短期的視点と中長期的視点

　経済現象を見る視点として短期とか中・長期とかいうが、弁護士業務における処理にあたってもこの視点は有用である。もっとも事案によって短期、中・長期の時的範囲は異なることになろう。ここでは、短期は目前あるいはそれに近い範囲、中期は数か月位先、長期はそれ以上先と考えよう。

　結論として、短期的視点と中・長期的視点の両方を採って事案の処理にあたらねばならない。つまり、目前のことを解決すると同時に数か月以上程度先に起こりうる事態を予測し、これに対する対処も併せて考えねばならない。そして、事案が例えば企業の再建などのケースにおいて、企業のトップクラスにこの２つの視点が欠けていればもちろんその点の指導・アドバイスをせねばならないが、往々にして企業のある部門の担当者において目前の問題に目を奪われ、数か月以上先に生じうる問題に目を向けられないということが生ずる。すると、ある部門の目前の問題を処理することにより、他部門との間、あるいは企業全体としての方向との間にあつれきが生じうる。かえって一層複雑な問題を生じてしまうこともありうる。このような場合、その部門担当者が目前の問題の解決に一生懸命になればなるほどあつれきも大きくなるおそれがあり、また一生懸命やっているためにこれを止めることに往々にして躊躇も感ぜられる。しかし、事案の処理を任せられた弁護士としては基本的には断固として前記２つの視点をもって対処せねばならない。しかし、企業活動が円滑に回転するためには、このような熱心な部門担当者の力も生かさねばならない。そこで、担当者の意向も少し加えてその立場にも配慮した方策を採ることになる。

　以上のことは、何も弁護士業務と限らなくても、企業の運営にあたっては常に生じてくる問題である。その適切な対処が円滑な企業運営につながる。

Ⅳ 倒産実体法

倒産実体法について、手続に沿って、実際に多く問題となる事項について述べる。

15 相殺権

(1) 相殺

再生債権者は、再生債務者に対して債務を負担する場合において、債権届出期間満了前に債権債務の弁済期が到来する場合（**相殺適状**）には、その期間内に限り、相殺をすることができる（民再§92Ⅰ）。相殺できるのは、債権届出期間内に限られることに注意しなければならない。この段階で債権を確定させる必要があるからである。再生債権者が再生債務者に対して負う債務については債権届出期間満了前にその弁済期が到来しなくても、再生債権者は**期限の利益を放棄**すること（支払を早めること）ができるので、相殺できる。

金融機関との間で、「**期限の利益喪失約款**」が設けられ、その中に民事再生の申立てがあったときは期限の利益を喪失し残額について弁済期が到来すると定められている場合には、金融機関は、相殺できる。

(2) 相殺禁止

他の債権者の利益も考慮して公平の観点から、相殺が禁止される場合がある（民再§93、93の2）。このうち、次のようなケースが生じやすいと思われる。

(イ) 再生債権者が再生手続開始後に再生債務者に債務を負担したとき（民再§93Ⅰ①）。

(ロ) 再生債権者が再生債務者に対して債務を負担した場合、その負担の当時、再生手続開始の申立てがあったことを知っていたとき（民再§93Ⅰ

④)。
(ハ) 再生債務者に対して債務を負担する者が再生手続開始後に他人の再生債権を取得したとき（民再§93の2Ⅰ①）。
(ニ) 再生債務者に対して債務を負担する者が再生債権を取得した場合、その取得の当時、再生手続開始の申立てがあったことを知っていたとき（民再§93の2Ⅰ④）。

実際に相殺の可否が問題となるケースとして、銀行は、再生債務者の従来からの銀行預金と貸付金との相殺をなしうる（前記期限利益喪失約款参照）。しかし、再生手続開始の申立てがあったことを知った後に再生債務者の口座に入金された分については、相殺をすることはできない（前記(2)(ロ)）。

そのために、前記 p.70 で述べたような通知の措置を採る。

16　双務契約

(1)　双方未履行の双務契約

双務契約とは、当事者双方が互いに相手に対し債権債務を負う契約である。**双方未履行**とは、再生手続開始当時、再生債務者及びその相手方が互いに債務を負い、まだその履行を完了していない場合である。このとき再生債務者に、(ⅰ)契約を解除するか、(ⅱ)自分の債務を履行して相手方の債務の履行を請求するかの選択権を与えた（民再§49Ⅰ）。再生債務者の再生の便宜を図ったものである。会社更生法、破産法にも同様の規定がある（会更§61Ⅰ、破§53）。再生債務者が履行を選択した場合((ⅱ))、相手方の有する請求権は共益債権となる（民再§49Ⅳ）。解除した場合((ⅰ))、相手方の損害賠償請求権は再生債権となり（民再§49Ⅴ、破§54Ⅰ）、相手方は、原状回復請求権として、再生債務者の受けた反対給付が再生債務者財産中に現存するときは、その返還を請求することができ、現存しないときは、その価額について共益債権者として権利を行使できる（民再§49Ⅴ、破§54Ⅱ）。これは、双務契約の対価関係を維持することによって相手方を保護するために、可能な限り完全な原状回復がなされるよう配慮されているものである。したがっ

て、例えば、再生手続開始決定前に再生債務者が不動産を売却し、相手方から手付金を受領していたという事例において、再生債務者が解除を選択すると、相手方の原状回復請求権である手付金返還請求権(金銭債権)は共益債権とされる(手付金は、再生債務者財産と混然一体となり他と識別できないので、同財産中に「現存しない」)。

双方未履行の双務契約の状況は、次のように概念的に図示できよう。

一回的契約

	a	b	c	d
	売主→ / ←買主	売主→ / ●買主(再生債権)	売主● / 買主●(双方未履行)	売主→ / ●買主(共益債権)

──→ は履行がなされたこと、● は未履行を表す。

継続的契約
賃貸借
(請負)

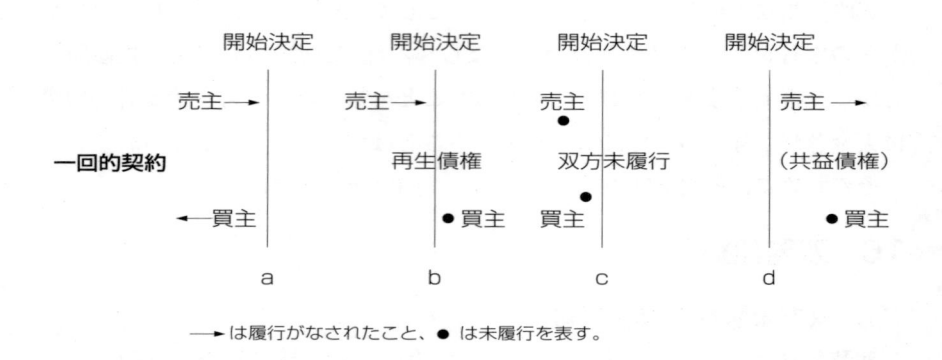

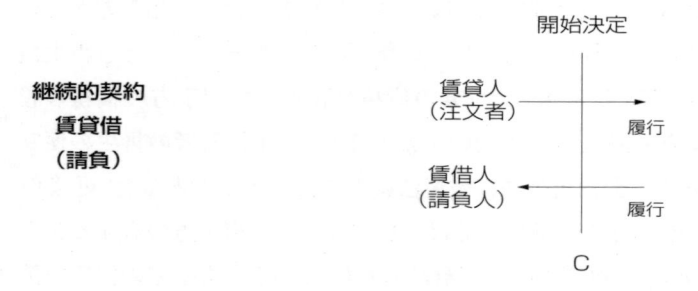

C: 賃貸人(注文者)→履行、賃借人(請負人)←履行

図3 双方未履行の双務契約(民再§49)

一回的契約では、前記規定の適用は分かりやすい。例えば、売買契約では、図3のaでは、開始決定時売主買主のいずれの履行も終了している。bでは、売主の履行は終わり、買主の履行(代金支払)は未了であり、売主の権利は再生債権となる。dでは、売主の権利は共益債権となって支払を受け

る。cでは、売主買主とも未履行なので、前記の規定の適用を受ける。

ところで、**継続的契約**(p.98 の継続的給付の義務を負う双務契約のことではない)では、図3のCのように開始決定をまたいで双方の債務の履行が継続する(例：賃貸借契約では賃貸人の物件を貸す債務と賃借人の賃料支払債務)。

双方未履行の双務契約における相手方の不安定な地位を救うため、相手方は、再生債務者に対し相当の期間を定めて、その期間内に(ⅰ)契約の解除をするか、(ⅱ)債務の履行を請求するかを確答するように催告することができる。再生債務者が期間内に確答しないときは、解除権を放棄したものとみなされる(民再§49Ⅱ)。この場合、履行を選択したと同じ結果となる。

以下に、問題となる幾つかのケースについて述べる。

(2) 賃貸借契約(賃貸人が倒産)の場合

① この場合、賃借人が登記、登録その他の対抗要件(第三者に権利を主張できる要件。例：借地について建物登記、借家について引渡し)を備えているときは、民再§49ⅠⅡの規定は排除される(民再§51、破§56)。賃貸人は契約解除をなし得ない。

② 敷金返還請求権について

再生手続開始後、賃借人である再生債権者が賃料債務を弁済期に弁済したときは、再生債権者の**敷金返還請求権**は、賃料の6か月分相当額を限度として、その弁済額を共益債権とする(民再§92Ⅲ)。これは、敷金返還請求権は再生債権であるが、(イ)賃借人の保護の必要性と(ロ)賃料弁済を要件とすることで再生債務者に必要な現金を確保し、再生に利点があるためとされる。

したがって、例えば、賃借人が賃貸人に対し、賃料10か月分の敷金を交付していたとすると、次の図4のAのように、賃借人は斜線部分の返済を受けられることになる。

ところで、再生計画における敷金返還請求権の権利変動の範囲については、次のように考えられる。

第1編　再建法制と再建の手法

　例えば、賃貸人について再生手続が開始され、賃借人は6か月の賃料を払ったところ、再生計画が認可され、その後賃借人は1か月分の賃料を未払いのまま目的物の明渡しを完了したとする。

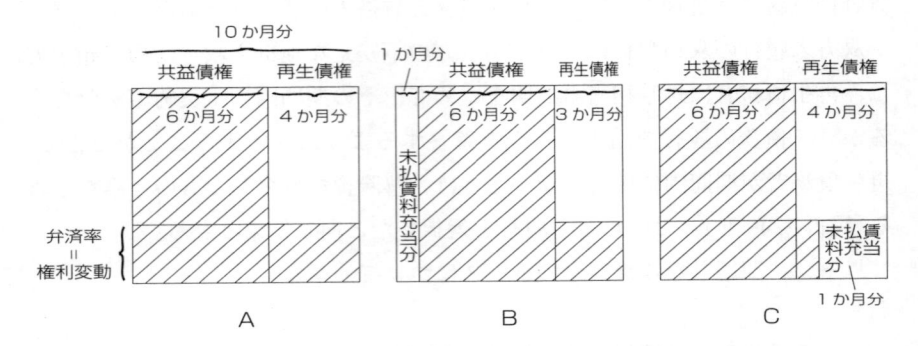

図4　賃貸人倒産の場合の敷金返還請求権（民再§92Ⅲ）

　敷金返還請求権は、未払い賃料等の充当された残額について発生するとの考えからすると、図4のBのように、1か月分の未払い賃料分が当然充当されて9か月分の敷金返還請求権が発生した後、6か月の賃料支払により、敷金返還請求権の6か月分が共益債権化し、残り3か月分が計画により権利変動するという説がある。また、図4のCのように、敷金返還請求権のうち6か月分が共益債権化し、残りの4か月分が計画により権利変動し、変更後の債権につき1か月分の未払い賃料分が充当されるとする説もある。しかし、上記以外にも、(イ)未払い賃料の充当、(ロ)6か月分の共益化、(ハ)計画による権利変動、の順序によって幾つかの可能性が考えられる。小河原寧著『民事再生法通常再生編』(2009年) p.54には、上記について詳しく論じられ、4つの説が紹介されている。

　敷金返還請求権の扱いを再生計画で明確にすればよいが、手続的に、債権者としての扱いなど繁雑な問題がある。また物件が第三者に譲渡された場合は、取引通念からも買主に敷金返還債務の引受けを認め、それが物件の売買価額に反映するとする考えがある。

(3) 労働契約（使用者が倒産）の場合

　この場合、双方未履行の双務契約にあたるが、使用者は、労働法の規定が優先適用され、解雇権の濫用は許されない。そして、使用者は労働協約の適用を受ける（民再§49Ⅲで同ⅠⅡを排除）。民事再生手続開始後に解雇された場合、未払い給料のうち再生手続開始前の分は、一般の先取特権として（民法§308、306②）、一般優先債権となり、再生手続開始後の分は共益債権となる（民再§119②）。

　再生手続開始後に退職した労働者の退職金については、全額共益債権となるか、未払い給料と同様に一般優先債権と共益債権に区別するかの考えがあるが、いずれも随時支払われることになる。

(4) 請負契約（注文者が倒産）の場合

　注文者が建設会社で請負人が下請業者で、注文者が倒産したという場合に、工事請負契約は講学上は継続的契約とはされない。しかし、実際は、工事の進行に応じて数回に分けて請負代金が支払われる。つまり、注文者、請負人の双方の債務が存続していて契約が継続中の状態である。そして、この状態を分析すると、開始決定前の工事完成部分（出来高）についての請負代金は再生債権となり、開始決定時の未成部分について工事を行えば代金は共益債権となる。しかし、請負人は完成部分についても代金を支払ってもらわねば工事を続けないということが生ずる。これについて通常は、未成部分についての不代替性、未成部分と完成部分の割合等を考慮して、話し合って完成部分についての支払分を決めることになる。

(5) 特許権実施（許諾）契約（特許権者が倒産）の場合

　この場合、**特許権者（ライセンサー）**の倒産によって、**通常実施権者（ライセンシー）**の事業が継続できなくなるとすることは問題である。そこで、通常実施権者が、特許庁にあらかじめその権利を登録しているときは、賃貸借契約の場合と同様に、民再§49ⅠⅡの規定は排除される（民再§51、破§

56Ⅰ)。特許権者は契約解除をなし得ない。このために、改正された簡易な登録制度が設けられた（平成20年4月11日改正、同21年4月1日施行）。

この改正の詳細な経緯については、p.246(4)を参照いただきたい。

(6) リース契約（利用者が倒産）の場合

① 通常のリース契約（例：コピー機、自動車）は、目的物件を使用しようとする者（ユーザー）がこれを購入するのでなく、リース会社が目的物件を購入し、これをユーザーが使用してリース料を支払うというものである。

この法的性質について、ユーザーのリース料支払義務とユーザーの使用を受忍するリース会社の義務とが対価関係に立つ双方未履行の双務契約（賃貸借契約）であるという考えがある。しかし、その実質はリース会社によるファイナンス（金融）、つまり、リース会社の義務は終了し、ユーザーがリース料として借りた金を少しずつ返しているに過ぎないといえる。つまり、金銭消費貸借（借主のみが義務を負う片務契約）に期限の利益が付与されていることにあたる。したがって、**ファイナンスリース**と呼ばれる。そして、目的物件の所有権がリース会社にあり、ユーザーは利用権・使用権を有するところから、リース債権は、利用権を担保目的物とする担保権（別除権）付債権となると考えられる。

② リース債権が、上記のとおりであるところから、リース料が不払いとなれば、リース会社はリース契約を解除し（期限の利益も喪失）、すなわち担保権を実行して債務者の利用権を消滅させ、物件の返還を求めることになる。

したがって、対象物件が事業の継続に不可欠な場合は、リース会社と話し合いを行い、監督委員の同意を得て新たにリース契約を設定しなければならなくなる（資料6の第4項(7)の別除権の目的の財産の受戻し。利用権が担保の目的物であるので）。そして、新たなリース契約において、新旧のリース債権の扱いが問題となり、債務者としてはこれを低額

としたいが、対象物件の不可欠性によっては、これら債権を共益債権と同視せざるを得ない結果となることもある。これに対し、対象物件が事業の継続に不可欠でなければ、物件を返還し、残リース債権は物件の価額を差し引いた再生債権となる。したがって、物件の選別が重要である。

③ (イ)この新たなリース契約及び(ロ)所有権留保(例：割賦販売)により商品が売買される場合(買主が倒産)につき、(ロ)については、以後の引き続いての必要な商品(例：新型商品)の供給も問題となるが、これらについて、p.165 ②(ロ)(ハ)も参照いただきたい。

④ **最高裁判所平成20年12月16日判決**(判例時報2040号p.16、判例タイムズ1295号p.183)(控訴審**東京高判平成19年3月14日**(判例タイムズ1246号p.337))は、再生手続開始の申立てがあったことをリース契約の解除事由とする特約(**倒産解除特約**)を無効とし、これに基づくリース契約の解除は効力を生じないとした(東京高判の判断を維持)。この「特約を認めることは、…リース物件を、…民事再生手続開始前に債務者の責任財産から逸失させ、民事再生手続の中で債務者の事業等におけるリース物件の必要に応じた対応をする機会を失わせることを認めることになる」ことを理由とする。具体的には、この特約を認めると、直ちに担保権が実行されたことになり、民事再生法で認められている(i)担保権実行手続の中止命令、(ii)担保権消滅請求等の再生債務者の対抗措置の機会が奪われることになる。また筆者の事務所で、上記事案の控訴審、最高裁での再生債務者(リース契約のユーザー)の代理人を受任したが、筆者達は、リース契約のような非典型担保に抵当権(これだと実行手続に時間を要し債務者の対処が可能)等以上の強い効力を認めるのは適切でない旨も主張した。上記判決は、一審東京地判平成16年6月10日(判例タイムズ1185号p.315)で逆の判断が出て、使用相当損害金1億1000万円余(実際はリース物件引渡しまでの損害金約3700万円が加わる)の支払が命ぜられたところを、筆者達が控訴審から代理人を受任し、使用相当

損害金 92 万 1942 円の支払で済むようにしたものである。

　上記の判決後は、民事再生手続開始以後のどの段階でリース契約の解除が許容されるかが問題となる。

　ちなみに、平成 21 年 12 月 24 日付日本経済新聞朝刊によれば、同紙が実施した弁護士に対するアンケート調査で、2008 ～ 2009 年に特に注目した裁判を尋ねたところ、上記判決が第 2 位にランクされた。

17　継続的給付義務を負う双務契約

　再生債務者に対して継続的給付の義務を負う双務契約の相手方は、再生手続開始の申立て前の給付に係る再生債権について弁済がないことを理由としては、再生手続開始後、その義務の履行を拒むことはできない（民再 §50 Ⅰ）。継続的給付の義務を負う双務契約とは、典型的には、再生債務者に対する電気、ガス、水道水の供給契約である。

　また、再生手続開始申立て後開始決定前にした給付に係る請求権は当然に共益債権とされる（民再 §50 Ⅱ）。民再 §50 Ⅱの本文及びかっこ書の状況を図示すると次のように示せよう。

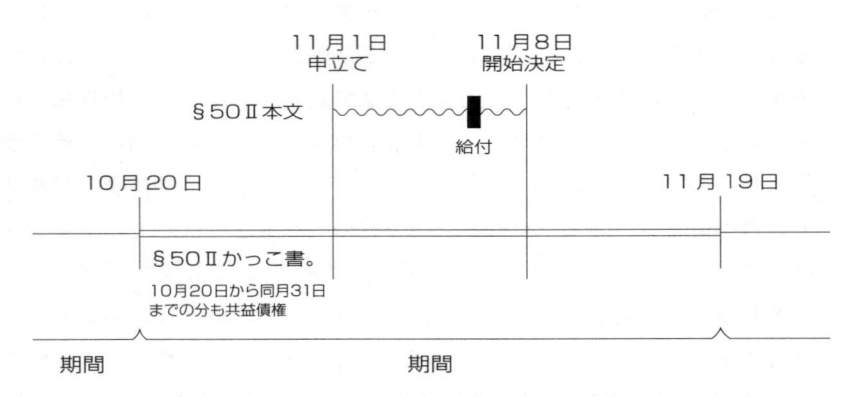

図 5　継続的給付を目的とする双務契約（民再 §50）

18 否認権

　再生債権者の共同の利益を害する再生債務者の行為を否定して再生債務者のもとから流出した財産を取り戻す制度である（民再§127〜）。再生債権者共同の利益を害する行為は、①**詐害行為**（後出。いわゆる(イ)故意否認、(ロ)危機否認、(ハ)無償否認）と②**偏頗行為**（かたよること、不公平（広辞苑））である。

　①(イ)は、再生債務者が、再生債権者を害することを知りながら行った行為（例：物件の廉価売却）である。ただし、相手方が再生債権者を害することを知らなかった場合（善意）には、これに該当しない（民再§127Ⅰ①）。これは、民法の詐害行為取消権（同法§424Ⅰ）をより強力にした制度といえる。**詐害行為取消権**は、**詐害行為**、すなわち債務者が債権者を害することを知ってした法律行為を、債権者が取消し請求できる権利である。(ロ)は、再生債務者が、再生手続の申立て等があった（危機時期）後にした再生債権者を害する行為である。やはり相手方が善意の場合には該当しない（民再§127Ⅰ②）。(ハ)は、再生債務者財産の贈与などである（民再§127Ⅲ）。②は、既存の債務について、(イ)再生債務者が申立て後に特定の債権者のみに弁済または担保の提供をした行為。ただし、債権者が申立てを知っていた場合（悪意）に限る（民再§127の3Ⅰ①）。(ロ)再生債務者の義務に属しないまたはその時期が義務に属しなくて、支払不能の30日前までの行為。ただし、債権者が善意の場合は該当しない（民再§127の3Ⅰ②）。

　上記につき、各行為についての規定において、但書として相手方・債権者が善意の場合と悪意の場合が定められているが、いずれも但書の事項を主張する者に立証責任がある。すなわち、①(イ)(ロ)では、相手方が、善意であったこと、②(イ)では、監督委員が、債権者が悪意であったこと、②(ロ)では、債権者が、善意であったことを、それぞれ立証すべきことになる。

　これらの行為の相手方が、再生債務者の取締役や親会社、再生債務者の親族や同居者の場合は、否認該当性の立証がされやすいようになっている（民再§127の2Ⅱ、127の3Ⅱ）。

規定はやや複雑であるが、会社更生法、破産法についても併せて整理すると、次のようになる。

表10　否認対象行為（詐害行為、偏頗行為）の対比表

		①詐害行為			②偏頗行為	
		(イ)故意否認	(ロ)危機否認	(ハ)無償否認	非義務行為	時期が非義務の行為
	民事再生法	§127Ⅰ①	§127Ⅰ②	§127Ⅲ	§127の3Ⅰ①	§127の3Ⅰ②
	会社更生法	§86Ⅰ①	§86Ⅰ②	§86Ⅲ	§86の3Ⅰ①	§86の3Ⅰ②
	破産法	§160Ⅰ①	§160Ⅰ②	§160Ⅲ	§162Ⅰ①	§162Ⅰ②
申立ての6か月より前		○	×	×	×	×	×
申立ての6か月前まで		○	×	○※1	×	×	×
支払不能の30日前まで		○	×	○※1	×	○	○
申立てまで		○	×	○※1	×	○	○
申立て後		○	○※1	○※1	○※2	○	○

※1「申立て」の他に、「支払停止」（後）も含む
※2「申立て」の他に、「支払不能」（後）も含む

上表は、特に民事再生手続で実務的に問題となる「申立て」を基本として整理したものである。

　上記の他、実務的によく生ずる類型として、**対抗要件の否認**がある（民再§129）。これは、支払停止、再生手続の申立て後に対抗要件（例：登記、債権譲渡通知）を備えた場合において、権利変動があった日から15日を経過した後悪意でしたときは、これを否認できるとするものである。権利変動自体は否認し得なくても、対抗要件について独立の否認を認めるものであるが、対抗要件を備えないと第三者に権利を主張し得ないので、結局、権利を取得できないということが生ずる。

　否認権行使の権限は、監督委員が持つ（民再§135Ⅰ。p.66③も参照）。そこで、実際には、監督委員は、補助者（公認会計士）の協力を得て、種々調査を行い否認権対象の疑いのある行為を見出し、再生債務者（代理人）に問い合わせる（例：上記②(ロ)の時期が非義務の行為その他微妙なケースがある）。そ

して再生債務者側の説明を受け、これに納得できない場合には、疑いのある行為による結果の是正を求めることになる。このようなやりとりが、否認権の行使に至らなくとも実際上重要な機能を果たしていると考えられる。

19　多数債務者関係

　連帯債務者相互や主たる債務者と連帯保証人（複数のこともある）のように、1つの債権のために各人が全部の履行をする義務を負う場合に（民法§432〜、446〜）、債務者（**全部履行義務者**）の1人、数人または全員が倒産したときに、(イ)債権者の権利行使、(ロ)債務者相互間に求償関係を生ずるので（民法§442Ⅰ、459Ⅰ等）他の債務者の倒産手続に参加を認める必要があるが、債権者の権利を害し得ないので、その調整について定める必要がある。

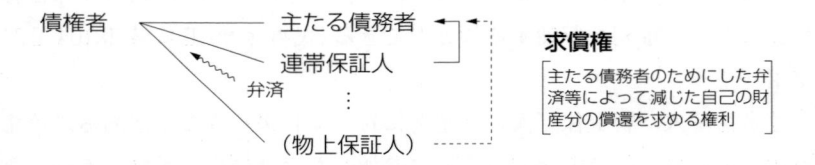

```
債権者 ──→ 主たる債務者
      ＼→ 連帯保証人         求償権
         ～弁済～            主たる債務者のためにした弁
         （物上保証人）        済等によって減じた自己の財
                            産分の償還を求める権利
```

　これについて、破産法で詳細な規定を定め、民再§86Ⅱはこれを準用する。ここでは、実務でしばしば生ずるケースに即して説明をする。

　まず、前提として、主たる債務者が倒産した場合、債権者は、主たる債務者の倒産手続とは関係なく連帯保証人、物上保証人に対して自己の有する債権全額をもってかかっていける（民再§177Ⅱは、再生計画が、債権者の権利に影響を及ぼさないことを示す。p.117参照）。連帯保証や物上保証は、主たる債務者の経済破綻に備えて用意された制度だからである。もちろん、回収額は債権全額の限度である。

　物上保証とは、主債務者以外の者がその財産をもって担保を提供することである。倒産者以外の者の財産についての担保であるので別除権ではない（p.22④、p.72②(イ)参照）。物上保証についても、求償権が生ずるので（民法§372、351）、破§104Ⅴで、連帯保証人等についての同Ⅱ〜Ⅳが準用される。

次に、1人、数人または全員の債務者が倒産した場合の前記(イ)(ロ)について述べる。次の①②が(イ)についてであり、③④が(ロ)についてである。
① 主たる債務者、連帯保証人とも倒産した場合
　債権者は、倒産手続開始の時に有する債権全額をもってそれぞれの倒産手続に参加できる（**手続開始時現存額主義**。民再§86Ⅱで破§104Ⅰ、105を準用）。主債務者、保証人とも債権全額の負担を納得しているからである。
　例えば、100万円の債権者は、100万円の債権額で主債務者と保証人の倒産手続に参加でき、仮に主債務者の手続で40％の配当を得ても保証人の手続で債権額を60万円に減額する必要はなく、100万円の債権額で参加できる。
② 連帯保証人、物上保証人が倒産手続開始後に債権者に対し弁済しても、全額の弁済がなされるまで、債権者は、倒産手続開始の時に有する債権の全額について権利を行使することができる（民再§86Ⅱで破§104ⅡⅤを準用）。
③ 連帯保証人、物上保証人（「倒産者に対して将来行うことがある求償権を有する者」）は、債権者が倒産手続に参加した場合には、手続に参加できない（民再§86Ⅱで破§104ⅢⅤを準用）。
　連帯保証人、物上保証人の手続参加も認めると、実質的に同一の権利につき二重の権利行使を認めることになるからである。
④ 倒産手続開始後に連帯保証債務、物上保証を履行した場合、連帯保証人、物上保証人の主たる債務者に対する求償権について
　債権者が主たる債務者の倒産手続に参加した場合において、債権者がその債務者から全額の弁済を受けるまで求償権を行使し得ない（民再§86Ⅱで破§104ⅣⅤを準用）。連帯保証人、物上保証人の求償権の行使を認めると、その分について二重の権利行使を認めることになるからである。

20　倒産実体法の整理と各法制での比較

倒産実体法として、これまで述べてきたところを踏まえ、各法制の比較も

含めて整理すると、次のようになろう（今中利昭、今泉純一、中井康之『実務倒産法講義第3版上巻』(2009年)p.61を参照させていただいた）。

　倒産実体法は、民事再生法、会社更生法、破産法を通じて共通のものが多く、またそれぞれの改正により、これと合わせるべく、他の改正がなされてきた。
① 　法律行為に関する倒産手続の効力
　㈠　双務契約（民再§49、会更§61、破§53）
　㈡　継続的給付を目的とする双務契約（民再§50、会更§62、破§55）
　㈢　賃貸借契約等（破§56、これを民再§51、会更§63で準用）
② 　各種債権の優先順位
　㈠　担保権付債権
　　　他の債権に対し一定の優先権を担保物について認められる。
　　（ⅰ）更生担保権（会更§2 X）
　　（ⅱ）別除権（民再§53、破§65、66）、特別清算における担保権付債権（会社§522 Ⅱ）
　㈡　担保権付債権以外の債権
　　　通常次の順位が定められている。
　　（ⅰ）財団債権（共益債権）（民再§119、会更§127、破§148）
　　（ⅱ）租税債権（民再§122 Ⅰ、会更§168 Ⅰ②、破§98 Ⅰ）
　　（ⅲ）労働債権（民再§122 Ⅰ、会更§168 Ⅰ②、破§98 Ⅰ）
　　（ⅳ）一般債権（民再§84 Ⅰ、会更§2 Ⅷ、破§2 Ⅴ、会社§515 Ⅲ（特別清算における協定債権））
　　（ⅴ）手続開始後の利息債権（民再§84 Ⅱ①、会更§2 Ⅷ①、破§99 Ⅰ①、97①）
　　（ⅵ）劣後的債権（破§99 Ⅰ）
　　（ⅶ）約定劣後債権（民再§35 Ⅳ、会更§43 Ⅳ①、破§99 Ⅱ）
　　（ⅷ）開始後債権（民再§123、会更§134）

③ 多数債務者関係

　破産法に詳細な規定を置き、民事再生法と会社更生法は、これを準用する（破§104〜107、民再§86Ⅱはこれを準用、会更§135Ⅱは破§104、105を準用）。特別清算には規定なし。

④ 否認権

　民再§127〜141、会更§86〜98、破§160〜176。

⑤ 相殺権と相殺禁止

　(イ) 相殺権

　　民再§92、会更§48、破§67〜70。

　(ロ) 相殺禁止

　　民再§93、93の2、会更§49、49の2、破§71〜73、特別清算について会社§517、518。

⑥ 取戻権

　倒産者に属しない財産を倒産者から取り戻すことができる（民再§52Ⅰ、会更§64Ⅰ、破§62）。

　破§63、64を民再§52Ⅱ、会更§64Ⅱは準用。

Column 5
極めて重要なこととそうでないこと

　弁護士の業務を行っていて、留意すべきこととして、例えていえば、その事案において、切れば血が噴き出すような極めて重要なことがある。これは、絶対に譲ってはならない。これを譲るとかえって後の事案処理に何倍もの労力を要し、しかも良い結果を得られないということが生ずる。そして、重要か否かは、コラム4(p.89)でも述べたが、短期的及び中長期的視点を併せて考えねばならない。

　例えば、事案として、一債権者の要請を断り切れずにその債権者のために当方の不動産に担保権を設定してやり、他の多くの債権者との関係で不平等を生じてしまうこ

> とななどである。そして、そのために他の多くの債権者との関係を悪くして信用を失い、その後の交渉に困難を来すことがあるのみでなく、場合により、その不動産の処分などによって得られる金員を失うことにもなる。そしてさらに、場合により、この担保権の設定が、後の法的手続（破産など）において否認権の対象ともなりうる。この場合、管財人などに説明を求められ、弁護士としての立場も良くない。上記のような事態は、弁護士業務において非常に多く生じうるケースである。このようなケースにおいて担保権の設定を極力阻止しなければならない。
> 　逆に、このように重要でないことは、事案処理の便宜から譲ってよい。適切な区別が大切である。
> 　チームで弁護団を組んで仕事を行う場合、リーダーとなる弁護士は、各担当弁護士の業務を調整しつつ、一担当弁護士の担当業務の中からの必要性の主張はあっても、全体として見て譲るべきでないところは譲ってはならない。

V　再生計画案の作成・決議

21　再生計画案の作成

A　再生計画案の内容

　次に、後に p.121 で詳述する再生の方式について、最も多いと思われるスポンサー支援型のうち、債務者会社で事業を継続する型（**株式引受型**。資料 13。第 2 編第 3 章の実例）を基本的な例としてあげ、スポンサー支援型の**事業譲渡型**（資料 14。第 2 編第 2 章の実例）の主な相違点にも触れ、これらの要点を簡略に示す。なお、資料 13、14、15（**自力再生型**）は、近い時期に行われたほぼ同程度の小規模の 3 つの方式による再生の例である。資料 14、15 では、13 との重複を避け、相違がある部分のみをあげる。

　なお、表 9（日時）、資料 1、4、5、8、9、12 は、資料 13 と同一事案についてであり、資料 11 は資料 14 と同一事案についてである。

再生計画の記載事項を a. 絶対的必要的記載事項、b. 相対的必要的記載事項、c. 任意的記載事項、d. 説明的記載事項に分類する見解がある（須藤英章編『民事再生の実務』(2005 年) p.489（宮川勝之））。a は必ず記載しなければならない事項で、本書例では(2)②-1 ②-2 ③、(3)である。b は民事再生法に定める所定の事由が発生する場合には必ず記載しなければならない事項で、本書例では、(2)④⑤⑥である。c は再生計画に記載するかどうかは任意であるが、再生計画認可決定が確定すると法的な効力が発生する事項で、本書例では、(4)(5)(6)(7)である。d は再生計画に記載することが望ましいが、再生計画認可決定確定によっても特段の法的効力は発生しない事項で、本書例では、(1)、また資料 13 第 5 である。

(1) 再生計画の基本方針

① 再生計画の策定

スポンサー支援型で株式引受型の再生。スポンサー選定の経緯。本例と異なる自力再生型、事業譲渡型、会社分割型の場合も、それぞれの計画策定の経緯等を示すことになる。

② 再生計画の基本方針

スポンサー企業からの貸付金及び出資金の形で弁済原資を得て、再生債権については、10 万円を超える部分の 94.5％の免除を受けた上で、再生計画認可決定確定後 3 回に分けて弁済を行う。

(2) 再生債権に対する権利の変更及び弁済方法

① 確定再生債権

確定再生債権者数、確定再生債権額。

②-1 一般条項

(イ) 権利の変更（民再 §154 Ⅰ①）

再生計画認可決定が確定したときに、次の(i)(ii)の免除を受ける。

(i) 開始決定前後の利息、遅延損害金については全額。

(ⅱ) 上記を除く再生債権元本について、10万円を超える部分の94.5％。

　債権届出において、利息も含めて行う者とそうでない者がおり、利息の算出法も区々に分かれるが、この例では、利息を除き、元本について計算をするので、簡明である。もちろん、開始決定前の利息を含め、届出に合わせて計算をすることもできる。

　再生手続開始後の利息債権は再生債権とされるが（民再§84Ⅱ。議決権を有しない（民再§87Ⅱ））、再生計画においては、多くの場合全額免除とされる。民再§155Ⅰ本文は、再生債権者平等の原則を定めるが、民再§155Ⅰ但書で、衡平を害しない場合は、別段の定め、すなわちa.再生債権者の同意がある場合に、その債権を不利に扱ったり、b.少額債権を有利に扱ったり、c.手続開始後の利息を不利に扱ったりしてもよいとされる。「**衡平**」は釣合のとれていることである（なお、民再§155Ⅱの「…公正かつ衡平な…」の文言も参照）。上記bは前記p.73③(イ)と同旨であり、cは破産手続では劣後とされている（**劣後的破産債権**。p.29⑥参照）。これは**実質的平等原則**の表れである。

(ロ) 弁済の方法
(ⅰ) 再生計画認可決定の確定日から1か月以内に、確定再生債権元本のうち、10万円以下の部分を支払う。
(ⅱ) 平成　年　月　日限り、確定再生債権元本のうち10万円を超える部分について、2.75％の弁済を行う。
(ⅲ) 平成　年　月　日限り、…2.75％…。

　この例では、10万円以下の部分については、全債権者に対し、全額支払っている。上記(イ)のように、少額債権者を、より保護することは実質的な平等にかなう。また、少額債権者の賛同を得ることは、再生計画案可決の頭数要件を確保するにも有用である。なお、10万円「以下の部分」としないと、例えば、10万円の再生債権者は全額弁済を受けられるのに対し、12万円の再生債権者は、本例では、再生債

権額の 5.5％の 6600 円しか弁済を受けられないという逆転現象を生じて合理的でない（権利の変更の問題であるが）。

　もちろん、**繰り上げて弁済**を早めることは可能であり、資料 13（p.284）は、この可能性を示す。

②-2　**一般条項**

　事業譲渡型などで、一括弁済を行った場合には、後に再生債務者を解散・清算した場合に残余財産の配当をせねばならない。この場合の一般条項は次のようになる。

(イ)　弁済の方法

(ⅰ)　再生計画認可決定確定後 2 か月以内に、確定再生債権元本のうち、10 万円以下の部分については全額を、10 万円を超える部分についてはその 7.5％に相当する額を、一括して弁済する（ただし、○○の債権に対する弁済は行わない）。

(ⅱ)　上記(ⅰ)の弁済を行った後、資産処分等の結果、残余配当原資が生じた場合、共益債権及び一般優先債権を弁済した上で、上記(ⅰ)の弁済後の元本に応じた按分弁済を行う（ただし、○○の債権に対する弁済は行わない）。

(ロ)　権利の変更

　上記(イ)の弁済を行った後、再生債務者の清算結了時に、利息・遅延損害金を含む残再生債権全額につき全額の免除を受ける。

　上記において、弁済が行われないとしている○○は再生債務者の代表者である。これは、同人の**経営責任**を明確化したものであり、前記 p.107 で述べた実質的平等原則（衡平）にかなうものである。

③　**個別条項**

(イ)　弁済の方法

　別表 1 の「弁済の方法及び弁済額」欄記載のとおり弁済を行う。

(ロ)　債務の免除

　別表 1 の「免除の方法及び免除額」欄記載のとおり免除を受ける。

④ **未確定の再生債権に関する定め(民再§159)**
　㈠　異議等のある再生債権でその確定手続が終了していないものは、別表2記載のとおりである。
　㈡　上記㈠の再生債権が査定の裁判の終結等により確定したときは、前記②-1㈠㈡を適用する。
　　ここで、未確定の再生債権には、(i)再生債権者からの届出債権について、再生債務者がこれを認められないものとして異議を述べ、再生債権者もこれに服せずに、査定の裁判、さらには異議の訴えのなされている再生債権の他に、(ii)再生債務者が当事者となって再生手続開始決定当時係属していた訴訟で、中断し、受継された手続における再生債権がある(p.71 参照)。

⑤ **別除権者の権利に関する定め(民再§160)**
　㈠　別除権の行使によって弁済を受けることができない債権の部分(別除権不足額)が確定していない債権は、別表3記載のとおりである。
　㈡　上記㈠の債権者については、担保物件の任意売却や競売手続の完了等により、別除権不足額が確定したときは、前記②-1㈠㈡を適用する。

⑥ **債務の負担等に関する定め**
　　資料13、14、15では存しないが、例えば、スポンサーが権利変更後の再生債権について、**重畳的に債務を引き受ける**ときは(スポンサーが再生債務者とともに債務を負担)、スポンサー名を明示し、債務の内容を定める(民再§158 Ⅰ)。あらかじめ、この者から同意を得(民再§165 Ⅰ)、この同意は書面によることを要す(民再規§87 Ⅰ)。

⑦ **弁済に関するその他の事項**
　㈠　端数の取扱い
　㈡　振込による弁済の方法
　㈢　資料13(p.284)6(4)により、例えば、各債権者についての10万円の支払は、債権の一部譲渡などにより債権者が増しても額は不変。

(3) 共益債権・一般優先債権の表示及び弁済方法（民再§154Ⅰ②）
　(イ)　公租公課
　(ロ)　労働債権
　　　随時弁済する。

(4) 株式の取得に関する定め（民再§154Ⅲ）
　①　再生債務者が取得する株式の数
　②　再生債務者が①記載の株式を取得する日

(5) 資本金の額の減少に関する定め（民再§154Ⅲ）
　①　減少する資本金の額
　②　資本金の額の減少がその効力を生ずる日

(6) 募集株式を引き受ける者の募集に関する定め（民再§154Ⅳ）
　①　募集株式の数
　②　募集株式の払込金額
　③　募集株式と引換えにする金銭の払込期日

(7) 根抵当権の極度額を超える部分の仮払いに関する定め
　資料13、14、15では存しないが、根抵当権の元本が確定している場合には、別除権を行使しても極度額以上の弁済は受けられないため、**極度額を超える部分についての仮払い**をすることが認められる（民再§160Ⅱ。その限度において再生債権と同様に扱うのである）。

B　しばしば問題となる点
(1) 弁済率と弁済期間
　①　弁済率
　　　破産の場合の弁済率と比較し、相当程度に良くすることが必要であ

る。これには弁済期間も併せて考える必要がある。破産では最終配当までに0.5～2年程度と考えられる。資料13（p.285）の第5は、再生計画が、清算価値保障原則を充たし、かつ弁済率が破産の場合より相当に良いことについて述べている例である。

② 弁済期間

民事再生法では10年を超えない期間となっている（民再§155Ⅲ）。会社更生法では原則として15年である（会更§168Ⅴ）。

(イ) 再生債務者の経営状態から考えると、民事再生申立てから5か月～6か月程度で認可決定となるが、この間は経営状態も未だ安定しない。利益率も次第に上がっていくと考えられる。したがって、第1回配当（認可決定後1年以内のことが多いであろう。これがあまり遅いと計画に賛成を得難い）に比し、第2、第3回と次第に配当は多くなることが考えられる。

(ロ) しかし、最近では、短期の返済を求められることが多く、例えば支援企業（スポンサー）が、減資後発行する再生債務者の新株式を引き受け、あるいは再生債務者の株式を譲受する場合において、一括あるいは短期間で数回の支払などとして提示されることもある。短期に数回払いの場合も、(イ)とは逆に、計画に賛同を得るために、早い回により多く配当することも考えられる。

(ハ) 再生債務者の財務状態について、再生計画案の作成までに整理され損金（繰越欠損金、評価損等）の額が固まる（前記p.80の財産評定等による）。他方、再生計画で債務を免除されると、これが債務免除益となり、また、認可決定後の事業活動により利益を生ずる。したがって、これら益金（免除益、事業活動利益）をさきの損金で減殺しなければならない。そして、この損金が益金と通算されるのは最高で7年までである（詳しくは後出p.118(2)①～③を参照）。その結果、損金を益金の減殺に使い切った後、または遅くとも8年目以後ではガクンと配当にまわせる分が減ることになる。

このように、配当にまわせる分を推算することになる。
③　結局、再生債務者としては、その経営状況をベースに、弁済率・弁済期間から、破産より良く、そこまでは支払えそうだが、それより上ると、頓挫するおそれがあるという数字を、(ⅰ)再生債務者の過去の実績、及び(ⅱ)同業界他社との比較などにより求め、債権者、特に大口債権者（金融機関のことが多いであろう）の賛同が得られそうなものとして提示することになる。

(2)　免除の時期

再生計画で、認可決定確定時に債務の免除を受けられる旨定めることが多い。税務当局も通例このように判断するようである。なお、再生債権者の方は、認可決定（確定）時に再生計画で切り捨てられることとなった部分について貸倒処理が認められる（p.174参照）。しかるに、社会常識的には、権利変更後の金額を支払ったら、残額は免除するというもので、これであると、免除の時期は最終弁済期となる。弁済に合わせて免除を受けるとすることも可能である。

要は、生じた債務免除益が発生した損金によって有利に吸収されることが重要である。通常は、認可決定確定を含む事業年度に、経理関係の整理・処理も行うので、損金が多く生ずると考えられる。

事業を譲渡するなどし、再生債務者を清算する方式の場合は、最終弁済後に再生債務者の解散・清算を行い、その事業年度（清算事業年度）に債務免除を受ければ、債務免除益は課税されない（詳しくは、後出 p.130(2)参照）。

(3)　別除権付債権、一般優先債権の弁済との関係

別除権付債権の弁済については項を改めて述べるが、再生計画を考えるにあたっては、実質的に、別除権付債権の弁済、一般優先債権の弁済も併せて検討せねばならない。

これも、別除権者、一般優先債権者（税務当局等）との交渉による。

(4) 債権者に対する説明会

①再生計画案の提出にあたってその直前、あるいは②提出直後に、再生計画案についての説明会を行う。①の場合は、計画案について債権者の意見も聞くという意味あいがある（実際に弁済率を調整したこともあった）。筆者は①で行っているが、②でもよい。

内容はほぼ次のようになる。p.163②も参照されたい。

(イ) 手続申立て、開始後の状況と協力についてのお礼
(ロ) 現状
(ハ) 再生計画の概要と根拠

　スポンサーの支援が得られたならば、その必要性、選定の経緯、適切性、支援の方式などについての説明をし、スポンサーの支援が得られなかったならば、自力で再生をなしうることの説明も加える。

　また清算に比し再建の有利性の説明をする。

(ニ) 今後の手続についての説明

　特に、債権者集会での投票についての説明。
　(i) 債権者集会での決議の投票について賛成を投じないと、反対と同じ結果となることの注意喚起。
　(ii) 事前に投票用紙を送付してもらえば、集会への出席は必ずしも必要ないこと（もちろん出席しても可）。

特に(ロ)、(ハ)については資料の配付も必要であろう。再生計画案の概要の他、計数上のものとしては、p.81記載の清算貸借対照表（民再§124ⅠⅡ）などが考えられる。必要により、修正貸借対照表、財産目録なども考えられる。修正貸借対照表、清算貸借対照表については、p.81に詳述したとおりである。

22　再生計画案の提出

再生計画案は、債権届出期間の満了後裁判所の定める期間内に、裁判所に提出しなければならない（民再§163Ⅰ）。この期間は、一般調査期間から2

か月以内(民再規§84Ⅰ)とされているが、東京地裁の運用では、表8(p.61)のように、申立てから3か月以内と早められている(なお、提出期限の2日前までにドラフトをFAX送信することとされている)。再生債務者の他に、届出再生債権者も、独自に再生計画案を裁判所に提出することができる(民再§163Ⅱ)。

期間内に再生計画案を提出できないときは、その理由を記載した報告書を提出し(民再規§84Ⅱ)、**期間の伸長**を裁判所に求めることができるが(民再§163Ⅲ)、期間の伸長は2回までとされている(民再規§84Ⅲ)。東京地裁では原則として1回限りとしている(第2編第2、第3章はいずれも1回伸長の許可を得たケースである)。

23 再生計画案の決議

(1) 決議に付する旨の決定

再生計画案の提出があったときは、裁判所は、再生手続または再生計画案に特に不備がない限り、その計画案を決議に付する旨の決定(**付議決定**)をする(民再§169Ⅰ)。

議決権行使の方法として、(イ)債権者集会における決議、(ロ)書面のみによる決議、(ハ)両者を併用する方法が定められている(民再§169Ⅱ)。東京地裁は、原則として(ハ)の併用型を採用している。(イ)の集会決議を基本としつつ、(ロ)の再生債権者の便宜を考慮した事前投票のメリットを活用するためとされる。

(2) 決議と認可決定

再生計画案は、同案決議のための債権者集会において、(イ)出席債権者(書面投票をした者も含む)の過半数の賛成(**頭数要件**)、かつ(ロ)総議決債権額の2分の1以上の賛成(**議決権額要件**)をもって**可決**される(民再§172の3Ⅰ)。そして実際には可決されたならば、従来から不認可事由(民再§174Ⅱ)がないことが明らかであれば、通常、直ちに**認可決定**がなされる(民再§174Ⅰ)。

上記のように「総議決債権額の2分の1以上の賛成」が要件となっていること、つまり積極的に賛成したものだけがカウントされること、したがって集会に欠席したり、投票しなかったり、白票を投じたものは反対と同じ扱いとなることに留意しなければならない。

また、議決権の不統一行使も認められるが、裁判所の定める期限までに裁判所に対してその旨を通知しなければならない（民再§172Ⅱ）。不統一行使とは、例えば、ある金融機関が固有の債権者としてと、社債権者複数社の社債管理者として（民再§169の2Ⅰ）、異なって議決権を行使する場合である。

(3) 債権者集会に向けての手順

裁判所に再生計画案を提出すると、1週間〜10日程度でこれについての監督委員の意見書が提出される。監督委員は意見書提出に先立って補助者である公認会計士から報告書を求め、特にその経理的分析を踏まえた意見書を提出することになる。

裁判所により招集決定がなされ、再生債権者に対して、債権者集会期日通知書とともに、議決票、再生計画案、監督委員の意見書が送られる。

また、東京地裁では念のため、上記送付封筒に、(イ)債権者が債権者集会に欠席すると再生計画案に反対したと同じ扱いとなってしまうこと、(ロ)議決票にあらかじめ賛否を記入して直接にあるいは同封の返信用封筒で再生債務者宛提出すれば、記載のとおり債権者集会で投票が行われる旨の注意を著した文書を入れることが認められている。

通常上記のように議決票が送付されてから集会の期日までに4〜7週間程度しか日にちがない。

そこで、期日までにできる限り賛成の議決票を取得すべきことになる。

(4) 可決要件取得の作戦

通常仕入先などの商取引債権者は、債権額は多くなくても今後の取引を考え賛成してくれるであろうから、絶対に多数を取るようにしなければならな

い。再生債務者の経営陣・従業員が手分けして対応する。

　大口債権者は金融機関のことが多いと思われるが、これは申立代理人である弁護士が再生債務者の担当者とともに説明に廻り、賛同を得るようにする。金融機関との交渉では、相手の要請も容れて必要と思われる資料の提出にも応じつつ、相手方担当者を説得し、粘り強く交渉することが大切である。大口金融機関との交渉は、担保権の扱いの問題もあり、併せて民事再生手続が成功するか否かの最要点となる。

　賛成の議決票提出者は集会に出席して賛成したことになるから、このような議決票を全債権者数の過半数取れば、少なくとも頭数要件は充たされることになる。したがって、仮にもう１つの要件である議決権額要件が充たされなくても**集会の期日の続行**を申し立てることができることになる（民再§172の5Ⅰ①）。この場合の可決は、集会の期日から、原則として、2か月以内にされなければならない（民再§172の5Ⅱ）。

　そして、何よりも、全社一丸となった議決票獲得作戦により、会社の再建に向けた一体感が醸成される。

24　再生計画の認可決定の確定と再生計画の効力

　債権者集会による再生計画案の可決を受け、裁判所による認可の決定を得て、これが官報公告され（2〜3週間程度）、即時抗告（高等裁判所への不服申立て）期間（2週間（民再§9））を経て（民再§175Ⅰ）、**認可決定の確定**となる。再生計画は認可の決定の確定により効力を生ずる（民再§176）。なお、即時抗告がなされると、確定が更に長引くことになる（例えば、最近経験した明瞭な事案で抗告後1か月程度で抗告棄却）。

　再生計画の効力として、届出再生債権及び自認債権の権利内容は再生計画の定めに従って変更される（**権利変更**。民再§179Ⅰ）。また、再生計画の条項が再生債権者表に記載され（民再§180Ⅰ）、その再生債権者表は、再生債務者、再生債権者及び再生のために債務を負担する等の者（p.109⑥参照）に対して、確定判決と同一の効力を生じ（同Ⅱ）、再生債権者表の記載により、

再生債務者、再生のための債務負担者に対して、強制執行をすることができる（同Ⅲ）。そして、再生債務者は、再生計画の定めによって認められた権利を除き、全ての再生債権について、原則としてその責任を免れる（**免責的効力**。民再§178）。

なお、再生計画により権利変更の効力が生じても、別除権に加えて、再生債権の保証人や物上保証人に対する権利も影響を受けない（民再§177Ⅱ。その理由等について p.101 も参照）。

25 再生計画の税務

(1) 債務免除益課税（平成22年1月現在）

再生計画により、債務免除を得ることは、収益（益金）として課税を受けることになる（**債務免除益課税**）。その税目は①法人税、②法人事業税、③地方法人特別税、④法人住民税である。

4つの税金は、債務免除益については、基本的にはほぼ次のように課税される（所得は「収益－費用」（利益）、「益金－損金」）。【　】内は資本金1億円超の場合。

① 法人税（法人税法§66等）　　　　　　所得×30%
② 法人事業税（地方税法§72の24の7）　　所得×5.3%【5.78%】
③ 地方法人特別税（地方法人特別税等に関する暫定措置法§9）
　　　　　　　　　　　法人事業税×81%（所得×4.29%【4.68%】）
④ 法人住民税（地方税法§51、52、312、314の4）
　　　　　　　　　　　法人税×17.3%【20.7%】（所得×5.19%【6.21%】）

4つの税金を加算すると、44.78%【46.67%】となるが、②法人事業税と③地方法人特別税は次期において損金に算入されるので、税金が軽減される。したがって、

$$実効税率 = \frac{法人税 + 法人住民税 + 法人事業税 + 地方法人特別税}{1 + 法人事業税 + 地方法人特別税}$$

（各税目には所得に対する割合を代入）

により、実効税率は40.86％【42.25％】となり、債務免除益に対しておよそ41〜42％の税金を考えておくべきことになる。

つまり、1億円債務免除を得ても、4100万〜4200万円程度の税金を払わなければならないことになる。通常は、これらは事業による利益では支払えないので、これを払わなければならないのではとうてい再生はできない。そこでこの債務免除益に見合う損金を見出しうるかが問題となる。

また、損金を事業による利益から控除するようにして課税を減じ、弁済原資の増大に努める。そして、弁済率のアップに努めた再生計画を作成すべきことになる。

(2) 損金算入について考慮すべき点

損金算入については、次のようなことを総合的に考慮すべきことになる。

① **青色欠損金**の利用

青色申告書を提出した事業年度の**欠損金**(損金の額が益金の額を超えた場合の超過部分の金額)は、7年間にわたって累積した分(**繰越欠損金**。会計上は、**累積損失**)について、所得から控除できる(法人税法§57Ⅰ)。従来は5年間しか認められなかったが、平成16年度の税制改正で7年間となった。例えば、平成22年1月に債務免除を得て(例：認可決定確定による)、会社の事業年度が、各年(例：平成21年)の4月から次の年(例：平成22年)の3月までとすると、平成14年4月に開始した事業年度の欠損金から所得控除に利用できる。

この欠損金は、民事再生以外の通常の場合にも利用できる。

② 期限切れ欠損金の利用

期限切れ欠損金とは、上記の7年前の事業年度以前に生じた欠損金である。民事再生手続を行う場合、債務免除益等からの控除について、この欠損金も損金に算入することができる(法人税法§59Ⅱ)。そして、ある事業年度において、先に期限切れ欠損金を損金算入して、その後に青色欠損金を損金算入することができる。したがって、青色欠損金が残った場合に

は次年度にも算入できる。これは、従来、青色欠損金を算入しても所得がある場合に限って期限切れ欠損金を算入できたとするものを、平成17年の税制改正で改めたものである。

なお、**債務免除益**は、通常、再生計画の認可決定確定時に生ずるとするが(税務当局も通例このように判断)、分割弁済のたびに生ずるとすることなども可能である(p.112参照)。

③ 資産の評価替えによって生じた損失の損金算入

従来、棚卸資産(例：在庫商品、原材料)の破損・汚損・陳腐化などによる**評価損**は損金算入できたが、回収不能の金銭債権(例：売掛金、貸付金)については、貸倒れの厳格な要件を充たさなければ、損金算入できなかった。しかし、平成21年の税制改正で、金銭債権の**評価損**もより容易に損金算入できることになった(法人税法§33 Ⅳ)。

上記②、③の企業再生支援のための税制については、平成17年度の税制改正は、その枠組を再構築し、民事再生法が再生型のメイン手続として実務に定着してきたこと等を踏まえて、会社更生法なみの税務特例を認めることにしたものであった。平成21年度の税制改正は、これを一層整備・拡充したものである。

このような制度については、税理士等の専門家、特に新しい制度にも研さんを怠らない者に検討してもらい、申立代理人弁護士は自らも確認することが必要である。そして、資産の評価損などについては、さきにp.82で述べた財産評定なども参考として、むしろ申立代理人弁護士が主導して実質を踏まえた、できるだけ多額のものを見出すべきである。

④ デット・エクイティ・スワップ(Debt Equity Swap。**DES**と略す)の利用

これは、債務(Debt)を株式(Equity)に振り替える(Swap)ことである。

債務を株式に振り替えることは資本取引であり、債務免除益を生じないので、課税の問題を生じない。ただし、債権の時価の限度とされる。詳しくは、後出p.131を参照。

前記、特に①〜③で述べたことは、再生計画の作成段階に至って検討すべきことではなく、その概要は、むしろ事案の受任にあたって考慮すべき必須事項である。より再生手続全般にかかる税務上の問題については後にp.129で述べる。

Ⅵ 再生計画認可後その他

26 再生計画の遂行

再生計画の認可決定の確定を受けて再生計画を**履行**していくこと（**遂行**）になるが（民再§186 Ⅰ）、その履行について、3年間（その間に履行が終了すればそれまで）の監督委員の監督に服する（民再§186 Ⅱ、188 Ⅱ）。

東京地裁の監督命令（資料6）によれば、監督委員の同意を得なければならない行為としてあげられているものは、再生計画認可決定があった後は同意を要しないとされている（4項）。ただし、大阪地裁では資料7に示すように東京地裁とは少し異なって、認可決定後も監督委員の同意・監督委員への報告を要する事項がある（3項(2)、7項(1)〜(3)）。

再生債務者による再生計画の履行について、具体的には次のようになろう。

① 弁済について

まず、商業登記簿謄本を取り寄せて弁済先の同一性を確認し、弁済先の口座を確認する。そして、権利変更された債務の弁済を行い、その後、監督委員に対し、弁済したことを示す報告書と、通常、銀行振込書の写しを提出する。おそらく、振込先が不明だったりして振込みできないところが生ずるので、上記報告書には、その者及びその処理方法について記す。

上記の報告は、前記の監督委員の監督に服することの中心である。

② 事業継続その他重要事項について

自力再生でなく、次に27に述べるようなスポンサーが事業を継続する

場合、その他極めて重要な事項については、監督委員に報告することが望ましい。

③　別除権付債権の弁済について

後にp.125に述べるように、通常は、監督委員の同意も得て（特に金融機関がこれを求める）、別除権者との間で別除権に関する協定を締結する。債権者集会までに協定が締結できれば好ましいが（この場合、監督委員の同意が必要（民再§54ⅡⅠ。民再§41Ⅰ⑨（別除権の目的である財産の受戻しについての裁判所の許可）参照））、一般には時間的制約から集会後となろう。そして、適宜担保物件を処分して弁済を行う。担保物件の処分で弁済されなかった分は、再生債権として、弁済がなされる。

27　事業の再生・継続

民事再生手続において、スポンサーが見つかれば、その支援を受けることが便宜である。しかし、スポンサーが見つからないケースも多々ある。この場合は、自力で再生を行うことになる。

スポンサーが支援して事業を継続する方法として、事業を行う主体の変更の視点からは、債務者会社の法人格のままで、減増資などしてスポンサーによる債務者会社の株式の引受けによって継続する方式、別会社により継続する事業譲渡の方式、会社分割による事業承継の方式がある。

したがって、民事再生手続において、事業の再生・継続について、次のような方式が考えられる。

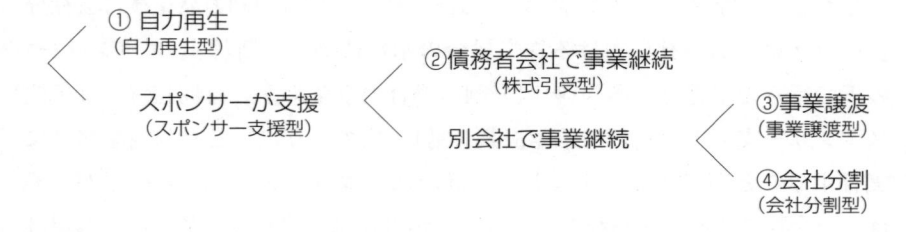

```
           ① 自力再生
           （自力再生型）           ②債務者会社で事業継続
                                      （株式引受型）
           スポンサーが支援                                  ③事業譲渡
           （スポンサー支援型）                               （事業譲渡型）
                              別会社で事業継続
                                                           ④会社分割
                                                           （会社分割型）
```

ただし、実質的に事業の支援をするという視点からは、自力再生する場合

121

も含め、種々多様な方法がありうる(例：取引上の支援、経営基盤の支援。p.8 も参照)。再生債務者としては、実際的に、種々の方法による支援の受け入れを検討すべきことになる。本書では、特に法的に、事業を行う主体の視点から述べる。

筆者が平成 12 年 11 月から平成 21 年 3 月までに(申立日時)、申立代理人、監督委員及び代表者を務めた企業についての民事再生の案件計 18 件については、前記②が最多で、次に③、①の順であった。ただし、上例では、あまり多くの差はなかった。

会社分割及びその民事再生手続における利用については、第 6 章 4 で、より詳しく述べるが、平成 17 年 6 月の会社法成立後(施行同 18 年 5 月)は、規定の整備が図られ(例：吸収分割の対価として現金を交付できるなど)、事業譲渡との間に実質的差異はなくなってきている。会社分割の方式として、(イ)旧会社から事業を承継する新会社を新設する方式(**新設分割**)と(ロ)別会社が旧会社から事業を承継する方式(**吸収分割**)とがある。吸収分割は特に事業譲渡と近いが、(ⅰ)新設分割によって 1 クッションとして新会社を新設して、ここに事業を承継させ、(ⅱ)旧会社が取得し、別会社に譲渡した新会社の株式の対価を弁済に充てることもできる。

会社分割については、事業譲渡のように、株主総会での決議に代わる裁判所の許可(代替許可)のような規定はない。したがって、株主総会の承認手続(議決権の 3 分の 2 以上の賛成)や会社分割についての**公告**を含む**債権者異議手続**を採る必要がある(**債権者保護手続**)。

しかし、実際には、再生計画による旧会社の減増資の効力発生後に会社分割を行えば、旧会社における株主総会の承認決議も、新株主(スポンサー)の下で行うので容易であり(吸収分割の場合の事業承継会社(別会社)は当然スポンサー支配下の会社で承認決議容易)、次のように、会社分割を容易に実行することができる。すなわち、詳細は、本編第 6 章 4 で述べるが、要は、旧会社の債権者が権利を害されない場合には、債権者異議手続の適用はなく、公告も要しないということであり、この場合として、(イ)分割後も旧会

社に全額を請求できる場合、㈹(ⅰ)旧会社と、新会社(新設会社)もしくは別会社(承継会社)の両者によって債務が引き受けられる場合(**重畳的債務引受**)、または(ⅱ)旧会社が新会社もしくは別会社の債務を連帯して保証する場合(**連帯保証**)がある(以下、重畳的債務引受と連帯保証とは同じ法的効果を示すので、重畳的債務引受として述べる)。

　したがって、新設分割の場合は、金融債権者を旧会社の債権者とし、商取引債権者を旧会社と別会社の債権者とすれば(重畳的債務引受)、新会社の全ての株式を旧会社が取得するので、金融債権者、商取引債権者とも権利を害されないことになる。この場合、旧会社が取得した新会社の株式を譲渡すれば、その代金が事業移転の対価にあたる。また吸収分割の場合は、やはり金融債権者を旧会社の債権者とし、商取引債権者を旧会社と別会社の債権者とすれば(重畳的債務引受)、別会社が事業取得の対価を旧会社に支払うので、旧会社の金融債権者、商取引債権者とも権利を害されないことになる。ただし、別会社に債権者がいれば、その債権者のために公告を要することになり、債権者がいなければ、公告は不要となる。

　まとめると、民事再生手続において、①自力再生型と、スポンサー支援型に、②株式引受により再生債務者で事業を継続する株式引受型と、別会社で継続する③事業譲渡型、④会社分割型の各方式があることになる。

　これらを手続的に比較すると、次のようになろう。

表11　民事再生手続においてスポンサーが事業を継続する方式

	株式引受	事業譲渡	会社分割
時期	再生計画認可決定（確定）後	再生計画認可決定前または後	減増資等効力発生後
裁判所の措置	債務超過の場合、再生計画案に次の条項を入れるにつき、裁判所の許可必要 ・株式の取得 ・資本金の額の減少 ・募集株式を引き受ける者の募集	・再生計画認可決定前：裁判所の代替許可 ・再生計画認可決定後：なし	
事業を再生する主体	再生債務者	スポンサー（譲受者）	実質スポンサー（承継会社） ・吸収分割：別会社（スポンサー） ・新設分割：新会社
主体の変更の問題を生ずるか	生じない	生ずる	生ずる
消滅させる主体		再生債務者	再生債務者
消滅の方式		解散・清算	解散・清算
税務処理 債務免除益の吸収	再生債務者が行う		

参考：自力再生の場合は、「事業を再生する主体」以下は、株式引受の場合と共通する

　なお、委細は不明であるが、破産よりも軟着陸を目指し、特別清算よりも可決要件が緩やかなので（特別清算につき p.32 ④参照）、民事再生手続を、清算する手段として利用したケースもあったとされる（事業再生研究機構編『新版再生計画事例集』(2006年) p.9)（⑤純粋清算型といえる）（なお、p.69 も参照）。

28　別除権に関する協定

(1)　協定締結の必要

　さきにp.79などでも述べたように、担保権は基本的に民事再生手続に拘束されない。したがって、再生債務者の営業に不可欠な財産(例：工場)が担保物件となっており、担保権者が担保権の実行を行い、この物件が処分されると、事業の再生は困難となる。また、再生計画を作成し、これを履行していく上で別除権分の弁済は大きな影響を及ぼす。

　そこで再生計画とは別に別除権付債権の弁済について**別除権者と協定**を結ぶべきことになる。この締約は再生計画の可決・認可とは本来別だが、一般にはなるべく早期に締約し、別除権の扱いを明らかにするとよい。必要なら別除権付債権者に対する説明会を開くようにする(詳細は、p.163④参照)。別除権不足額は再生債権となり、再生計画でその扱いが定められており(p.109⑤)、実際には再生計画の履行とリンクしているからである。

(2)　協定書

　解除権者との間で、次のような要因を考慮して協定が締結されよう。資料16に別除権に関する協定書の例をあげる。

① 　担保権の種類

　　抵当権、根抵当権、質権、譲渡担保、所有権留保等。

　　共同担保か否か。

② 　担保権の対象物

　　不動産、動産、債権。

③ 　対象物を継続して使用するか、換言すれば、担保権を実行されては困るか。

　　継続使用物件については、協定締結時点での別除権の評価をし、これについて合意しなければならない。

④ 　債権者について

　　多数の場合の順位、保証の場合等。

⑤　別除権評価を下回りあるいは上回って実際に売却された場合の処理
　(イ)　下回った場合
　　　例えば、下回った差額については、再生債権の条件に沿って弁済する。
　(ロ)　上回った場合
　　　例えば、上回った差額については、別除権者に支払う。
　債権者集会期日前に締結される場合には、次のような条項も加えられて良い。
⑥　別除権に関する協定により、債権者集会において行使する再生債権の額が決められるのではない。この再生債権の額は、届出、認否、調査を経て債権者集会招集決定の通知とともに裁判所から送付される議決票による。
⑦　債権者集会において同意すること。
⑧　解除条件
　再生計画認可決定の効力が生じないことが確定すること、再生計画不認可決定が確定すること、または再生手続廃止決定がなされることを解除条件とする。これらの場合には、協定は当然に解除される。
⑨　停止条件
　監督委員の同意が得られて効力が生ずる。

29　再生計画の変更、再生計画の取消し、再生手続の廃止、破産手続への移行

(1)　再生計画の変更

　再生計画の認可後やむを得ない事由で再生計画に定める事項を変更する必要が生じたときは、裁判所は、再生手続終了前に限り、再生計画を変更することができる（民再§187Ⅰ）。再生計画の履行が困難となった場合でも、再生手続の中で再生計画の内容を履行可能なものに変更して、再生を図ろうとするものである。なお、繰り上げ弁済のように再生債権者に有利な変更をする場合も含まれる。この場合、特別な手続は必要としない。

再生債権者に不利な変更については、改めて債権者集会での決議が必要となる(民再§187Ⅱ)。

(2) 再生計画の取消し

再生計画の認可決定確定後、再生計画が不正な方法で成立したこと、再生債務者が再生計画の履行を怠ったこと等の事由があるときは、裁判所は、再生債権者の申立てにより、再生計画の取消しを決定することができる(民再§189Ⅰ)。しかし、東京地裁では実例がない。再生計画の変更による対策、それができない場合の再生計画の廃止の検討等で対応しているからとされる。

(3) 再生手続の廃止

再生手続の開始決定後、終結に至る間に、裁判所が再生手続の目的を達することなく将来に向けて再生手続を終了させることをいう。民事再生申立てのうち、再生手続を廃止されるものの件数については、表3(p.20)参照。

① 再生計画認可後の廃止(民再§194)

再生計画の認可後、事情の変更等により、再生計画が遂行される見込みがないことが明らかになったときは、裁判所は、再生手続を廃止せねばならない。再生計画の変更では対応できない場合である。これは、損害の発生や拡大を防止するためである。

② 再生計画認可決定前でも、再生計画案が否決されたりすれば廃止され(民再§191、192)、認可決定の前後を問わず、再生債務者の重大な義務違反があれば、廃止されうる(民再§193)。

(4) 破産手続への移行

再生手続が廃止された場合、裁判所は破産手続開始決定を行うことができる(民再§250)。これを再生手続に牽連した(ひきつづくこと(広辞苑))破産という意味で**牽連破産**(けんれん)という。東京地裁では、再生債務者が法人の場合は全

件について職権で破産とする。これに対し、再生債務者が自然人(法人の代表者の場合も含む)の場合は、破産をおそれて再生の申立てが萎縮することへの配慮や破産手続における予納金の準備の問題などから、再生債務者が希望しなければ、当然には破産としていない。

そして、再生手続廃止決定が確定して**破産手続開始決定**がなされる。再生手続廃止決定からその確定までの間に再生手続廃止の公告及び即時抗告期間があるので(東京地裁の運用では、約1か月程度)、この間の財産の散逸を防止するために保全措置が講ぜられる必要があり(民再§251)、**保全管理命令**が出される(**保全管理人**を選任。破§91Ⅱ)。通例、監督委員が保全管理人、そして破産管財人に選任される。

破産手続においては、再生手続中の共益債権(例：DIPファイナンス)は財団債権として(民再§252Ⅵ)、再生債権は破産債権として取り扱われる。破産手続においては、本来、改めて債権届出が必要であるが、例外的に民事再生手続における債権届出を利用することができる(**みなし届出**。民再§253ⅠⅢ)。

なお、上記と逆に、破産手続から再生手続への移行も可能とされるが(破産管財人によって、民再§246Ⅰ)、実際には困難が伴うので、東京地裁では、破産管財人による申立ての実例はないようである。

30　簡易再生、同意再生

再生手続の一部を省略し、簡略化したものとして、簡易再生と同意再生が定められている。しかし、これらの手続の利用は極端に少ない。これは通常の再生手続がスピーディーに運用されているからであるといわれる。簡易再生、同意再生は、通常の民事再生手続が申し立てられた後、その申立てがなされる。

(1)　簡易再生手続

届出再生債権者の総債権について裁判所が評価した額の5分の3以上にあたる債権を有する届出再生債権者が、再生計画案に同意し、かつ再生債権の

調査及び確定手続を経ないことに同意することによって、再生債権の調査及び確定手続を行わない再生手続である(民再§211Ⅰ)。

この場合、再生債権は確定せず、執行力もない(民再§216Ⅰ)。債権者集会における再生計画案の決議は必要である。

(2) 同意再生手続

全ての届出再生債権者が、再生計画案に同意し、かつ再生債権の調査及び確定手続を経ないことに同意することによって、再生債権の調査及び確定手続並びに再生計画案の決議を経ないで終了する再生手続である(民再§217Ⅰ)。

全ての再生債権者が同意することを要件とする、簡易再生より更に簡略化された手続である。同意再生の決定が確定すると、再生計画認可決定が確定したものとみなされる。

31 再生手続の税務

さきにp.117～で述べたところの他に、再生手続全般に関し、再生債務者について、税務上留意すべき点をあげる。なお、再生債権者のなしうる税務処理については、p.174参照。

(1) 繰越欠損金を有する法人を支配することによるその欠損金利用のメリット

スポンサーから見ると、事業を取得して再生する場合、再生後あがる利益は、再生会社の過去の損失や再生手続で計上した損失と相殺することができ、課税上メリットがある。

しかし、事業の再生と関係なく、累積赤字や不良資産を有する企業を買収することによる租税回避行為が多く行われたことを背景に、平成18年税制改正により一定の歯止めがかけられ、単純に赤字法人を買収して税務メリットを享受するということはできなくなっている。

具体的には、他の者による支配関係を受けることとなった欠損金額等を有する法人(**欠損等法人**。これに民事再生手続が開始される)が、その支配関係を受けることとなった日から5年以内に、旧事業(支配日の直前において営む事業)を廃止するとともに、その旧事業の事業規模のおおむね5倍を超える資金借入れを行うことなどの一定の事由に該当するときは、その該当する日の属する事業年度以後の各事業年度においては、その適用事業年度前の各事業年度に生じた欠損金額については、この繰越欠損金の損金算入は認められない(法人税法§57の2。これに対し、p.118①参照)。

　なお、ここで「支配」とは、欠損等法人の発行済株式(自己株式を除く)の50%超を直接または間接に(別の子会社を通じての分も合わせて)保有することをいう。したがって、欠損等法人の事業を承継して、同法人の有する欠損金の損金算入のメリットを受けるためには、少なくとも欠損等法人が従来営んでいた事業は継続しなければならないことになる。

　しかし、民事再生手続に基づいて取得する株式による支配が生じた場合には、上記の法人税法§57の2の規定の適用はなく、前記繰越欠損金の損金算入は認められることになる(法人税法§57の2、同法施行令§113の2Ⅵ②、117①)。

　これは、民事再生手続においてスポンサーの支援を受ける必要が多いことに鑑み、繰越欠損金の活用を認めて、その便宜を考慮したものである。

(2)　清算法人の債務免除益の扱い

　会社が継続する限り、法人税の課税標準(課税の対象)は「益金－損金」として計算されるから、債務が消滅すればその分が益金となり、課税される。

　これに対し、会社解散後は、会社は現務を結了し、債権を取り立て、債権者に対し債務を弁済し、株主に対して残余財産を分配するという、**清算手続**に入る。この場合の法人税の課税標準は、資産及び負債の棚卸しをして、元本である資本と課税済利益を差し引く方法、大まかにいうと「資産－負債－資本金等－利益積立金額」として計算される。このように、資産・負債(残余

財産)の方法で課税され、益金・損金の方法で課税されないので、再生手続中または再生計画により事業譲渡をして解散した会社の場合は、免除益に課税されるということはない。解散後清算終了までの事業年度が定められ、これを**清算事業年度**という(清算事業年度が複数年に及ぶ場合は、途中で、益金・損金の点で課税の問題を生じても、最終的には、資産・負債の点で課税され、免除益に課税されることはない)。

このことから、債務免除益に対する課税が避けられないような状況では、再生債務者を承継する方法でなく、再生債務者の**事業を譲渡して再生債務者を解散する方法**によるべきこととなる。

なお、特別清算では、資産と負債が均等となるように処理されるので(p.31参照)、課税の問題を生じない。

(3) 仮装経理による還付金

仮装経理があった場合、これに基づいて納付した法人税については更正の請求をなしうるが(国税通則法§23Ⅰ)、この場合の**還付金**は、現金で直ちに還付されるわけではない。

しかし、事業再生等の場合においては、仮装経理をしたのは再生債務者であるのに、債権者への弁済原資が減少するのは不当であるから、平成21年改正により、民事再生手続の開始等、一定の事業再生等の事実があったときは直ちに還付されうることとされた。これも、p.119③で述べた民事再生法に会社更生法なみの税務特例を認めることにした一環である。

(4) デット・エクイティ・スワップ(DES)

債務が免除されると、課税所得の計算上免除益が益金算入される。これに対し、負債を資本に振り替えるDESは、資本取引であるから理論的には益金とはならないので、課税の問題を生じない。このように、同じ負債の消滅であるのに、(イ)DESでは、株式の価値上昇が見込めないような経済合理性のない場合であっても課税されず、(ロ)通常の債務免除では課税されるという

ように、(イ)と(ロ)を課税上別異に扱うことは課税の公平上疑問があった。

そこで、まず平成18年税制改正により、DESにおいて資本取引として扱われるのは債権の時価の限度とすることとされた。また、平成21年税制改正では、債務免除とDESを合わせて「債務免除等」と明記することとされた。これらにより、債務の簿価と債権の時価の差額は、資本取引とならず益金となることになる。

例えば、1億円の債務のうち9000万円の免除を受けた場合、9000万円が益金算入されるのに対し、これまでは、DESの場合負債がそのまま資本に変わるだけで、益金算入額はなかった。しかしこの改正により、1億円を資本に振り替えても資本取引となるのは債権の時価である1000万円の限度となり、9000万円については益金算入されることとなる。

32 罰則

再生手続開始前後の再生債務者等の行為で違法性が強いものについて、次のように刑事罰が定められている(**再生犯罪**)。破産法及び会社更生法にも、同様の事態が生ずるところから、ほぼ同様の規定が存在する(破§265〜、会更§266〜)。

1つの類型は、再生債権者の財産上の利益を実質的に侵害する罪である。詐欺再生罪は、債権者を害する目的で、債務者の財産の隠匿・損壊・譲渡・減損、債務の負担の仮装等をする行為である(民再§255Ⅰ)。特定の債権者に対する担保の供与等の罪は、他の債権者を害する目的で、担保の供与等を行うものである(民再§256)。

別の類型は、再生手続の適正な遂行を手続的に侵害する罪である。監督委員、調査委員、個人再生委員等(以下、本項で監督委員等という)の特別背任罪(民再§257)、再生債務者等の報告及び検査の拒絶等の罪(民再§258。民再§59Ⅰの報告・検査(p.65参照)について)、業務及び財産の状況に関する帳簿・書類の隠滅等の罪(民再§259)、監督委員等に対する職務妨害の罪(民再§260)、監督委員等が行う収賄罪(民再§261)及び監督委員等に対して行

う贈賄罪(民再 §262)がある。

Column 6
自分の頭で考えろ

　ここで、「自分の頭で考えろ」ということの意味は、具体的に手法として、思考の段階に沿って、人の言うことを鵜呑みにするな(情報収集)、自分で考えて判断しろ(意思決定)、自分で工夫して解決しろ(解決法)などということになろう。時的には、短期的(目の前のこと)のみでなく、中長期的視点で考えよという意味を含むし、範囲的には、必要な範囲でより広範に考えよということになろう。一般に、より中長期的視点で、かつより広範に見たところに解決すべき課題、すなわち目的があると考えられる。

　この「自分の頭で考えろ」ということは、本書のコラムで述べた種々の行動の指針の出発点となることである。

　私は、若手の弁護士を含め、自分の周囲を見て、比較の問題ではあるが、自分の頭で考えていない人間が多いように思う。

　その原因は、1つは教育の問題があるように思われる。すなわち、私達の年代が受けた基礎教育に比し、若い世代では、より没個性的な(個性を失わせて画一化(ステレオタイプ)させる)教育がなされたのではないかと思う。もう1つは、私達は年を経て仕事を通じて経験を重ね、そこからの知恵が身についたものと思われる。この経験も死にもの狂いで闘ったものほど身につく。失敗の反省と成功による自信である。上記のうち、さきに述べた教育の問題は既に時宜を失している。

　後述の経験の積み重ねの中から、正しい判断・合理的な解決法を得られるようにするには、具体的には、日々どのようなことに留意したらよいであろうか。これについて幾つか考えたことを述べる。

　まず第1に、私は常々、正しい判断・合理的な解決法は、社会常識にかなったものであると感じている。換言すれば、判断・解決法のセンスともいえる。ここで、社会常識とは、個人が考えてもそうであるし、社会的にもそのように見られることである。社会常識に沿って考えれば、利害関係も見抜きやすく、理屈も立ち、相手を説得できるあるいは相手も呑まざるを得ないことになる。ここで、理屈が立つということは、一般に法的ルールにも則ることになる。法的ルールは社会常識の中から必要なものを規範化したものであるから当然である。その意味で、法律家も社会的訓練を真摯に受け、社会常識を身につけるように努めねばならない。巷で時にいわれることであるが、「法律家の常識は社会の非常識、社会の常識は法律家の非常識」ということであってはならない。

　次に第2に、「目的を達すべく」、判断

をし、解決法を考えろということである。これには、目の前のことのみに捉われることなく、かつより広範に考えて、判断・解決法を考えるべきことになる。目的を達するためには、前段階として何、更にその前段階として何を解決していけばよいかという視点もある。

例えば、次のように、事案を、基本的には、A、B、Cの手順で解決がなされるべきものとする。

A（現況）→B（バリアー）→C（目的）

このとき、Bがネックになっていて話が進まない場合、Cに達するためには、Bの関係者との話し合いに固執することなく、Cの関係者との話し合いが成立すれば足りる。実際の事案では、冷静かつ客観的にCが何であるかを見抜くことがまず大切である。そして見抜いたら迅速に行動することになる。

第5章 個人再生

　前章で述べた民事再生法の本則は、債務者の資格に限定を設けておらず、個人・法人を問わず適用される。しかし、主として事業者を想定したもので、いわゆる消費者倒産事件への対応は不十分であった。

　そこで、個人債務者の経済生活の再生（破産を避け、生活の建て直し）を簡易迅速に図ることを目的として、①小規模個人再生、②給与所得者等再生、③住宅資金貸付債権に関する特則の3つが設けられた（平成12年11月21日改正法成立、同13年4月1日施行）。

　小規模個人再生は、もともと個人にも適用可能な通常の民事再生手続（以下、本章で、「通常再生」と略）を簡易化・迅速化するための特則であり、**給与所得者等再生**は、特則である小規模個人再生の更に特則である。**住宅資金貸付債権に関する特則**は、通常再生、小規模個人再生、給与所得者等再生のいずれにも適用可能である。

　本書は、企業等の再建を主眼とするので、本章では、通常再生と比較して特徴ある点を中心として簡潔に述べる。

1　小規模個人再生

(1)　適用要件

　①個人である債務者のうち、②将来継続的にまたは反復して収入を得る見込みがあり、かつ③再生債権の総額が **5000万円**（平成16年改正で、3000万円から引き上げられた）を超えない者が、申立ての際に特則の適用を受ける旨を申述した場合（民再§221 ⅠⅡ）。③の金額には、(イ)住宅資金貸付債権（住宅ローン債権）、(ロ)別除権弁済見込額は含まれない。これらの債権は再生計画による減免の対象にはならないからである（住宅資金貸付債権について、

後出 p.138)。住宅資金貸付債権が除外されるのは、多額の住宅ローンを抱える個人債務者にも、この手続の利用を認める趣旨である。

したがって、法人の経営者がこれより多額の法人の債務を保証しているときは、(法人とともに)通常再生を申し立てるほかない。

(2) 特徴
① 簡易迅速化
(イ) 債権届出、認否等の債権確定手続は行われず、申立てに際して債務者が提出した債権者一覧表に届出再生債権者から異議がなければ、再生債権額として確定する(民再 §224〜227)。

ただし、通常再生と異なり、再生債権者表に執行力は与えられない(民再 §238 による §104 Ⅲ (p.77 参照)の適用除外)。

(ロ) 監督委員の代わりに、個人再生委員が選任される。**個人再生委員**の権限は、「(ⅰ)再生債務者の財産及び収入の調査、(ⅱ)再生債権額に異議があった場合の評価手続の補助、(ⅲ)再生計画案作成についての再生債務者に対する勧告」に限定される(民再 §223 Ⅱ)。これに対し、監督委員の権限につき、p.65(2)参照。

② 消極的同意

債権者集会は開催されず、不同意の再生債権者にのみ書面の提出が求められる。不同意の書面を提出した者が半数に満たず、かつ総議決債権額の2分の1を超えない限り、再生計画案は可決されたものとみなされる(**消極的同意**。民再 §230 Ⅵ)。

③ 権利変更についての形式的要件
(イ) 再生計画案における権利変更は、**形式的平等原則**が適用される。通常再生におけるように実質的平等を考慮し(p.107 参照)、再生債権者間に差異を設けない(民再 §229 Ⅰ)。再生債権者は、同種の消費者金融機関が多数を占めるからである。しかし、平成16年改正で、不法行為に基づく損害賠償請求権、子の監護費用・扶養料等の請求権は権

利変更されないこととなった(民再§229Ⅲ)。

(ロ) 弁済期間等

再生計画は、(i)弁済期が3か月に1回以上到来するもので、(ii)弁済期間は原則3年である。特別の事情があるときは(例：次の(ハ)を充たせない)、5年に伸張しうる(民再§229Ⅱ)。

(ハ) 最低弁済額

住宅資金貸付債権、別除権弁済見込額及び手続開始後の利息等(民再§84Ⅱ)を除く再生債権に対する最低弁済額を充たさねばならない。これは再生債権額によって異なるが、例えば、3000万円以上であればその10％で、3000万円以下であればその割合は上がる(民再§231Ⅱ③④)。

④ ハードシップ免責

再生計画の遂行が極めて困難となり、計画変更による対応も不可能なときは、原則として計画が取り消されることになるが、次のいずれにも該当する場合には、免責決定が可能とされる(民再§235Ⅰ)。これは、米国倒産法第13章の同様の制度にならったものである。

(イ) 再生債務者の責めに帰することができない事由により再生計画を遂行することが極めて困難になったこと。
(ロ) 再生計画による変更後の権利の4分の3以上を弁済済みであること。
(ハ) 清算価値保障原則に反しないこと。
(ニ) 再生計画の変更が極めて困難であること。

2　給与所得者等再生

(1) 適用要件

(イ)小規模個人再生適用の要件を充たす者で、(ロ)給与等定期収入を得る見込みがあり、(ハ)その額の変動が小さいと見込まれる者が、申立ての際に特則の適用を受ける旨を申述した場合(民再§239ⅠⅡ)。

給与所得者等再生を利用できる者は、小規模個人再生の利用もできる。表

2(p.19)に示すように、給与所得者等再生に比し、小規模個人再生の利用が圧倒的に多い。これは、次の(2)で述べる可処分所得からの返済が厳しく、他方で債権者の同意の方が得やすいためである。

(2) 特徴

2年分の可処分所得を原則3年で弁済する再生計画は、再生債権者の同意を要せず、裁判所に認可される(民再§241)。ただし、小規模個人再生と共通の不認可事由として、最低弁済額要件がある(民再§241Ⅱ⑦)。

2年分の可処分所得は、再生債務者及びその扶養家族の年齢、居住地域、被扶養者数、物価の状況その他の事情を勘案して、政令に従って算出する(民再§241Ⅲ)。「民事再生法第241条第3項の額を定める政令」では、詳細な数値データにより、再生債務者等の「最低限度の生活を維持するために必要な1年分の費用」が機械的に算出される。再生債務者の2年分の収入から、上記費用の2年分を差し引いたものが、最低弁済額となる。

3 住宅資金貸付債権に関する特則

(1) 適用要件等

① **住宅資金貸付債権**(住宅ローン債権)につき、期限の利益を喪失した後の元本、利息及び遅延損害金について、再生計画で、各種定める弁済期間内に支払う内容の**住宅資金特別条項**を設けることができる(民再§199ⅠⅡⅢⅣ)。元本、利息、遅延損害金の全額を支払う。

　具体的には、期限の利益を回復することを基本とするが(民再§199Ⅰ)、計画を遂行できる見込みがない場合は、最長10年、70歳まで支払期限を延長することができ(**リスケジューリング**、民再§199Ⅱ)、それでも遂行の見込みがない場合は、他の再生債権を弁済している間は住宅ローンの元本の支払額を少なくすることもできるとされている(民再§199Ⅲ)。

② 住宅資金特別条項は、住宅資金貸付債権者に代位弁済(例：連帯保証人の弁済。債務者のために弁済することにより、求償権を確保するために、債権者の

債権・担保権が弁済者に移転することを代位といい、代位を伴う弁済をいう。民法§500参照）した者には適用されない（民再§198Ⅰ本文かっこ書）。これらの代位弁済者に再生計画による分割払いを強いることは妥当でないからである。しかし、保証会社が代位弁済した場合には、その性質上、特別条項を定めることができる（民再§198Ⅱ）。

　　ただし、保証会社が保証債務を履行してから6か月以内の申立てでなければならない。法律関係の安定等を考慮したものである。
③　住宅の上に住宅資金貸付債権以外の債権についての担保権があると、住宅資金特別条項を定めることはできない（民再§198Ⅰ但書）。その担保権が実行されれば住宅を手放さなければならないからである。

(2) 特徴

① 期限の利益の回復
　(イ)　住宅資金特別条項を定めた再生計画が確定すると、住宅ローンの期限が猶予され、抵当権の実行ができなくなる。この特別条項の効力は、連帯保証人、物上保証人にも及ぶ（民再§203Ⅰ）。さもないと、これらの者が債権者に代位して抵当権の実行ができてしまうからである。
　(ロ)　保証会社が既にした保証債務の履行は、「なかったものとみな」される（民再§204Ⅰ）。すなわち、巻き戻される。
② 住宅資金貸付債権者の特質
　　住宅資金貸付債権者は議決権を有しない（民再§201Ⅰ）。債権額が圧倒的に大きく、不利益もないためである。代わりに、裁判所は再生計画につき意見を聞かなければならない（同Ⅱ）。
③ 住宅保持のため
　　再生手続中の競売手続の中止命令（民再§197Ⅰ）の要件が、「再生計画認可の見込みがあるとき」と緩和されている（民再§31参照）。
④ 実際
　　実際には、債務者は、住宅に設定された抵当権の実行を免れるために

住宅ローンだけは払い続けているので、期限の利益の喪失もないことが多く、この場合、再生計画に、住宅資金貸付債権は今後もそのまま返済を続けるとの住宅資金特別条項を定める。特別条項として記載しておかないと、通常再生において権利変更を生じてしまう。

Column 7
対比または対応する概念

事案を整理し、特にその結果を法的に表現するために有用な対比または対応する概念をあげる。必ずしも厳密な区分ではないが、よく使われ、かつ理解も容易と思われるものをあげた。

1、抽象的概念に関するもの
　（1）　主観―――客観
　（2）　直接―――間接
　（3）　実質―――形式
　（4）　実体―――手続
　（5）　内容―――表現
　（6）　複雑―――単純
2、大小または広狭に関するもの
　（1）　一般―――特別、特殊
　（2）　全体―――部分
　（3）　全部―――一部
　（4）　総合―――分析
　（5）　包括―――特定
　（6）　併合―――分割
　（7）　集団―――個別
　（8）　国、社会―――個人
3、時的なもの
　（1）　長期―――短期（中期を入れて3分することも可能）
　（2）　発展―――停滞
4、手法その他に関するもの
　（1）　攻撃、攻勢―――防御、守勢
　（2）　緩和―――引き締め
　（3）　楽観―――悲観

上記概念の使用例として、①簡明な例として、共同正犯（2人以上共同して犯罪を行うこと）の成立には、客観的に共同実行の事実と主観的に共同の意思が必要である。②コラム4（p.89）では、弁護士の業務処理にあたって（経済現象を見る視点としても）、短期と中長期的視点を考えた。③コラム1（p.11）では、客観的・主観的な行動について述べた。コラム10（p.175）では、客観的・主観的な事案の見方について述べ、楽観的・悲観的な判断について触れた。④コラム15（p.234）では、上記概念にはあげなかったが、すぐに（迅速に）行動すべき場合とゆっくり（慎重に）行動すべき場合を対比して述べた。

第6章 裁判所が関与しない再建に役立つその他の制度

　これまで述べてきたところは、全て（本編第2章7　私的整理を除き）裁判所が関与する再建のための制度であった。破産、特別清算は本来清算のための制度であるが、本編第2章4、5では再建のために利用しうるという視点からも述べた。本章では、裁判所が関与しない再建に役立つ制度について述べる。なお、裁判所が関与する（ただし、民事再生法その他と違って裁判所による強制的な権利行使はなされない）制度として述べた特定調停（本編第2章6）は、**ADR**（Alternative Dispute Resolution **裁判外紛争解決手続**）の1つであるが、裁判所が関与するので（つまり、裁判所に申し立てるという意味で）**司法型ADR**ともいわれる。本章では裁判所が関与しないADRについて述べる。法的・私的、裁判所の関与の有無、強制力の有無と各手続との関係については、後出の表12（p.146）を参照されたい。

　一般に企業の再建のための債務処理面（図2（p.4）参照）からの要点をあげれば、次のようになろう。

　　a. 再建　←　b. 事業価値の維持　←　c. 商取引債務 *)の支払　　　e. 商取引債務の支払
　　　　　　　　　　　　　　　　　　　　d. 金融債務の減免　　　　　←　と金融債務の支払
　　　　　　　　　　　　　　　　　　　　　　　　　　　　　　　　　　との分離

　　　　　　　　　　　　　　　　　*) 商取引から生ずる債務である（例：仕入代金）。

　すなわち、aのためにはb、bのためにはc、cのためにはeが、それぞれ必要であるという関係にある。

　結論からいえば、本章で述べるところは、全てe（**商取引債務の支払と金融債務の支払とを分離**すること）を前提にすることを共通にする。eは、法的手続では、債権者平等の観点からなし難いので、本章1～3で述べる私的（整理ガイドライン）、あるいは各ADRの手続は債権者の同意を得てこれを

合理的に行おうとする工夫である。本章4は、やや観点が異なるが、再建のために機能的には、組織行為として、債権者の同意も要せずにeを行いうるところに利点がある。本章5も4などを利用する。

1　私的整理ガイドライン

(1)　要点

　私的整理（純粋私的整理）については、p.36〜で、その概要について述べた。
　平成13年9月に、金融機関の不良債権処理の問題を解決するため、より透明な手続で私的整理を行うことができるよう、金融界・経済界の代表の間の合意として、**私的整理ガイドライン**（以下、ガイドライン）が策定された。これはいわゆる紳士協定で強制力はないが、私的整理に関する準則として金融機関によって遵守されてきている。

(2)　手続の流れ

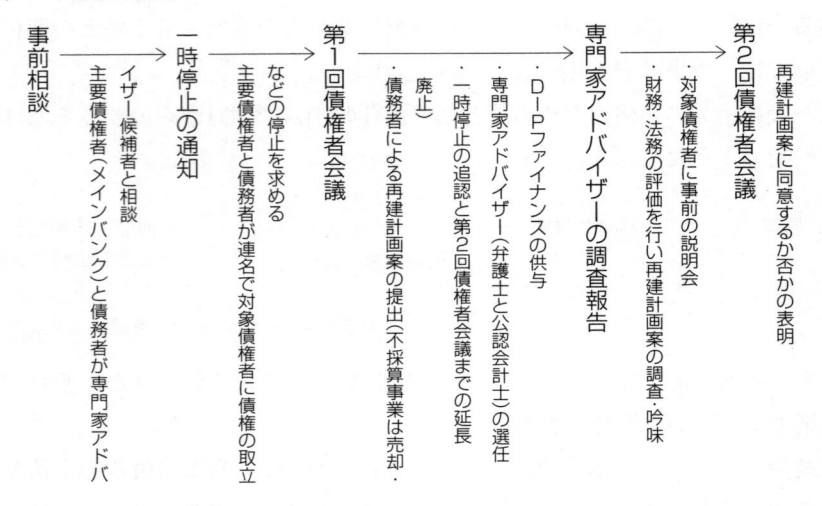

事前相談
・主要債権者（メインバンク）と債務者が専門家アドバイザー候補者と相談

→ 一時停止の通知
・主要債権者と債務者が連名で対象債権者に債権の取立などの停止を求める

→ 第1回債権者会議
・DIPファイナンスの供与
・専門家アドバイザー（弁護士と公認会計士）の選任
・一時停止の追認と第2回債権者会議までの延長
・債務者による再建計画案の提出（不採算事業は売却・廃止）

→ 専門家アドバイザーの調査報告
・対象債権者に事前の説明会
・財務・法務の評価を行い再建計画案の調査・吟味

→ 第2回債権者会議
・再建計画案に同意するか否かの表明

① 手続に要する期間は一時停止の通知から3か月程度である。
② 再建計画案の内容は、次のような厳しい基準を充たしている必要があ

る。
- (イ)　3年以内に実質債務超過を解消する。
- (ロ)　3年以内に経常利益を発生させる。
- (ハ)　支配株主は全株を無償で会社に提供し、一般株主はいわゆる減資または第三者割当増資などにより持株比率を低下させる。
- (ニ)　責任のある経営者は退任する。

③　全債権者の同意が得られない場合には、多数決による処理が可能な民事再生等の法的手続の申立てをすることになる。

④　ガイドラインの利用は、平成18年までに、計35社で、金融支援（債権放棄等）を受けた総額は約9996億円である。当初想定されていた成果を上げているとはいい難いが、その後の事業再生ADR（後出 p.147）などのモデルとなった。

⑤　資産評価を行っているところから、税務上の措置が認められる。

(3)　手続の長短

① 長所

　民事再生手続等と違って商取引債権を権利変更（減額・免除等）の対象にせず、対象とされた金融機関の債権のみを権利変更の対象とするので、商取引は変わらずに継続され、企業活動の減退が伴わず事業価値の毀損が防止できる。

② 短所

- (イ)　紳士協定なので多数決によって強制することができない。したがって、再建計画が合理性を有していても、1行でも同意しない債権者があれば成立しない。同意しない債権者を除外して成立させることは、同意した債権者との間で衡平を失するので困難である。
- (ロ)　債務者の再建を支援しようとするメインバンクが同意を渋る債権者に譲歩して自行の負担を増やす現象（いわゆる**メイン寄せ**）が生じやすく、このためメインバンクはこの手続を敬遠することになりがちである。

2　産業再生機構、企業再生支援機構、整理回収機構(RCC)

(1)　産業再生機構

　私的整理ガイドラインの延長線上に、その問題点を踏まえ、より強力な措置として、平成15年4月に5年間の時限の機関として、公的機関である株式会社**産業再生機構**が設立された。例えば、企業の再生が可能であっても、メインバンクと非メインバンクの金融機関間で調整が困難なために再建計画が進まないような場合、同機構が中立的な立場から非メインの債権を買い取り、スポンサーに譲渡等することにより、私的整理を円滑・迅速に進行することを可能にした。

　同機構は、平成19年4月に、予想以上の収益をあげて解散した。カネボウ、ダイエー他計41グループの支援決定がなされた。

(2)　企業再生支援機構

　産業再生機構の成功を踏まえて、平成21年10月に5年の時限の機関として、国も出資する公的機関である株式会社**企業再生支援機構**が設立された。同機構は、有用な経営資源を有しながら過大な債務を負っている中堅事業者、中小企業者等を対象として、出融資機能や強力な債権者間調整機能、経営人材・事業再生人材の派遣による経営支援といった包括的な再生支援機能を果たすと期待される。そして、個別企業の再生のみならず、地域における産業などの一体的な再生や業態変革・業界再編なども視野に入れている。

　㈱日本航空の再建は紆余曲折したが、平成21年10月に、上記機構による支援を要請し、結局、手続の透明性と公正性を確保するため、平成22年1月19日に、東京地裁に会社更生手続の申立てを行って開始決定を得、また同日、機構の支援決定を得た。このように機構の支援と会社更生手続を併用し、大口の金融機関と債務免除等について大筋の合意を得られた**事前調整型手続**を利用することとなった。

　現在(平成22年3月)までに支援決定されたのは、上記日本航空と㈱ウィ

ルコムの2件のみであるが、申請は130件以上ということである。

(3) 整理回収機構（RCC）

　平成11年4月に、預金保険機構のみを株主として、住宅金融債権管理機構と整理回収銀行とが合併した株式会社として発足し、その後不良債権の買取業務が付け加えられた。平成13年以降、不良債権問題の処理の促進のため、企業再生に積極的に取り組むべきことが定められた。弁護士、公認会計士、税理士、不動産鑑定士、企業再生コンサルタント等からなる委員会において、企業再生計画作成の着手が可と判定された事案については、企業再生計画の原案の作成に着手させるが、否と判定された事案については、通常の回収事案となる。

　RCCは、平成16年2月に私的整理ガイドラインを基準に、企業再生案件の手続や依拠すべき基準等の準則を定めた「**RCC企業再生スキーム**」（平成17年7月改訂）を制定し公表している。これには、企業再生の対象、手続、評価基準、再生計画の要件等が取りまとめられている。費用は、負債総額、債権者数、所要期間により、500万円～1億円である。多いケースとして負債額20～30億円で、500～1000万円ということである。

　現在、RCCの企業再生の取組みには、①債権者の立場によるものと、②債権者でない場合にも、金融債権者間の合意形成のために再生計画案の検証、金融債権者間の調整等を主要債権者である金融機関等からの委託を受けた立場によるものとがある。平成21年12月末日までの企業再生実施案件は、618件であり、そのうち、①によるものが471件、②によるものが147件となっている。

3　事業再生ADR

(1)　法的・私的、裁判所の関与の有無、強制力の有無と各手続との関係

　上記を、用語の意味も明確にするために表に示すと、次のようになろう。

第1編　再建法制と再建の手法

表12　法的・私的、裁判所の関与の有無、強制力の有無と各手続との関係

本書では、法的手続		私的手続
裁判所の関与あり （裁判所に申し立てる）		裁判所の関与なし
強制力あり	強制力なし	
民事再生、会社更生、破産、特別清算	特定調停（司法型ADR）	・私的整理(純粋私的整理、私的整理ガイドライン) ・行政型ADR(中小企業再生支援協議会、企業再生支援機構、RCC企業再生スキーム) ・民間型ADR(事業再生(特定認証)ADR)

　法的手続、私的手続は本書での用例である。注意すべきは、特定調停はADRの1つとされるが、裁判所の関与はある。ただし、裁判所の強制力は受けない。

(2)　ADRについて

　ここでは、**ADR(裁判外紛争処理手続)** の本質は、公正中立な第三者の関与によって当事者の合意を図っていく制度と解する。ただし、上記第三者の中立性については差異があると考えられる。前記企業再生支援機構、整理回収機構では当事者的な面もあるが、ADRとしては**行政型**となる。

　再建に関する私的手続、ADR、法的手続を、ごく概念的に図示すると、次頁図6のようになろう。

　事業再生ADRの語は、通常、表12において**民間型**の特定認証ADRを指すと思われる。そこで、ここでは、主に同ADRについて述べ、中小企業再生支援協議会による**行政型ADR**についても触れる。

第 6 章　裁判所が関与しない再建に役立つその他の制度

```
私的手続                        ADR          法的手続
当事者        公正中立な第三者
              調停委員、裁判官(特定調停)
              手続実施者(事業再生 ADR)

              ・私的整理ガイドライン
                専門家アドバイザー
                が関与
                                             裁判所
         ┌・産業再生機構      ・整理回収機構
         │ 企業再生支援機構   (RCC 企業再生スキーム)
         └ 機構は債権者(当事者)
           であり、かつ第三者
```

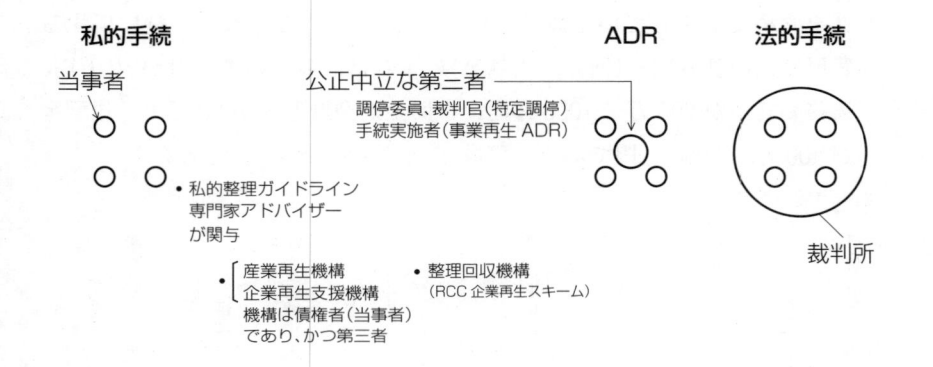

図 6　私的手続、ADR、法的手続の関係

(2.1)　事業再生 ADR（特定認証 ADR）

① 要点

　産業再生機構の役割終了に伴い、私的整理と裁判所の関与する手続（図 6 参照）との連続性を保つ必要から、平成 19 年 5 月に、「**産業活力再生特別措置法**」の改正により、我が国で最初の**民間型 ADR** として導入された。

　平成 16 年 12 月制定の「裁判外紛争解決手続の利用の促進に関する法律」(以下、**ADR 法**) では、「**裁判外紛争解決手続**」を「訴訟手続によらずに民事上の紛争の解決をしようとする当事者のため、公正な第三者が関与してその解決を図る手続」と定義している。そして、同法により法務大臣の認証した認証紛争解決事業者のうち、産業活力再生特別措置法により経済産業大臣が認定した**特定認証紛争解決事業者**が事業再生のための手続を進める。そこには、私的整理ガイドライン以降の実績が踏まえられている。

　「裁判外事業再生」実務研究会編『裁判外事業再生の実務』(2009 年) p.250 での、特定認証紛争解決事業者である事業再生実務家協会専務理事の須藤英章弁護士の言によれば、対象となる債務者は、「ジャスダッ

クを含めて上場している規模の企業と思われる」とされ、手続に要する費用は、同書 p.135（同弁護士執筆）によれば、最初の審査料が 50 万円、業務委託金が 200 万〜1000 万円、中間金が 200 万〜1000 万円、報酬金が 400 万〜2000 万円である。平成 21 年の申請は 17 件である。

② 手続の流れ

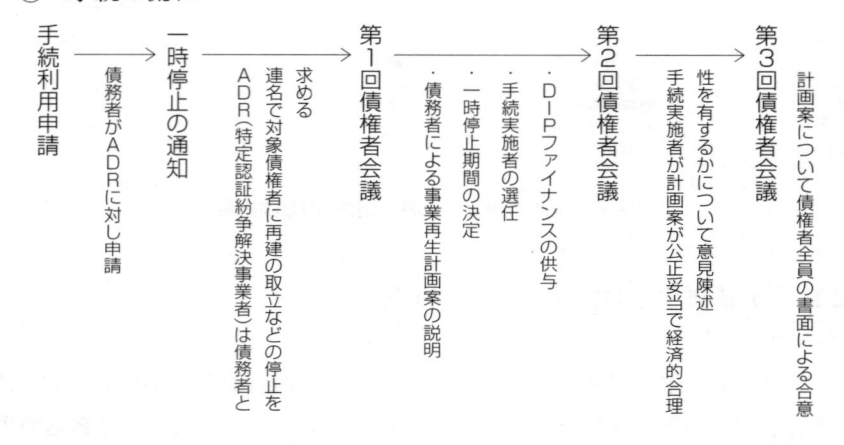

手続利用申請 → 一時停止の通知（債務者がADRに対し申請） → ADR（特定認証紛争解決事業者）は債務者と連名で対象債権者に再建の取立などの停止を求める → 第1回債権者会議（・一時停止期間の決定 ・債務者による事業再生計画案の説明） → 第2回債権者会議（・DIPファイナンスの供与 ・手続実施者の選任） → 手続実施者が計画案が公正妥当で経済的合理性を有するかについて意見陳述 → 第3回債権者会議（計画案について債権者全員の書面による合意）

(イ) 手続実施者は、私的整理ガイドラインの専門家アドバイザー(p.142)に相当する。なお、現状で、手続実施者の資格要件が厳しすぎるともいわれている。

(ロ) 端的には、第1回債権者会議は概要説明のためであり、第2回債権者会議は計画案協議のためであり、第3回債権者会議は決議のためである。

(ハ) 第2回債権者会議は、私的整理ガイドラインにおける専門家アドバイザーの調査報告を債権者会議として位置づけたものである。

(ニ) 事業再生計画案は、次のような内容を含まなければならない((v)以降は、債権放棄を伴う場合)。

 (i) 3年以内に債務超過を解消する。
 (ii) 3年以内に経常利益を原則として発生させる。
 (iii) 権利変更の内容は、債権者の間で実質的に平等(**プロラタ**、すな

わち債権額に応じた按分の負担)とする。私的整理ガイドラインの短所を改めたものである。

(ⅳ) 債権回収の見込みは、破産手続によるそれよりも多くなければならない(清算価値保障原則)。

(ⅴ) 適切な資産評定が行われ、資産・負債の価額及び収益・費用の見込みに基づき債務免除が定められていること。

(ⅵ) 株主の権利の全部または一部の消滅。

(ⅶ) 役員の退任。

㋭ 債権者の合意が得られなかった場合は、特定調停(p.35(2)⑦も参照)、さらには民事再生等の手続の申立てをすることになる。

(2.2) 中小企業再生支援協議会

前記産業活力再生特別措置法に基づき、平成15年3月に47都道府県に**中小企業再生支援協議会**が設置された(所管は中小企業庁)。同協議会には、中小企業の再生に関する知識・経験が豊富な専門家(弁護士、公認会計士、税理士、中小企業診断士等)約250名が常駐して地域の金融機関等とも連携をとりながら、中小企業の再生支援に取り組んでいる。費用は、1次対応(相談等)は無料で、実際にはこれがほとんどである。2次対応(事業の精査(デューデリジェンス)、金融機関との交渉等)は400～600万円のケースが多く、そのうち半額は国の負担とされる。

発足以来、平成21年12月までの間に2,422社の再生計画の策定に成功したとされる。この制度は、中小企業の再生支援に有効に機能していると考えられる。

再生手法として、第二会社方式も扱う。後出p.158～も参照されたい。

ところで、前記事業再生ADR、企業再生支援機構は、特に対象企業の規模を制限していないが、事業再生ADR、企業再生支援機構、中小企業再生支援協議会の順に、後者ほど、小さい事業規模の企業に適しているとされる(みずほ総合研究所「日本における企業再生手続の現状と課題～私的整理の支援枠組みを中心に～」『みずほ政策インサイト』2010年4月21日号p.14)。

4　会社分割

(1) 会社分割制度
① 制度の概要

　会社分割は、文字通り、1つの会社を2つ以上の会社に分ける制度である（会社第5編第3章）。平成12年の旧商法の改正で創設され、平成17年6月の会社法の制定（同18年5月施行）によって規定が整備され、使い勝手のよい制度となった。会社分割には、会社（分割会社、旧会社）の事業の一部を取り出して、(イ)新しく会社（新設会社、新会社）を新設する**新設分割**と(ロ)既に存在する別の会社（承継会社、別会社）に吸収する**吸収分割**の2つの方式がある。その具体的な内容は、新設分割では分割会社の作成する**分割計画書**により（会社§762、763）、吸収分割では分割会社と承継会社によって締結される**分割契約書**によって定められる（会社§757、758）。(イ)分割計画書は分割会社、(ロ)分割契約書は分割会社、承継会社の各株主総会の特別決議（3分の2以上）による承認を得る（会社§804、805、783、784、795、796）。反対株主には、公正な価格での**株式買取請求権**が認められている（会社§806、785、797等）。

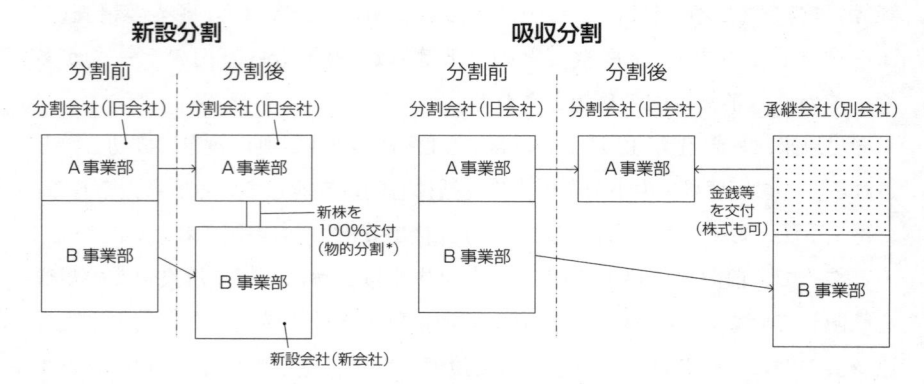

*)　新株を分割会社に交付する方式を**物的分割**という。分割会社の株主に交付したい場合（**人的分割**）には、物的分割プラス株主への剰余金の配当（会社法§763⑫）と解すればよい。

図7　新設分割と吸収分割

分割手続に瑕疵があった場合は、分割無効の訴えによってのみ、6か月以内に、分割の無効を主張できる（会社§828Ⅰ⑨⑩）。

② **債務の移転と債権者保護手続**

分割により移転する事業に関する債務は、債権者の個別の承諾なしに、新設会社または承継会社だけが債務者となる形で移転することができる（**免責的債務引受**）。

しかし、会社財産は変動するので、債権者に対し、次のような**債権者保護手続**を採らなければならない。すなわち、分割を行うこと、異議のある債権者は一定の期間（1か月以上）内に異議を述べる旨等を官報及び定款で定めてある日刊新聞に公告をする（**債権者異議手続**。会社§810、789、799、939Ⅰ）。そして、債権者から異議が出された場合、その債権者に対して、原則として弁済、担保の提供等の措置を採る（会社§810Ⅴ、789Ⅴ、799Ⅴ）。また、前記の公告をしなかった場合には、債権者は、分割によって権利行使できないとされた方の会社に対しても、その会社の財産の価額を限度として、権利行使ができる（会社§764ⅡⅢ、759ⅡⅢ）。

ただし、次の場合には、分割会社の債権者は権利を害されないので、公告を要しない。(イ)分割後も分割会社に全額を請求できる場合、(ロ)分割会社と、新設会社もしくは承継会社の両者によって**重畳的に債務が引き受けられる**場合、または分割会社が新設会社もしくは承継会社の債務を**連帯して保証**する場合（以下では、重畳的債務引受として説明。p.123と同様）。吸収分割の場合は、それにより承継会社が損をし、その結果、承継会社の債権者の権利が害されるおそれがあるため、承継会社の債権者のために公告を要する。したがって、債権者がいない場合には公告を要しない。

③ **労働契約の特例**

「**会社分割に伴う労働契約の承継等に関する法律**」（**労働承継法**）により、労働者保護のため、対象事業に従事していた者は、異議を述べない

限り、新設会社、承継会社に移籍する。対象事業以外に従事していた者は、異議があれば、分割会社に残ることになる。

④ 許認可等の移転

会社分割は、組織再編行為として、官公庁の許認可等について、移転するものも多い（詳しくは、後藤孝典『決定版債務超過、M&Aに最適な会社分割』(2009年) p.148～参照）。しかし、例えば、日常多くある建設業関係の一般及び特定の建設業許可（規模の大小による）については移転せず、「建設業者の会社分割に係る建設業法上の事務取扱いの円滑化等について」（平成20年3月10日国総建第313号（国土交通省総合政策局建設業課長発出））に従って、新たに取り直さねばならないことに留意せねばならない（上記の一般建設業許可の例では、新たな取得に要する期間は30日以内である）。また、名義その他の取決め関係の移転に手間を要するものがある。

⑤ 不動産移転の登録免許税及び不動産取得税の減免

会社分割を登記原因として所有権を移転すれば、**登録免許税**は売買の場合の1000分の20に比し1000分の8に軽減され（平成23年3月31日まで）、**不動産取得税**100分の4は一定の場合にゼロになる。

⑥ 税制非適格と税制適格

会社分割によって、分割会社（旧会社）の資産が会社の外部に流出する（分割会社の株主から見れば会社財産に対する支配が失われる）場合には、分割会社に法人税が課税されるが（**税制非適格**）、1つのグループ内部にとどまる場合には（例：承継会社（新会社、別会社）が分割会社の子会社になる。実際には、更に詳細な要件がある）、課税が繰り延べられる（**税制適格**）。したがって、吸収分割において、対価として金銭を交付する場合には、税制非適格となる。支配関係が変わるからである。

(2) 会社分割の再建への利用

前記図7で分割会社（旧会社）が過大な債務を抱えて事業の継続が困難であ

り、B事業部は収益性がある場合は、同事業部を切り離して新会社とする(新設分割)、あるいは別会社に吸収させ(吸収分割)、事業を再建することが考えられる。この場合、分割会社(旧会社)は特別清算または破産によって清算する(後出5の中小企業庁の勧める第二会社方式による中小企業の再建を参照)。

これを更に徹底すると、例えば、次のような再建のスキームの可能性が考えられる。

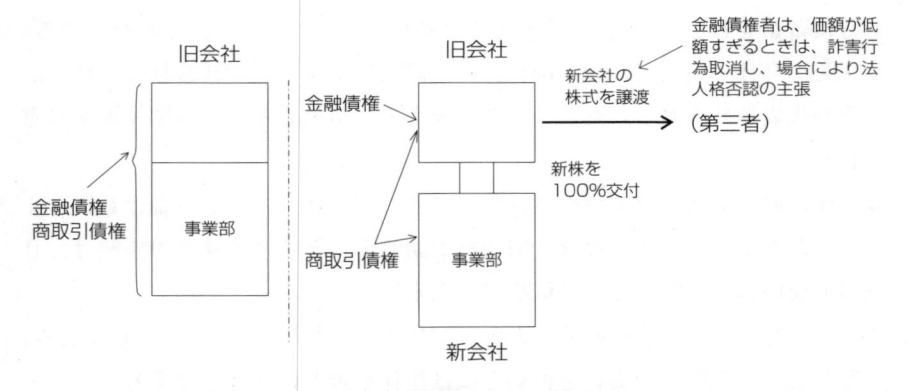

図8　会社分割の再建への利用例

① 旧会社の事業のうち、残したい事業部を取り出して新会社を設立する。
② 上記事業部についての商取引関係(債権債務)を新会社が承継する。
　　ただし、商取引債務については旧会社も重畳的に引き受ける。したがって、商取引債権者はこの分割について異議を述べ得ないので、催告も要しない。
③ 新会社の発行する新株式を100％旧会社に交付する。
④ 金融債務を新会社は承継しないので、金融債権者は旧会社に対してのみ債権者となる。
　　金融債権者にとっては、旧会社の所有する新会社の100％株式を通じて新会社の財産が引き当てとなっている。したがって、金融債権者もこの分割自体には異議を述べ得ないので、催告も要しない。
⑤ 旧会社が所有した新会社の株式を(第三者に対して)譲渡する場合、金融

債権者は、その価額が低過ぎるときは、債権者を害することを知ってした詐害行為であるとして、その取消しの請求をなしえよう(詐害行為取消権(民法§424 I)。請求は、裁判所に対して行う)。また、譲渡価額が低過ぎる場合、新会社が旧社会と強い一体性が認められるとき、会社分割制度の濫用(民法§1 Ⅲ参照)として、新会社の**法人格が否認**され(新旧会社が別法人とは認められない)、新会社に対して請求できることがありうることに留意せねばならない(福岡地判平成22年1月14日は、これを認める。(i)新旧会社の代表者が親子関係、(ii)店舗名称を続用、(iii)新会社の全株式がその代表者に譲渡されたことの他、(iv)従来の債権者との協議関係等が考慮された)。

⑥ 仮に取り出せた事業部が債務超過であれば、新会社の資本金は０円とすることができる。この場合、旧会社が譲渡する新会社の株式の価額は、０円でないとしても、非常に低額にできる。

⑦ 旧会社は、当然債務超過であり、特別清算・破産で清算することになる。もとより、担保権の実行を止めるには担保権者との交渉を要する。

なお、旧会社の債権者からの請求という点では、新会社が旧会社の商号を続用すると、その債務が分割計画書で新会社に移転しないとされていても、新会社が弁済する義務を負うことがある(会社§22 I(事業譲渡について)の類推適用)。同一の商号でなくても、取引通念上、従前の商号を継続したと認められる場合も含むと解せられうることに留意せねばならない。

上記は、新設分割の方式を用いたものであるが、吸収分割で行うとすると、前記③で旧会社に交付するものは金銭等となり、⑤で旧会社の金融債権者は、その価額が低過ぎるときは、詐害行為取消しの請求をなしえよう。事案により、法人格否認の法理の適用が考えられることは、前記⑤と同様である。また、別会社に債権者がいれば公告を要するが、債権者がいないことが分かっていれば公告を要しない。

(3) 会社分割と民事再生手続の比較

　上記のような会社分割を行うと、商取引債務の支払(前記(2)②)と金融債務の支払((2)④)を実質的に**分離**できることになる((2)②において旧会社の支払能力が乏しければ、商取引債権者は、旧会社にも請求しうるとしても、一般に金融債権に比べて金額の小さいところから、極めて少額しか弁済を受けられない)。しかも、分割自体には債権者の同意を要しない。すると、会社分割は、本章冒頭に述べたように、企業の再建のために、極めて有力な制度だということになる。

　そこで、民事再生手続との差異が問題となるが、おおよそ次のようなことがいえよう。

① 会社分割の利点
　(イ) 商取引債務の返済と金融債務の返済を実質的に分離できる。
　(ロ) 監督委員の監督などの制約を受けない。
　(ハ) 法的手続に伴う出費が不要である。
② 会社分割の欠点
　(イ) **手形不渡り**を避けられない。民事再生では弁済禁止の保全処分を得られるので、これを避けられる。民事再生手続も、「倒産処理手続」ではあるが、「再生」の色彩も強く、世間的には手形不渡りより良いという見方がある。
　(ロ) 担保権の実行を止められない。民事再生には、担保権の実行を一定期間だが中止させる制度があり(p.79①)、その間に担保権者との話し合いができる。
　(ハ) 事実上、時間的な制約が加わらないので、処理が長引くおそれがある。民事再生では、手続の進行がスケジュールに沿って厳格になされているので、短期に処理がなされる。

　　また、民事再生では、法的な網がかけられているので、金融機関等債権者から、手続に対する信頼がある。
　(ニ) もとより、会社分割は、会社組織上の(組織再編)行為なので、株主総

会における特別決議による賛同が必要である。したがって、これをなしうる株主構成・規模等でなくてはならない。

ところで、倒産処理の方法を検討するにあたり、不可避に検討すべきこととして、①事業用物件（不動産等）が担保に入っている場合の担保権実行の停止、②手形不渡りの回避等のための保全処分の利用があげられる。

上記につき、本書でこれまで述べてきた手続との関係で整理すると、次のようになろう。

	a. 会社更生	b. 民事再生	c. 私的整理（事業譲渡を含む）	
			会社分割	
①担保権実行の停止の可否	○	×（注1参照）	×	×
②保全処分の存否（手形不渡り回避のため）	○	○	×（注2参照）	×

(注1)担保権の実行の一定期間の中止の制度がある。
(注2)商取引債権と金融債権とを区別して扱うところから、前者の手形については、支払銀行と交渉して支払を行う、あるいは債権者に手形金額相当金を支払って割引に廻した手形を買い戻してもらうなどが考えられる。この場合、金融債権の手形について不渡りとなる。

a→b→cと手続の自由度は増すが、①②についての効力は弱まるわけである。

(4) 会社分割の民事再生手続における利用

会社分割と民事再生手続は両立し得ないものではなく、会社法によって、会社分割は、事業の承継について、事業譲渡との差異がなくなってきており、手続的にも、簡易化されている。ただし、民事再生手続を経て会社分割を行う場合には、前記(3)①の利点、特に(イ)について、失われる。民事再生手続による再生債権の権利変更は、商取引債権についても金融債権についても、債権者平等の原則に基づいて同様に行われなければならないからである。逆に、会社分割の後に民事再生手続が行われる場合に、会社分割において、金融債権に比して商取引債権の優遇の程度が過大であると、後の民事再生手続において、一般に金融債権は多額なので、債権者の多数決を得ること

が難しいという問題を生じうる。

事業譲渡と会社分割を比較して整理すると、次の表13のようになろう。

表13 事業譲渡と会社分割の比較

	事業譲渡	会社分割
法的性質	商取引法上の行為	組織法上の行為
財産の移転	個別的に移転(個別の手続が必要。対抗要件の取得も必要)。	包括的に移転(個別の手続不要だが、対抗要件の取得が必要である)。
債務の移転 (債権者異議手続)	免責的債務引受について債権者の個別の承諾が必要。	免責的債務引受について債権者の個別の承諾は不要(ただし、債権者保護手続が必要で、怠ると重畳的債務引受となる)。
対価の支払	通常は金銭。	新設分割では、新株の交付、吸収分割では金銭等(株式も可)。
許認可の移転	許認可の再取得が必要となる。	業法によって引き継がれるものもある。
労働契約の承継	承継されず、労働者の個別の同意が必要。	原則、労働者の個別の同意がなくても承継される。
税務上の取扱い	①不動産移転に伴う登録免許税、不動産取得税は課税。消費税は課税。 ②譲渡損益に課税。	登録免許税は軽減、不動産取得税は一定要件のもと非課税。消費税は非課税。 税制適格なら譲渡損益の繰延べ。税制非適格なら譲渡損益に課税。

5　中小企業庁による施策

(1)　中小企業承継事業再生計画の認定制度

　平成20年のリーマン・ショック以後、倒産に直面する中小企業の増加を背景に、平成21年4月に、産業活力再生特別措置法を大幅に改正した「**産業活力の再生及び産業活動の革新に関する特別措置法**」(いわゆる**産活法**)が制定された。

　そして、同法の下、第二会社方式を適用した中小企業の再生を促進するための支援措置(「**中小企業承継事業再生計画**」の認定制度)が整備された。これにより、一定の基準を充たした再生計画が認定されると、(イ)営業上必要な許認可承継の特例、(ロ)不動産移転の登録免許税等の軽減、(ハ)金融支援を受けることができる。

　ここで、**第二会社方式**とは、次の図9のように、過大な債務を抱えて事業の継続が困難となっているが、収益性のある事業を有している中小企業について、収益性のある事業を会社分割や事業譲渡により切り離し、他の事業者(第二会社)に承継させ(既存の事業者への吸収分割もしくは事業譲渡、または新設する事業者への新設分割)、また、不採算部門は旧会社に残し、旧会社は特別清算・破産をすることにより清算し、事業の再生を図る手法である。

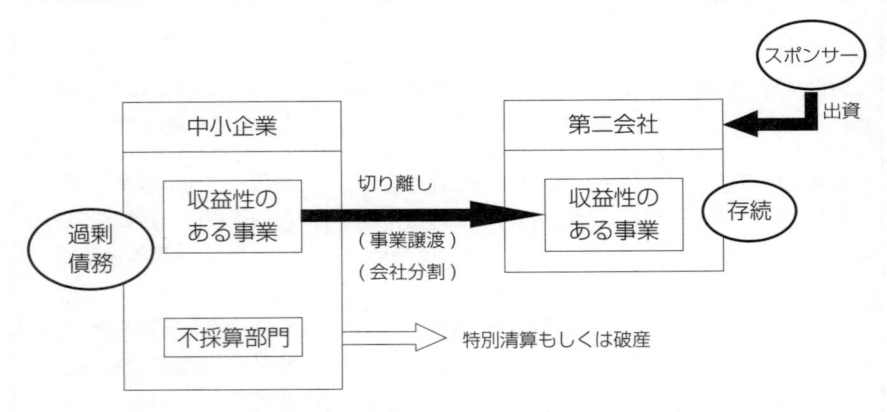

図9　第二会社方式による中小企業の再生

詳細は、中小企業庁のホームページ http://www.chusho.meti.go.jp/keiei/saisei/index.html 中の「経営サポート『再生支援』」の「中小企業の再生を応援します」等参照。

(2) 認定制度について留意すべき点

認定は、経済産業省と事業を所管する大臣の共同でなされる。

① 公正な債権者調整プロセスを経ていること

認定を受けるためには、債権者調整プロセスの公正性を担保するため、次の手続を経ていることを要件とする。

中小企業再生支援協議会（前記 p.149）、事業再生 ADR（p.147）、私的整理ガイドライン（p.142）、RCC 企業再生スキーム（p.145）、企業再生支援機構（p.144）、民事再生法等。

② 計画の作成・申請・認定手続

中小企業再生支援協議会等の常駐専門家による相談を受けることができ、同協議会等による再生計画の策定支援、事業の精査（財務・事業の**デューデリジェンス** due diligence（適正評価））が実施されて、再生計画が作成される。

Column 8
弁護士の選任

　弁護士の選任は、恐らく多くの人が苦慮する問題であろう。事案処理、特に難事件において適切な能力を持つ弁護士が分かり難いからである。医者に診てもらう場合には診断を受けた後、病気が治ってきているか、ひどくなっているかは自分の体のことであるから分かるが、法的処理においてはその効果は法律家以外にはなかなか分かり難い。しかし、次のような幾つかの点は留意してよいと思われる。

1、弁護士で基本的に民法のできない人はいない。そもそも司法試験が民法の能力を最も問う試験であり、また日常生ずる問題は民事関係については民法の知識で解決できることが多く、したがって常に民法の知識は一定程度磨かれているからである。しかし、民法以外のいわゆる特別法として、例えば、最近問題となる知的財産法、民事再生法（本書の内容もこれにあたる）あるいは会社法の新しい分野などは、依頼者はもとより、勉強が不十分な弁護士には分かり難いであろう。そこで、これらの法律の関係する領域の問題については、これらの法律の知識のある、あるいはその修得の気力・能力のある弁護士に依頼をせねばならない。

　その意味で、コラム2（p.41）でも述べたように、弁護士はプロであるから、基本的な人柄は大切であるが、何よりも能力がなければならない。

2、難しい事件では、1人の弁護士の見立て・処理方針だけでなく、別の弁護士の意見（セカンドオピニオン、サードオピニオン）も求め、最も納得できる見解を示した弁護士に依頼すべきである。

　このことは、経営トップが責任をもって事案解決の意思決定をするために最も大切なことであり、逆に経営トップにしか決し得ないことである。義理・人情とか売り込みなどによって判断がゆがめられてはならない。

3、コラム3（p.52）でも述べたが、ある案件を行おうとして、弁護士に対して「～したら、法的にどうか」と問う場合、少しでも問題・危険性があれば、「しない方がよい」と答えるのではなく、どういう条件の下に問題・危険性があるか、仮に問題を生じたらどう対処したら良いかなど、まず、「できるか」という視点から検討してくれる弁護士を選任することが良い。もちろん、やみくもに「できる」と言うのでなく、上記のような点から検討して答えてくれることである。次に、実際には、その検討結果に沿って行動をしてくれる弁護士でなければならないということになる。

4、依頼する弁護士において、依頼者のために戦うという闘争心は大切である。闘争は手段であるから不可欠ではないが、その心構えは必要である。これはコラム1（p.11）で述べた依頼者に対する感情移入とは異なる。自らの心構えの問題である。

第7章　債権者・販売先との交渉

　再生債務者あるいは再生債務者代理人(弁護士)として法的手続上最も問題となるのは再生計画認可の可否をにぎる債権者、特に一般に大口債権者である金融機関との交渉である。しかし、さきに p.3 でも述べたように、事業の再建のためには①事業運営と②債務整理が車の両輪となるところから、①についても留意せねばならない。①の商取引としての要点は、仕入と販売である。買掛金が未払いとなるので仕入業者は債権者となる。そして、一般に販売については、価格を下げて販売を促進するなどの対処もありうるが、仕入ができないと事業の継続ができない。しかし、仕入業者と交渉して納品の継続を要請しても、再生債務者の販売ができなければ損害が拡大するだけだから、その目処がなければ、仕入業者は要請に応じない。その意味で、仕入の継続は販売の維持とも連動し、販売先(得意先)との交渉も重要である。

　そこで、債権者(金融機関、仕入先等)、販売先(得意先)との交渉について検討する。

1　債権者との交渉

(1)　債権者の種類別
　これまで触れていない注意するべき点のみあげる。
① 一般債権者
　(イ)　金融機関
　(ロ)　商取引業者
　　ここでは、a.仕入れて、b.製造して、c.販売するという事業の典型例に沿い、(i)卸売小売の流通業、(ii)製造業、(iii)飲食業などのサービス業について考える。(i)では商品の仕入先が商取引債権者、(ii)、(iii)では原料、

食材の購入先が商取引債権者となる。
　商取引債権者は、債務整理の面にも関係するが、前記のように、事業運営の面で、同債権者との対応は重要である。
② 担保権付債権者（別除権者）
　(イ) 抵当権者等
　(ロ) リース債権者
　　p.73、96に述べたように、リース債権は担保権付債権と解せられる。
③ 一般優先債権者
　(イ) 公租公課（例：租税債権）
　(ロ) 労働債権

(2) 債権者説明会

次のような説明会を開催し、説明をして質疑の対応をする。
① 手続を始めるにあたっての説明会
　再建型ではどの手続においても（私的整理の場合もほとんど）手続を始めるにあたって債権者に対する説明会が持たれる。p.61も参照されたい。
　その内容はほぼ次のようになる。
　(イ) 手続申立てに至ったおわびのあいさつ
　(ロ) 手続申立てに至った理由
　(ハ) 現状
　(ニ) 今後の手続についての説明
　(ホ) 手続についての協力要請
　説明会が2時間程度とすれば、20～30分程度は質問の時間を取り、きちんと応答すべきである。
　多くの債権者にとって突然といえるであろう倒産についての不満・不信の声に、真摯に耳を傾けねばならない。そして、事態について説明を加えて今後の善処を約し、また事業運営・手続の遂行に協力を願う。商取引業者からは罵声が飛ぶこともあるが、今後の取引継続の意向と再生への励ま

しの言葉も出るものである。
② 再生計画案を提出するにあたっての説明会
　内容はほぼ次のようになる。p.113 も参照されたい。
(イ)　手続申立て、開始後の状況と協力についてのお礼
(ロ)　現状
(ハ)　再生計画案の概要と根拠
　　　特に清算に比し再建の有利性の説明
(ニ)　今後の手続についての説明
　民事再生手続も時期的にこの段階になると、商取引債権者等もほぼ手続に慣れてきている。説明会を再生計画案提出直前に行う場合には、説明会での債権者の意見により、計画案に幾らかの手直しができれば、これを行うこともある。
③ 事業譲渡の許可に先立つ説明会
　事業譲渡は、(イ)再生計画によってなされる場合と、(ロ)再生計画の認可に先立ってなされる場合がある。(ロ)は裁判所の許可の下になされるが、その際裁判所による再生債権者の意見聴取がなされる（裁判所において期日が開催される）。そのため、これに先立って、再生債務者により、事業譲渡の必要、その得失、適切なこと等についての説明をすることになる。p.84 も参照されたい。
　なお、(イ)では再生計画案の賛否によるので、裁判所による意見聴取は不要である。ただし、債権者に対する説明会は必要で、上記②と一緒に行うなどする。
④ 別除権者に対する説明会
　別除権者とは、p.125 に述べたように、別除権に関する協定を締結することになる。そして、別除権者に対して、(イ)一般的な考え方・基準、(ロ)個別の担保権の種類・設定状況等に応じた処理の類型化などについて、総体的に説明することが便宜にかなう場合には、説明会を開くことになる。別除権者は、その回収額の大きさからも、再生計画、それによる再生債権の

弁済よりも、この別除権の処理について関心を持っていることが多い。また、別除権者は、再生債権者としても大口のところが多く、その再生計画に対する賛成を得る必要がある。別除権者には、別除権の処理について別途個別の説明が必要であろうが、あらかじめ説明会を開くことにより、手続の透明性が高められると考えられる。この説明会は、別除権者も再生債権者となるところから、前記②と同日かつ②の後に開くのが便宜である。

その他開いた方が便宜な場合に適宜説明会を開いて良いが、前記③はもとより、①は必須と考えられ、筆者は②も必ず行っている（ただし、再生計画案の提出後でもよい）。

なお、説明会は、管轄との関係で裁判所での集会に出席が困難な債権者のことも考慮し、実質的にこれを補うものとして、多くの債権者の出席に便宜な場所で行うべきである。

(3) 交渉の要点

① 一般債権者

(イ) 金融機関

(ロ) 商取引業者

前記 p.161 であげた商品の仕入先、原料・食材の購入先とも、基本的には代金との引換え（場合により前払い）でなければ商品等の納入をしてもらえないことが生ずる。しかし、事務処理の繁雑さもあり、少しずつ支払期間を従来に近づけるように努める。支払猶予期間が増し、もちろん資金繰りにもプラスとなる。この点、p.7 ⑤で述べたように、再生債務者を支援するスポンサーにとっても大きな利点となるので、スポンサー（候補者）が選定されたなら、積極的にその信用を活用すべきである。

再生手続を円滑に進めるため、または再生債務者の事業の継続に著しい支障を来さないようにするために、少額債権を、再生計画案決議の集会前にも支払うことができ、これは商取引債権者に喜ばれる。少

額の程度については、p.73 ③(イ)(ii)参照。ただし、再生債務者としては、(i)資金繰りの上での可能性、(ii)再生計画案決議の頭数要件(過半数)の確保に配慮せねばならない(詳しくは p.74)。

② 担保権付債権者

(イ) 抵当権者等

担保権は民事再生手続外で実行できるところから、事業継続に不可欠な物件についても**担保権の実行(競売申立て等)**が行われることがありうる。筆者の経験では、これは再生債務者が粉飾決算を提示するなど担保権者(金融機関)と再生債務者との間で信頼関係が損なわれた、さらにいえば遺恨を生じたようなケースであったが、話し合いを行い、上記申立ては取り下げられた。また、一般に担保権の設定状況が複雑であっても、(i)民事再生手続は裁判所が関与する公的手続としての信用があり、(ii)民事再生のような機会に権利関係を整理・解消することが多数関係者の利益に沿い、その理解も得られるところから、担保物件の処分、担保権に対する対処等について、債務者代理人の踏み込んだ努力によって案件の解決ができることが多いと考える。

(ロ) リース会社

リース債権は一種の担保権付債権であるから、リース料が不払いとなれば、リース会社から、リース契約を解除(担保権を実行)され、債務者の利用権が消滅させられ、物件の返還を求められる。

そこで、リース対象物件が今後の事業継続に不可欠なものかどうか判断し、(i)不可欠なものでなければ、これをリース会社に返還する(返還しないで使用していると、リース契約解除後であっても、使用料相当の不当利得などの問題が生ずる)。もっとも、リース会社の方も物件の回収・処理に手間と費用が掛かるので、物件が何らか役に立つものであれば、リース料等話し合って使用を続けることは考えられる。(ii)不可欠なものであれば、リース会社との間で新たにリース契約を設定する。この場合、リース料は、従来に比して安価にできるよう

に、また支払期間の長期化も併せて、交渉をする。
　(ハ)　所有権留保
　　　所有権留保(例：割賦販売)は担保権であるから(p.171参照)、対象物件の売買代金の支払がなされなければ、売主(債権者)から売買契約を解除(担保権を実行)され、物件の返還をせねばならなくなる。
　　　その場合の対応について、前記のリース対象物件について同様なことがいえる。なお、所有権留保により、引き続いて新しい物件を購入する場合は、今後の必要な物件の供給の継続をも考慮しなければならないことになる。
③　一般優先債権者
　(イ)　公租公課
　(ロ)　労働債権
　一般に、前記説明会あるいは資料・書面の配布に先立って、大口債権者、担保権の実行により事業継続に支障を来す債権者等に対し、個別に説明を行うことは、好ましい。上記大口債権者は、実際には、金融機関であることが多いであろうが、別除権者であることもあり、債権額も大きいところから、交渉すべき事項も多いと考えられるからである。

2　販売先との交渉

(1)　販売先(得意先)の類型

　p.161で述べた事業例によれば、(i)卸売小売の流通業の商品の販売先、(ii)製造業の製品の販売先、(iii)飲食業の顧客などとなる。

(2)　交渉の要点

　上記(1)(i)の卸売、(ii)では販売先が定まっていることが多い((iii)では不特定多数)。この場合最も大切なことは、今後継続して商品を供給できるかということである。販売先も今後の供給さえ得られれば、利にかなうので、そのまま様子を見ようということになる。したがって、この点をよく説得すべき

ことになる。アフターサービスに遺漏がないことも述べる。

また、販売先には、窮状をよく説明してできるだけ支払を早めてもらうように依頼をする。しかし、販売先によっては、一部の欠品などを理由に全体の支払を止めてくることがあるが、この点もよく説得して少なくとも従来通り支払ってもらえるようにする。

Column 9
相手との交渉

本文では、債権者、特に金融機関との具体的な交渉について述べているが、ここでは、より一般的に、交渉における心構えなどについて、依頼者のために代理人として弁護士業務を行っていて気付いた点を述べる。

1 自分と相手の強み・弱みの整理
自分の強みは相手の弱み、自分の弱みは相手の強みであるから、これを客観的に整理してみる。依頼者は、主観的・情緒的になり勝ちである。

相手との交渉には相手の弱みも分からせるようにする。初めから相手の寛大さに頼る「お涙ちょうだい」式ではダメである。

2 まず位取りを取り、取れたら下手に
事案にもよるが、相手の弱みも分からせて、当方に相応のいわば「位取り」を取るようにする。過度にへりくだりすぎてはいけない。位取りが取れたら丁重あるいは下手に出ても良い。相手も安心してその方が話がまとまりやすいことがある。最初から下手に出ると、軽く見られるだけである。

3 交渉は得意技を生かせ
例えば、相手を自信を持ってあるいは強く説得できるタイプの人はこれを生かし、相手の宥恕を引き出しやすい応対（話し方など）のできる人はこれを生かし、数理的な説明の得意な人はこれを生かし、代替案・柔軟な解決案を出すのが得意な人はこれを生かすなどである。

筆者の先輩で、「じゃあ譲った案を出しましょう」などと言って話を横にずらしただけで実質は余り譲っていない案を上手に出す弁護士がいた。また、柔軟な案としては、例えば、権利を侵害しているかという争いについて、侵害したといわれた側が権利を買い取ってしまって解決を図る案などである。

4 状況により相手の立場も考えてまとめるようにする
例えば、当方の主張がA、B、C、D、Eの5点あり、相手の主張がa、b、c、d、eの5点あれば、当方のどうしても取りたい点Aは取り、相手のどうしても譲れ

第1編　再建法制と再建の手法

ない点 b は譲って、残りをなるべく有利に多く取るようにする。

5　交渉の1つのエッセンスは相手にあきらめてもらうこと

交渉は必ずしも論理的にとどまるべきものではなく、相手にあきらめてもらうよう粘り強く行う必要があることも多い。

6　金額などで折り合いがつかないときには、折半とする

どうしても折り合いがつかない場合、折半とすることは、古今東西いつでもどこでも行われていたと思われる。結局、両者とも不満を持つが両者ともあきらめるわけである。

かつて私が仲に立った事案で、担保権の抹消料に一方の金融機関は4000万円を主張し、他方は2000万円を主張して、双方とうとう私に言い分を述べた。両方とも一利あるから長く解決できなかったのである（一方金融機関では、担当者が泣いて上司に譲らないでくれと訴えたとのことであった）。私が入って3000万円でどうかと提案したら、根拠を問うので、根拠はないが、それでしかまとめられない旨を話した。両者とも不満を示したが、あきらめて応じた。その後は両者ともふっ切れたように私の事案処理に協力してくれた。

第8章　債権者からの対策

　これまでは、再建について、債務者の視点から述べてきた。もとより、債権者の視点からの対策は、以上述べたところの裏側の知見を探ることによっても得られる。本章では、債権者の視点から、これまで述べられていない点に留意して、債権者の対策について述べる。

1　個別に債務者に対する対策

(1)　債務者の破綻前・破綻時の対策
① 破綻前の対策
　(イ) 債務者(売掛先)の事業状況をよく観察し、信用枠を余り高く与えないようにする。
　(ロ) 債務者代表者の個人保証等も含め、極力担保をとるようにする。
② 破綻時の対策
　(イ) 商品を納入した者であれば、早急に債務者方におもむき、納入品の返還を受ける。この時、債務者方の同意を示しうる簡単な書面の交付を受けるようにする。
　(ロ) スポンサー候補として入札等に参加することも考えられる。
　(ハ) 基本的に、法的手続(民事再生、会社更生、破産)に入ったら、なしうる対策は狭まる。

(2)　法的措置
① 相殺権の行使
　　再生債権者は、再生債務者に対して債務を負担する場合に、債権届出期間満了前に債権債務の弁済期が到来する場合には、その期間内に限

り、相殺をすることができる(詳しくは p.90 参照)。

　したがって、㈦まず、よく取引関係資料等を調査して再生債務者に対する債務を見落とさないようにし、㈺次に、期限に遅れないように、自己の債権と相殺する旨を文書(通常、内容証明郵便)で通知せねばならない。結構、大手の金融機関であっても、相殺の通知が適切になされないケースがあるので、留意せねばならない。

② **担保権の行使**

　再生債務者の財産の上に存する抵当権、質権、特別の先取特権または商事留置権は、再生手続によらないで各担保権の実行手続に従って権利行使できる(民再§53ⅠⅡ)。譲渡担保、所有権留保も担保権である。リース債権も担保付債権と解される(詳しくは p.72 ②㈦、p.96 参照)。

　留置権は、その物に関して生じた債権の弁済を受けるまで、占有している物を「留め置く」権利である(民法§295Ⅰ)。この民法によるものの他に、商法(§521 (商人や会社間)他)・会社法(§20)による**商事留置権**がある。別除権の担保権として認められるものは、商事留置権である。商事留置権では、上記の「その物に関して生じた債権」でなくてもよく、要件が緩和されているものがある。

　先取特権は、法律の定める特殊の債権を持つ者が、債務者の財産から優先弁済を受けることができる権利である(民法§303〜)。債務者の総財産に対する**一般の先取特権**(民法§306〜)と、債務者の特定の動産、不動産に対する**特別の先取特権**(民法§311〜)とがある。このうち、別除権の担保権として認められるのは特別の先取特権で、問題となることがあるものは、**動産売買の先取特権**(民法§321)などである。これは、動産の売主が、売買代金の弁済を、その動産の処分価額から優先的に受けることができる権利である。その動産を債務者が占有していることが実質的に要件となる(民事執行法§190ⅠⅡ)。また、動産が第三者に売却された場合であっても、代金の払渡し前であれば、これを差し押えることができる(物上代位。民法§304)。したがって、債権者の迅速な行

動が必要とされる。

　商事留置権は、例えば、倉庫業者が預かっている物の保管料についてその物の上に有する権利であり、運送業者が運送中の物の運送賃について、その物の上に有する権利などである。権利者が担保物を占有しているので、権利行使をしやすい。

　譲渡担保は、債務者から担保物の譲渡を受け（債務者はそのまま物の利用はできる）、債務が返済されたら物を返すことである。**所有権留保**は、買主からの代金（債務）が完済されるまで売主に物の所有権が留保されることである（例：割賦販売）。いずれも担保としての機能を果たす。

　担保権の実行は、抵当権、質権、特別の先取特権、商事留置権では、競売申立てである。譲渡担保では譲渡担保権者（債権者）の確定的所有権取得と清算であり、所有権留保では、売買契約の解除・目的物の取戻しと清算であり、リース債権ではリース契約の解除・その結果のリース物件の取戻しと清算である。

　なお、抵当権などの担保権を行使するためには、対抗要件（登記など）を備えていなければならない。p.55、70で述べたように、再生債務者は、開始決定後は、債権者に対し、公平・誠実に再生手続を遂行する義務がある（公平誠実義務。民再§38Ⅱ）。これは再生債務者の第三者性を示すものである。そこで、民法§177（不動産に関する物権の得喪・変更は、登記をしなければ、第三者に対し対抗できない（対抗要件））における第三者となると考えられるからである。

③ **連帯保証人、物上保証人に対する請求**

　p.101〜で述べたところであるが、債権者からは、結論として次のようになる。

⑷　債権者は、主たる債務者の民事再生手続とは関係なく、連帯保証人、物上保証人に対して自己の有する債権全額をもってかかっていける。

㈹　主たる債務者、連帯保証人とも倒産した場合、債権者は債権全額を

もってそれぞれの倒産手続に参加できる。

④ **双方未履行の双務契約**

p.91〜で述べた双方未履行の双務契約を忘れずに、同契約関係にあるとして再生債務者が履行を選択するようにすれば、再生債権者の債権が共益債権となる。

あるいは双方未履行の双務契約と解しうるまたは結果的に同視しうる契約において、できるだけ多くの回収を図る。例えば、請負契約の請負人は、注文者が倒産の場合、再生債務者（注文者）と和解をするにあたり、請負人（再生債権者）の未履行部分についての不代替性（業種にもよる）を検討し、その部分の履行についての再生債務者の必要性を見出し、再生債務者との間で有利な解決を図るようにする。

⑤ **再生債務者との訴訟が再生手続開始当時係属する場合**

この場合、再生債権者が債権届出をして、再生債務者から異議（否認）が出されたときには、再生債権者は、債権調査期日の末日から1か月以内に、再生債務者を相手に**受継の申立て**をしなければならない（民再§107、105Ⅱ）。この期間内に受継の申立てをしないと、再生債権は未確定の状態で固定され、再生計画の認可決定の確定により失権する（民再§178、179）ので注意しなければならない。

なお、再生債務者が再生債権者に再生手続の個別通知をしなかったために再生債権者が債権届出期間内に届出をすることができなかった場合には、基本的に民再§95Ⅰの「再生債権者がその責に帰することができない事由」によって届出することができなかったと考えられ、**届出の追完**をすることができる。ただし、再生計画の認可決定確定後は、「責に帰することができない事由」（民再§181Ⅰ①）は厳格に解すべきとされる。

2 債務者の全財産に対する対策

① 事業譲渡などについて

再生債務者の事業譲渡などにつき、譲渡の適切性、特に譲渡代金が低

廉に過ぎないかなどについて、債権者の集会、債権者説明会などで質問をし、説明を受ける。より高額での譲受希望者がいれば、これを紹介する。いわゆる**プレパッケージ型**(民事再生申立時にスポンサーを決めてあるケース)あるいは従来から関係がある者に対する譲渡であっても、譲渡代金が不相当であれば、これを上げるよう、監督委員に申し入れて改善を図ることが可能なことがある。もっとも事業の譲渡については、対価のみでなく、事業継続の円滑性、雇用の確保等の種々の要因を考慮してその適切性が判断されることに留意せねばならい。

② 否認権対象行為について

再生債務者の否認権対象あるいはその疑いのある行為について、監督委員に情報を提供して再生債務者に対して調査を行ってもらい、逸失した財産の回収・回復を図る。

3 手続全体に対する対策

(1) 文書の閲覧・謄写

再生債権者は、裁判所に提出され、または裁判所が作成した文書の閲覧・謄写を請求できるので(民再§16)、これを活用して再生債務者についての情報の収集に努め、手続の適正な進行について監視をする。

(2) 監督委員に対する問い合わせ・情報提供

手続の進行あるいは再生債務者に関する疑問で、中立的立場からの判断・意見を求めたい場合には、監督委員に問い合わせ等をすると、監督委員において適宜な対処をすることが考えられる。また、上記を裏付ける監督委員に対する情報の提供が有効なこともある。

4 緊急融資の制度

① **中小企業倒産防止共済制度**(中小企業倒産防止法)

中小企業倒産防止法により、中小企業の連鎖倒産を防止するため、中

小企業者が独立行政法人中小企業基盤整備機構と共済契約を締結して掛金を納付することにより、取引先の事業者に再生手続開始、破産手続開始、更生手続開始または特別清算開始の申立て等の事態が生じた場合に、緊急融資として共済金を貸し付ける制度が設けられている。

② **セーフティーネット保証制度**(中小企業信用保険法)

連鎖倒産防止制度として、中小企業信用保険法第2条4項に基づいて設けられている。これは、経済産業大臣が指定する倒産事業者(再生手続申立者がこの指定を受ける必要がある)に対して、(イ)50万円以上の売掛債権等を有していること、または(ロ)その事業者との取引規模が20％以上あることの要件を充たし、市町村の認定を受けた中小企業者に対し、通常の保証限度額とは別に、信用保証協会の保証を受けて民間金融機関より融資を受けることができる制度である。

③ **取引企業倒産対応資金**(セーフティーネット貸付)

日本政策金融公庫が取り扱っている一般的な倒産防止関連資金である。これは、(イ)倒産した企業に対して50万円以上の売掛債権等を有していること、または(ロ)倒産した企業に対する取引依存度が10％以上であること等を要件に運転資金を融資する制度である。

④ 各地方自治体等の緊急融資制度

その他、地方自治体等において緊急融資制度が設けられていることがあり、留意するとよい(例：横浜市経済観光局による中小企業向けの経営安定資金)。

5 税務対策

再生債権者は、次の税務処理をなしうる。

① 再生手続開始の申立てがあった時に、再生債権の50％相当額について、貸倒引当金繰入額が損金算入される(**間接償却**。法人税法施行令§96Ⅰ③ロ)。

② 再生計画の認可決定があった時に、再生計画で切り捨てられることと

なった部分について貸倒処理が認められる(**直接償却**。法人税基本通達9-6-1(1))。
③　再生計画の認可決定があった場合、同計画で5年を超えて弁済される部分についても、貸倒引当金繰入額が損金算入される(**間接償却**。法人税法施行令§96Ⅰ①ロ)。

Column 10
相手の立場で考えてみること

　コラム1(p.11)で述べた「真剣になっても深刻になるな」ということのエッセンスの1つは、事案を客観的に見ることである。この客観的に見る手法の1つとして相手の立場になって考えてみることがあげられる。この相手の立場になって考えることの内容は、①相手はどういう気持ちになっているか、②相手の言い分はどうか、それを正当化する証拠はあるのか、③その言い分を通すためにどのような手段があるかなどとなろう。

　弁護士は、代理人であることもあって、上記内容を客観的に冷静に考え、判断することができる。これに対し依頼者は、事案の本人であることもあって、一般に、自分の方のこと(つまり、自分の気持ち、自分の言い分、自分のとりうる手段)ばかり考え勝ちになる。そこで、弁護士としては、当方・相手方の主張・とりうる手段を検討して(コラム9(p.167)の1で述べたように、自分の強みは相手の弱み、自分の弱みは相手の強みである)、依頼者に対して事態の説明をし、最も有利な解決法を探ることになる。

　社会生活においても、過度に感情的(主観的)になって不適切な悲観的または楽観的判断に陥らないようにしなければならない。このとき冷静に客観的に相手の立場になって考えてみることが大切である。そうした中で不要に争いを長引かせず、かつ妥当な解決策を見出すことができることも生じよう。

第9章　企業買収（M&A）の視点

　民事再生法は、破綻した企業を再建するためという防御的・守勢的な視点からのみでなく、**M&A**(Mergers & Acquisitions)の手法という攻撃的・攻勢的視点からも利用することができる。端的には、p.6 ③で述べたように民事再生企業の支援により利を図る例もある。もっともこの例では再建に真面目に取り組んでいるとは考え難いが、民事再生手続の利用がM&Aの視点から有効であることがうかがわれる。

　ここでは、これまで述べてきた民事再生法の説明の延長線上に、M&Aの視点からごく基本的なその利用のし方について述べる。

1　民事再生手続でスポンサー（支援企業）となることの利点

①　会社・法人を通じて幅広く利用できる

　　民事再生法は株式会社のみでなく、**医療法人**、**学校法人**等にも適用されるので、これら会社・法人を通じて幅広くM&Aに利用できる。

②　安価に事業を取得できる可能性

　　事業を拡大しようとする場合、自分でゼロから起こすときと、既にある事業を取得することとの得失を考えるべきことになる。民事再生手続では、通常その確実かつ短期の再建のためにスポンサーを求めているが、この募集に応ずることにより、一般に安価に事業を取得できることが考えられる。次のような理由で入札者が少ないと考えられるからである。㈰入札手続が余り知られていないこと、㈪特に中小規模の企業に対しては効率・負担等の観点から入札者が少ないことなどである。

③　権利関係に不備・欠陥がないこと

　　表れていない権利は手続的に失効し、また一般に公的手続であるとこ

ろから、反社会的勢力などは加わり難くなっている。

2　スポンサーになる方式

スポンサーになる方式として、次のように考えられる。
① 　株式の引受け（減増資など）
② 　事業譲渡
　(イ)　再生計画内
　(ロ)　再生計画前
③ 　会社分割
　(イ)　吸収分割
　(ロ)　新設分割

上記①は、通常、再生計画で行うことになる。法人格がそのまま存続するところから、再生債務者の有する公的な許認可及びこれに類するもの、さらに契約当事者としての地位を主張できてよい（有力な販売先などに対し）。債権等について対抗要件具備の問題を生じない。ただし、債務免除益も引き継ぐので、その処理などが必要となる。

②(イ)は再生計画案の可否の集会で認められるが、(ロ)では事業譲渡の許可のための債権者の集会及びその前提としての債権者説明会を開くことになる。ただし、同説明会は、再生計画案の説明会ともなり、ここで実質的に賛同が得られれば、再生計画案の可否の集会でも認められる。不動産、動産、債権の移転について、対抗要件を具備する必要がある（不動産については登記、動産については引渡し、債権については譲渡通知）。

通常、事業譲渡後の再生債務者は、解散、清算のため、債務免除益について課税の問題を生じない。

③(イ)では、分割された部分の対価が支払われ、(ロ)では新設会社の株式が再生債務者に与えられ、これをスポンサーが取得することになる。(イ)でも(ロ)でも、②と同様に、対抗要件の具備は必要である。通常、元の分割会社は解散・清算される。

第9章　企業買収（M&A）の視点

　上記は、M&Aの視点から、事業主体を変更してスポンサーとなる方式について考えた。しかし、p.8、p.121でも述べたように、実質的に事業の支援となって利を図るという視点からは、取引上の支援、経営基盤の支援等様々な方法が考えられる。

3　スポンサーになろうとするにあたって注意すべき点

　民事再生手続を申し立てないで、先に支援のために資金を入れてはいけない。貸金だと再生債権になってしまい、出資だと減資されるおそれがあるからである。民事再生手続申立て・開始決定後、裁判所の許可を得た貸付けとすれば共益債権となり、万一民事再生が失敗して破産となった場合にも財団債権となり、いずれも優先的に弁済を受けられるからである。

　なお、前記2①において、投入資金を(イ)出資金とするか、(ロ)貸付金とするかは問題となる。(イ)をある程度することが適切だが、(ロ)であれば後日返済を受けることができる。

Column 11
勝負根性の不足

　私は、再建の事案は、再建できるかできないか一種の勝負事と考えている。勝負事である以上、勝負根性が据っていないと勝てない。代理人弁護士としてもそうであるが、再建をしたいと思っている経営幹部にとってもそうである。このことについて考えてみる。

1、この社会は、人間が形成し、その活動によって動いている以上、勝負に勝つためには、人間関係の処理が最も重要と考えられる。もとより、その処理は法的ルールに則らねばならないし、また、社会的経済的な与件の下でなされる。人間関係の処理は、端的には交渉に表れる。この場合、コラム9（p.167）の1でも述べたように、自分の強みは相手の弱み、自分の弱みは相手の強みであるから、自分の弱みはカバーしつつ、自分の強みを発揮するようにすればよい。往々にして自分の、特に心情的な弱みに引きずられて強みを発揮できない。

2、心情的な弱み・強みとして、次のように考えられる。

　第1に、失うと思うことは弱みとなる。失うものは、金銭（財産）、信用、地位、名誉（プライド）、体面（恥ずかしいという思い）、頭を下げることなどが考えられる（ダメな人間などとして「烙印付け」（Stigma）を受けることも、周囲からの視点ではあるが、名誉などを失うと思うことに含まれよう）。後者ほど、主観的情緒的となる。そして、特に情緒的なものは、自分の役割・責任を冷静に客観的に振り返ることにより、失うことを恐れないようにしなければならない。変化による結果を余り恐れてはならない。組織内でそのような役割の人が、このように考えないと、周囲の多くの人が迷惑を受ける。

　例えば、頭を下げることは、そうすべき地位にある人が行うべきで、この人が行わないと効果がない。また、「あることをすべきかどうか」というときに、Yes あるいは No という人はまだよい。問題は意思決定しない人である。この場合、結論は、No と同じだということを銘記しなければならない。

　第2に、仮に失っても回復すればよいと思うことは逆に強みとなる。やはり冷静に客観的に少し先までの視点で考え、回復（recovery）の手立てを考えればよい。この recovery の感覚は非常に重要である。いくら情報収集し、検討を加えても分かり難いことは一杯ある。そのとき、起こりうる事態を一応予測し、乗り出さねば勝てないことは多い。状況が悪くなってもなんとか対処すればよいと考えれば足りる。この場合（あるいは第1についてもだが）、事態は0か100ではなく、程度が問題となることが多い。もし、これが金銭に評価できれば、可分ということになる。したがって、「できる限り」というところで収めるように努める。

3、最近読んだ本で、九鬼太郎『超格差社

会・韓国』(2009年9月、扶桑社)という本がある。同書(p.74〜)では次のようにいう。

　半導体メモリーや液晶パネル市場でサムスン電子が世界シェア首位である。かつてはこれら分野は日本企業がトップであったが、今やまったく追い抜かれている。そして、ソニーとサムスン電子を比較し、「ブランド力、人材、技術力、独創性、商品力などどれをとってもソニーがサムスン電子よりも一歩抜けた存在であることは明らかだ。」それにも拘わらず、収益力には大差がついてしまった。理由は簡単だ。「経営能力の差なのだ。日本の多くの企業が……、何を決めるにも前例主義と官僚主義がはびこって、思い切った戦略に切り替えられない。それどころかトップからミドルまで『こういうことを続けていてはいけない』と分かっていても」止めることをできない。そして、さらに、「最近はこれに、『撤退ルール』の足かせが加わる。何か新事業を始めようとすると、賛成でも反対でもない他部署の役員が『失敗した場合、株主訴訟リスクがある』などと言い出して『撤退ルール』作りを求めたりする。自己保身以外の何ものでもない……。その間に、ライバル企業はどんどん先に走ってしまう。」

　上記の記述は、現在の日本企業、日本経済の低迷を端的に表わしている。勝負根性の不足というほかない。失うことを恐れてはいけない。仮に失っても取り戻せばよいのである。

4、ところで、明治維新以後の時代では、少なくとも社会のリーダーとなる人は、社会的なベースがまったくなく失うものがなかったこともあるが、失敗など考えず、自分の職務、社会の進歩に向けて前進していったと思う。

　昭和20年の敗戦後の復興期の人達も、明治のころとはベースの点で違いはあっても、心持の上では同様であったと思う。私は、昭和19年3月生まれであるが、自分の親や先輩達の生き方を見ていてそう思う。

　特にこれからの社会・国を支える人達には、国内のみでなく国際的な場においても、是非、失うことを余りに恐れず、かつ取り返すことの自信も持って力強く頑張ってもらいたいものである。

第2編

実 例

第1章　民事再生法―自力再生型

　民事再生手続を用いた事業者の再建につき、再建を行う者のタイプから①**自力再生型**（第1章）、②スポンサー支援型のうち、スポンサーへの**事業譲渡型**（第2章。資料11、14）、③スポンサー支援型のうち、スポンサーによる**株式引受型**（第3章。資料1、4、5、8、9、12、13）、④事業者が学校法人のケース（第4章）について述べる。なお、第2編を通じて、業種については、①は製造業、②は卸売業、③はサービス業である。事案については、一部を簡略化したところがある。①、②、③は、私が申立代理人、④は代表者となったケースである。

　なお、資料15は、やはり私が申立代理人となった自力再生型のケースであるが、資金的に民事再生手続を履行しうる限界的な事例と思われる。

　以上のケースは、いずれも、現在も事業を継続している。

1　事案

(1)　民事再生手続申立てに至った事情

　①　再生債務者（申立て時、本社東京都〇〇区。資本金1000万円。非公開会社である）は、昭和56年に〇〇が設立して以来、自動車部品、特にワイパー、タイヤチェーンの製造メーカーとして発展し、タイヤチェーンでは国内有数のメーカーとなった。平成7年12月には〇〇が死亡したが、同人の長男△△が代表取締役社長、〇〇の妻が専務取締役、〇〇の次男が常務取締役として協力して経営を行い、平成8年には、売上12億9600万円、営業利益9200万円でピークに達した。その後、不況並びに暖冬及びスタッドレスタイヤの性能の向上・普及等によるタイヤチェーン売上減の影響を受け、また、銀行の貸し渋りに遭い、経営状況

は悪化していった。

　この間、平成7年5月にはマレーシアにタイヤチェーン製造会社を設立したが(98％出資。2％はマレーシア国法によって同国人所有)、経営悪化に伴い、平成10年4月ころには閉鎖した。

② 平成10、11年ころから不況下での貸し渋り等が原因で次第に資金繰りに困難を来すようになり、そのため商社に製品を前売りして先に現金入金を求めるようになり、その結果、運転資金及び利益が喰われるようになった。

　その間においても、ワイパー及びタイヤチェーンの技術開発に努め、外国出願を含む多数の出願中の特許を有しており、登録実用新案権、登録意匠権を有していた。

　業界では技術力は評価されており、特にワイパーについては、今後安全性の見地から自動車フロントガラスの視野を良好に保つため、シリコン膜塗付などの必要性が高まり、これに対応するワイパーとして、また、シリコンワイパーは塩素分を含まず、焼却してもダイオキシンが発生しないこと等から、再生債務者のシリコンワイパー等の技術に対する需要は高かった。このように、ワイパー特にシリコンワイパーについては先行した地位にあった。

　また、従来、タイヤチェーンについては業界において高いシェアを占めていたが、以後もある程度の地位は維持できると思われた。

　なお、当時、特殊技術の1つとして、身体障害者用車椅子のタイヤチェーンは、雪上では不可欠だが、再生債務者が世界唯一のメーカーであり、パラリンピック(長野市)に公式採用されたことがあった。

③ 再生債務者は、平成12年11月30日満期の手形決済が困難となった。負債総額は、7億2300万余円で、大幅な債務超過である。

(2) 民事再生手続申立て後の業務の経過

前記のように、再生債務者のワイパーの技術力・商品力があったところか

ら、基本的に、主要取引先からの受注を維持でき、部材・原材料の仕入先の協力も得られていた。

そして、一部従業員は退職したが残った従業員は再生に協力し、また平成13年1月初めからは、本社の経理・営業関係の人員も採用し、工場の従業員も補充するなどして、組織的にも体制を整えていった。

財産状態も、支払が猶予されているところから、資金繰りをクリアーし、徐々にではあるが改善の傾向にあった。

2 民事再生手続

(1) 手続の経緯

① 申立て(東京地裁)　　　　平成12年11月29日
　　保全処分
② 開始決定　　　　　　　　12年12月13日
③ 財産評定書・報告書提出　　13年 1月24日
④ 再生計画案提出　　　　　　13年 5月17日
⑤ 監督委員意見書提出　　　　13年 6月 5日
⑥ 債権者集会　　　　　　　　13年 7月 4日
　　再生計画案認可決定
⑦ 再生計画履行　　　　　　　14年 6月30日～19年 6月30日
⑧ 終結(手続は3年で終了)　　16年 8月11日

(2) 再生計画の概要

自動車部品、特にワイパー、タイヤチェーンを中心として技術力・商品力の維持・向上を図ることにより、収益の維持・増進に努める方針で、これに基づき、再生債権については、一定の免除を受けた上、営業収益金をもって6年間の分割弁済を行う。

再生債権元本につき、金60万円以下の部分は全額弁済し、金60万円を超える部分は、その11.5％相当額を弁済する。再生債権元本について、平均弁

済率は14.95％となる。

この弁済額を、次のとおり分割して支払う。
(a) 弁済額の内金20万円以下の部分については、平成14年6月末日までに弁済する。
(b) 弁済額の内金20万円を超え金60万円以下となる部分については、平成15年6月末日までに弁済する。
(c) 弁済額の内金60万円を超える部分については、平成16年6月末日までにその20％の割合による金額を弁済し、平成17年6月末日及び平成18年6月末日までにその30％の割合による金額を各弁済し、平成19年6月末日までにその20％の割合による金額を弁済する。

3　留意点

(1) 事案について

① 本件の民事再生申立ては、民事再生法が制定・施行されて、半年程度後の時期で、このような手続の制定を待っており、私はこれを使って再建してみようと思った記憶がある。

② 再生債務者は、その後、タイヤチェーンの製造は止めた。前記p.185で述べたような売上減の原因があったことに加え、何よりも冬期にしか使用しないものであるが、これも年により需要の変動が大きいからである。もっともワイパーも梅雨時と秋の台風・多雨シーズンに売れるという季節変動がある。

③ ワイパーは奇跡的な商品である。前面にガラスがあるという自動車の構造が変わらない限り、このようなものは必要である。例えば、現在問題となっているハイブリッドカーあるいは電気自動車のように駆動機構が変わっても、ワイパーは必要である。しかも、ワイパーの主要部材はブレードで、その素材はゴムであるが、これは消耗品である。

ゴムの技術はガラスなどとともにローテクの代表といわれる。私は、**ローテク**はハイテクに比し、理論が分かり難いからそのようにいわれる

が、その技術内容・社会的効用はハイテクに劣らないと考えている。む
しろローテクで地歩を築けば、容易には技術的に追随し難いだけ、経営
的にも利点があることが考えられる。このように、ワイパーは優れた
「商品力」を持っているといえる。

　本件では再生債務者の商品に**商品力**があり、本編第2、第3章のケー
スでは再生債務者は**良い販路**を持っている。このように収益をもたらす
力がないと再建はなかなか難しいという感じである。

④　再生債務者の技術力、営業力は、もっぱら同社代表者△△の能力に
負っており、民事再生申立て後も、同人を中心として事業運営を行っ
た。

(2)　民事再生手続について

①　本件では、私が受任した当時、再生債務者は、整理屋に介入され、手
形帳を「パクられてしまった」(取られた)ので、これを取り返すところか
ら始まった。私は、会社は民事再生手続を申し立てて倒産するから、こ
れを返して欲しい旨交渉し、安価に返してもらった(既に裏書されてい
て、そこを黒書して消してあった)。民事再生手続中、当時の東京地方
裁判所民事第20部部長の園尾隆司裁判官から、「我が国の私的整理でレ
ベルの低いものも多く、本件のような事案もこの手続で拾い上げたい」
旨のことばをいただいた。

②　本件では、公租公課(国・地方税、社会保険料)の未払いも多く、その
対応に苦慮した。これらは一般優先債権ではあるが、交渉してむしろ返
済は一般債権より後にしてもらったものがある。本件では何とか解決が
進んだが、このような未払いが大きくならないうちに、手続を採るべき
ことになる。

③　再生計画案は89.7%の賛成を得て可決され、既に再生計画の履行を終
了している。

④　代表者は、多額の保証債務を負っていたところから、同時進行で民事

再生手続を申し立て、530万余円を3年間で支払う再生計画で債権者の同意を得た。

第2章　民事再生法—スポンサー支援・事業譲渡型

1　事案

(1)　民事再生手続申立てに至った事情

① 概要

再生債務者は、○○県の中堅都市○○に本店を置き、金物卸売業を営む株式会社である（資本金1000万円。非公開会社である）。

再生債務者は、昭和21年1月に、先代の○○が金物問屋を開き、昭和29年3月に株式会社化し、昭和57年12月に、○○の死亡に伴い、長男の□□が代表取締役に就任した。かつては、年間売上20～30億円を維持していた時代もあったが（近年は15億円前後で推移）、次に述べる②により、③を生じた。

② 売上高の長期低落・利益率の減少（遠因）

㈦ 再生債務者の大口顧客である全国の量販店・ホームセンターについて、近年、同業または異業種間の合併が相次ぎ、それに伴う取引打切り、売場面積の減少により売上高の減少が加速した。再生債務者の売上に占める大口顧客の比率は極めて大きく、一社を失うと数千万円の売上減少となった。

また、顧客の倒産も近年相当数にのぼり、加えて大口顧客の中国等諸外国からの直輸入も増加し、再生債務者の売上減少の要因となった。

㈣ 利益率の面では、鉄鋼等の価格上昇に伴う仕入原価の高騰を売上価格に転嫁できず、利幅も長期低落傾向が続いた。

経費節減については、商品在庫の管理・出荷業務の効率化が遅れて

人員削減ができず、また大口顧客との取引関係維持のため、営業社員を販売補助活動に提供することを強いられ、その人員確保の事情も加わり、抜本的人員整理を断行できなかった。

　　結局、仕入原価の高騰を、販売価格への転嫁・社内コスト削減の双方で吸収できなかったため、利益率の低下を招いた。その結果、負債総額約8億2500万円で、債務超過に陥った。

③　資金繰りの行き詰まり（近因）

(イ)　再生債務者は、金融機関への返済を営業収入ではまかなえず、新規借入れ、保有有価証券の売却、代表者個人からの借入等で補ってきたが、これが多額となり、限界となった。また、仕入先への支払条件が厳しくなり、現金支払が増加して、資金面で大きな圧迫要因となっていた。

(ロ)　以上の経緯で、直近の手形決済日である平成19年10月25日の決済資金を決済できず、調達の目処も立たなかったため、支払停止は必至となり、民事再生手続を申し立てた。

(2) 民事再生手続申立て後の業務の経過

①　得意先からの受注状況

　　再生債務者は、民事再生手続申立て後、全得意先に対し、一斉に再生手続申立てと事業の継続につき書面で報告・説明を行うとともに、特に大口の5社については、代表者と申立代理人が直接訪問して報告・説明を行った。

　　その結果、ほぼ全ての得意先の理解を得ることができ、受注数こそ多少減少したものの、引き続き商品を受注した。

②　仕入先・運送業者との取引継続状況

　　仕入先については、大多数とは取引を継続できているものの、支払条件については、当初は、大部分が(イ)10～11日毎締め5日後払いか、(ロ)現金決済のいずれかとならざるを得なかった。

仕入先のうち、取引に応じない業者の分については、他の業者を通じて仕入れるか、他では入手困難の場合や他からの仕入では割高となる場合は、得意先に対象商品を扱えない旨を告知して対応した。

運送業者については、申立て前に最も取引の多かったものとの取引がなくなったが、他との取引量の増加により特に支障は生じなかった。

③　人事労務の状況

民事再生申立て時の役員を除く従業員は32名（パート、アルバイトを含む）であったが、以後パート従業員2名が退職した。

2　民事再生手続

(1)　手続の経緯

①	申立て（東京地裁）	平成19年10月24日
	保全処分	
②	開始決定	19年10月30日
③	財産評定書・報告書提出	19年12月26日
④	再生計画案提出（当初）	20年1月22日
⑤	事業譲渡の説明会	20年3月27日
⑥	再生計画案提出（延長後）	20年4月22日
⑦	監督委員意見書提出	20年4月30日
⑧	債権者集会	20年6月10日
	再生計画案認可決定	
⑨	再生計画履行	20年8月20日（第1回）、同年12月12日（最終）
⑩	終結	21年1月13日

(2)　事業譲渡

①　再生債務者の事業継続には信用力の維持が不可欠であったが、民事再生手続申立て後、再生債務者の信用は急速に低下した。また、再生債務

者の事業本拠地には多額の極度額の根抵当権が設定されており、再生債務者が自力で抹消費用を捻出することは困難であった。

そのため、再生債務者は、その事業をスポンサー企業に移転する形の事業再生を企図した。

② 再生債務者は、民事再生手続申立て直後からスポンサー企業を募り、複数の候補者と交渉したが、条件面で折り合わず、平成20年1月中旬の段階でいったん候補者が全て辞退することとなった。そのため、再生計画案の提出期限を延長し、再度スポンサー企業を募った。

その結果、株式会社◎◎を事業譲渡先として、再生債務者の事業を譲渡することにつき、平成20年2月2日に秘密保持契約を結んで再生債務者の企業情報を開示し、同年3月14日に基本合意をし、同月27日に裁判所の許可を受け、翌28日に事業譲渡契約を締結し、同日譲渡代金の決済を行った。なお、3月22日に、上記裁判所の許可に先立つ債権者への説明会を、再生計画案についての説明と兼ねて行っている。

(3) 再生計画の概要

事業譲渡代金を含む再生債務者の手持ち現預金を弁済原資として、再生債権者に対する弁済を早期に行う。

①再生計画認可決定確定後2か月以内に再生債権に対する弁済を行った上で、②再生債務者は速やかに株主総会で解散決議を行って清算手続に入り、③別除権付再生債権については、別除権目的物の処分後に不足額が生じる場合は、不足額について他の再生債権と同様の弁済を行い、④残余財産の処分等で追加原資が発生した場合には追加弁済を行うこととし、⑤再生債務者の清算結了の際に、残債権の免除を受ける。

これにより、再生債権元本のうち、10万円以下の部分については全額、10万円を超える部分については、少なくとも7.5％の金額を弁済できることになる。

本再生計画では、追加配当が行われない場合でも、総計で約9.818％の配

当となる。これは破産になった場合の配当率（予想清算配当率）約5.604％を上回る。

3　留意点

(1)　事案について

①　本件は、地方中堅都市における卸売業のケースである。
　　この事案を通じて地方の卸売等流通業の経済状況を見聞きしたが、非常に状況が悪く、倒産予備軍が多くいることが分かった。

②　本件の社長は2代目であったが、業態の先行きが明るくないことから自分では事業を継続する気持がなく、他に親族で継承者はいなかった。

③　事業譲渡については、当初の候補者も最終的なスポンサーも同業者であった。再生債務者の優良な販路に着目したものと思われる。

④　再生債務者の代表者と退職を希望した一部役員以外は全員いったん退職して退職金も支払われ、希望者は全て再雇用された。

(2)　民事再生手続について

①　資料11、14は、本例についてである。

②　1金融機関から、民事再生申立て後に、事業用土地建物に設定した抵当権の実行を申し立てられた。これは、その金融機関とは、提出した財務諸表に粉飾があったということなどで、交渉過程で遺恨が生じたことが原因と思われる。
　　申立代理人において、**抵当権の実行中止**を得て（約3か月）、他の物件の処理もからんでこの金融機関との話し合いを行い、競売申立ての取下げ、再生計画案の賛成も得ることができた。

③　本件で事業譲渡はいったん不成立となったが、改めて譲渡先を探して見つけ出した。現下の経済情勢下に中小企業のスポンサー（支援企業）を見出すことは困難である。
　　スポンサーを選定するについては、(イ)候補者を求める段階、(ロ)候補者

から内定者を決める段階、㈁内定者をスポンサーとして支援を実行してもらう段階があると考えられる。本件では、㈡で苦慮した事案である。なお、本編第3章の事案では、㈁での苦慮に近い。

　スポンサーの選定については、見通しが乏しい者に引っ張られてはいけないが、見通しがある者とは粘り強く交渉しなくてはいけないところが難しい。
④　事業譲渡については、裁判所での集会に先立ち債権者説明会を行った。この説明会は、予定する再生計画案についての説明会を兼ねて行った。したがって、説明会は申立て後の申立てについての説明会と合わせて2回となる。

　また、これらの説明会は、再生債務者の地元で行い、債権者に対して本民事再生手続への案内に便利になるようにした。
⑤　再生計画案は94.8％の賛成を得て可決された。

　事業譲渡後の再生債務者は、再生計画認可決定後、解散をし、早期に担保不動産の処分もでき、残余財産の整理等の残務を行い、再生計画の履行も終了し、清算した。

　多大な免除益は生じたが、清算事業年度を踏まえて処理したので、課税の問題は残っていない。
⑥　代表者も、多額の保証債務を負っていたところから、同時進行で民事再生手続を申し立て、同人がその名義の担保不動産の処分に尽力し、また同人が退職することもあって、216万余円を一括で支払う再生計画で債権者の同意が得られた。

第3章　民事再生法―スポンサー支援・株式引受型

1　事案

(1)　民事再生手続申立てに至った事情

① 平成9年9月に東京都○○区に設立されていた株式会社を、平成13年9月ころに申立人代表者が取得し、運送業者の代理業務を行う代理運送業を始めた。申立人の行う代理運送業とは、DM（ダイレクトメール）を配布元から集めてきて運送業者に依頼するものであるが、申立人の受託先としては、大学、予備校、学習塾、不動産業者、飲料メーカーなどがあった（以下、物流事業という）。

以後、物流事業は、時代の要請に応えて進展していき、平成16年2月からは、システムの設計・制作を行う「システム開発事業」を開始し、平成17年7月から、化学品××について米国の開発会社から日本における総代理店として販売する「××事業」を行い、平成18年2月から、○○省など官公庁へ機械部品を提供する「特機事業」を行い、平成18年3月にはファッションブランドの輸入・卸売を行う「ブランド事業」を始めた（資本金1500万円。非公開会社である）。

再生債務者の平成18年10月1日から同19年9月30日の間の売上は、約11億円であった。

② システム開発事業は、業容は拡大したが、システムエンジニアの確保その他で過大な経費が掛かり、当初からの赤字体質を脱却できなかったため、平成19年9月に同事業を売却した。このシステム開発事業に伴って生じた多額の損失を回復し得なかったことが、申立人が倒産に至った主因である。その後、平成20年6月末には、ブランド事業も赤

字が継続したため閉鎖した。
③　上記の間、物流事業等では利益を生じたが、以上の事態に対処するため銀行借入が増大し、その返済が困難になった。平成20年6月30日の負債総額は約7億円で、大幅な債務超過であった。
　　以上の結果、やむなく民事再生手続申立てに及んだ。

(2)　民事再生手続申立て後の業務の経過
①　得意先からの受注状況
　　再生債務者は、民事再生手続申立て後、物流事業、特機事業の主要得意先に対し、個別に報告・説明を行った。その結果、ほぼ全ての得意先の理解を得ることができ、受注も申立て前と同程度の受注を維持できた。
②　取引先との取引継続状況
　　物流事業の下請先(封入業務、発送業務)については、支払条件を原則として現金即時決済とすることで取引を継続できた。××事業、特機事業の仕入先(海外)については、事前決済後、商品を輸入していたため、再生債権は生じておらず、取引関係は従来通り継続した。
③　人事労務の状況
　　民事再生申立て時に従業員数が15名であったところ、申立て後、4名が退職したが、業務への影響は特になかった。

2　民事再生手続

(1)　手続の経緯
①　申立て(東京地裁)　　　　平成20年　7月25日
　　保全処分
②　開始決定　　　　　　　　　20年　7月31日
③　財産評定書・報告書提出　　20年　9月24日
④　再生計画案提出(当初)　　20年10月23日

⑤	再生計画案提出(延長後)	20年11月13日
⑥	監督委員意見書提出	20年11月20日
⑦	債権者集会	20年12月24日
	再生計画案認可決定	
⑧	再生計画履行	21年 2月26日～22年 1月29日
⑨	終結	22年 2月 9日

(2) 再生計画の概要

再生債務者に対するスポンサー企業からの貸付金及び出資金を弁済原資として、再生債権者に対する弁済を行う。すなわち、再生債権について、10万円を超える部分の94.5％の免除を受けた上で、認可決定確定後3回に分けて分割弁済を行う。

本再生計画による配当率は、約6.03％であり、破産になった場合の配当率1.48％より相当に有利である。

そして、10万円以下の部分に関する弁済を早期に実施するため、特に少額の債権者にとって、本手続が破産手続に移行した場合より配当を早期に実現できる。

(3) 事業継続

① 再生債務者は、㈰再生手続申立てにより低下した信用力を早期に回復する必要があること、㈪事業収益のみからは、一般優先債権（公租公課）や再生債権に対する弁済原資を確保する見込みが低いことから、いわゆるスポンサー型の再生を企図した。

そして、㈦特機事業について、事業譲渡によると、主要取引先である○○省の入札資格が失われ、スポンサー（譲受）企業による資格取得が不確実であること、㈮物流事業についても、顧客の獲得・維持に影響するプライバシーマークの使用資格につき、事業譲渡による承継は困難であることから、事業譲渡の手法は選択せず、再生債務者の法人格を維持し

つつ、スポンサー企業から再生債務者に対する貸付及び出資により資金を得て弁済を行う手法を検討し、スポンサー候補企業を募った。
② しかし、民事再生手続申立てを機に、物流事業等の決済条件が現金決済中心となったこと、申立て後の平成20年7、8月に、特機事業で仕入決済が先行する大型受注があったことから、再生債務者の資金繰りは、平成20年10月までは月途中の資金繰りが不足し、毎月つなぎ融資を受けて資金繰りを維持する状況で、事業価値を算定し難かった。そのため、再生計画案の当初の提出期限日までに入札手続を行うことができず、提出期限を延長した。
③ 平成20年10月末日以降はつなぎ融資が不要となり、事業計画の策定が可能となったことから、スポンサー意向表明のあった4社に対し、10月下旬に入札手続を行った。
　しかしながら、**リーマン・ショック**後の金融不安により、景気悪化の懸念が加速し、スポンサー企業も入札に非常に慎重な姿勢となり、入札手続の結果、(イ)2社は入札を断念し、(ロ)1社は共同して事業を引受予定の会社が入札を断念したため、物流事業のみを引き受けるとの申込みであり、(ハ)もう1社の株式会社◎◎が、出資金(1000万円)及び貸付金の約1年間の分割払いにより、全事業を引き受けるというものであった。
④ 以上により、入札額が最も高く、全事業を引き受ける点で、雇用関係を維持できる、◎◎社をスポンサー企業とするスポンサー契約を同社との間で締結した。

3　留意点

(1)　事案について
① 本件は、民事再生手続申立て時点では、ＤＭ配布の代理運送を行うサービス業及び米国からの製品を輸入販売する商社機能を果たす業種であったケースである。

② スポンサー及びスポンサー候補に現れた数社ともまったくの異業種であった。それぞれ、再生債務者の申立て時に継続中の前記事業自体は黒字であったこととその事業に将来性が認められ、かつ顧客が優良であったことにより、業容の広がりを目指したようである。

スポンサー選定過程で、リーマン・ショックが生じ、スポンサー希望者の支援能力・意欲が縮小し、苦慮した。

③ 一般に、民事再生手続においては、申立て後2、3か月は、極めて資金繰りが苦しくなることがある。

これは例えば、従来は仕入後2か月程度で代金を支払えば良かったところ、民事再生申立てにより、申立て前の旧債務の弁済は棚上げされるが、申立て後は代金引換でないと仕入ができなくなるので、これら代金支払の負担などによる。

本件でも、前記のように資金繰りに逼迫し、最終的にスポンサーとなった企業からのつなぎ融資を受けた。

④ 再生債務者の代表者のみは退職し、他の従業員は全員そのまま従来の職務に従事している。

(2) 民事再生手続について

① 表9(日時)、資料1、4、5、8、9、12、13は本例についてである。

② 再生債務者の法人格が承継されたので、債務免除益、資産の評価損などの算定を行い、結論として、課税の負担を生じない形で新たな経営に進むことができた。

③ 再生計画案は85.1%の賛成を得て可決され、3回目の弁済は2か月ほど繰り上げてなされ(資料13(p.283)参照)、再生計画の履行が終了した。

④ 代表者については法的手続で処理をした。

Column 12
人の評価が分かる状況

　人の評価、特にビジネスに関する評価は、「自分の得は相手の損、相手の得は自分の損」という関係に入らないと分からない。つまり、自分と相手の利益が共通している（同じ方向にある）状況では分からず、利益が相反する（反対方向にある）状況になって初めて分かるといえる。もっと端的には、相手にお金を払うのではなく、相手からお金をもらうような関係にならないと、その相手の評価は分からない。そして、金払いは多分にその人の性質による。つまり、金払いの良い人は概して性質が良いといえる。

　したがって、例えば一緒にお茶を飲んであいさつをして雑談をして打ち解けたとして、最初はもちろんそれで良いのだが、この段階では、事案解決に向けての相手の評価はできない。これで「仲良くなった」などといってもしょうがない。仮に、上の状況がもう少し複雑になったとしても、さきに述べた「自分の得は相手の損、相手の得は自分の損」という尺度があてはめられる状況にならないと相手の評価はできない。このように書くと当たり前のようだが、弁護士でもその辺の判断の甘い人がいる。そして、そのような人は交渉がうまくまとめられない。

　上に述べたことは、必ずしも弁護士業務についてでなくとも、一般の社会生活においてもいえることである。国内においてのみでなく、我々が、例えば、中国人、韓国人、米国人などと接し、これらの人々を判断する上でもいえる。そして、違う状況に基づいてこれらの人々を判断した者同士がこれらの人々について意見を言い合っても、議論がすれ違うだけである（例えば、よくある「中国人は良い人か」など）。判断した状況・根拠を上の尺度に基づいて検証して、その言の信用性を検討せねばならない。

第4章　民事再生法―学校法人のケース

　私の先輩弁護士が、再生支援者（スポンサー）等から民事再生法による再建を委託され、さらに私が委託を受けて、理事長として、○○県○○市所在の、大学を運営する学校法人T_1及び専門学校を運営する学校法人T_2（以下では、便宜、併せて学校法人△△と称し、具体的にはT_1を中心として述べる）の再建に携わった。このケースを紹介する。当時学校法人△△の運営は危殆に瀕しており、法的手続として民事再生手続のカバーをかぶせると同時に内部に弁護士を入れて保全管理人にあたる業務を行わなければならないような状況であった。このような場合、**学校法人**には会社更生法の適用はないので民事再生法によることとなり、申立代理人（あるいは監督委員）のみでは不十分であるということで、私が理事長となる体制に至ったものである。

　一般に弁護士は代理人とはなっても事業を行っている事業体の代表者本人となることは極めて少ない。本件で私は、①理事長として務め、②弁護士として弁護団との協働（裁判所との打合せ、監督委員との必要な打合せを含む）をした。本書では、特に①における学校法人の運営面における寄与を中心として述べる。もちろん、学校法人の教職員はもとより、弁護団の弁護士、スポンサー及びそこから派遣の職員等の協力が不可欠であった。

　なお、代表者本人となる場合、もちろん違法なことは行ってはならないが、例えば、労働関係、税務関係その他について留意が必要である。労働関係については、本件で、私が理事長になって数週間後に1人の職員が以前から続く過労で倒れたので、慄然として直ちに残業等についての整備を行った。また、税務関係については、まったくの別件だが、私が代表取締役を務めた会社が以前から数十億円の脱税をしていたということで調査が入った。結局、ほとんど脱税はないということになったが、大きな脱税があれば、少

なくとも代表者としてマスコミに名前が出ることもあろう。

1　学校法人の破綻・再建

(1)　少子化による現況

　資料17（p.296）は、現在社会で活躍する人達の人口変動、進学率、大学の収容力（大学進学希望者に対する入学者の割合）等を示していて興味深い。これによれば、収容力は平成21年度に92.4％となり、数字的には「大学全入時代」に近いといえる。

(2)　学校経営の破綻に対する対処

表14　学校法人再建の手続

手続・根拠	法　的		私的(任意)整理
	破産法	民事再生法	
履行機関	（裁判所） 破産管財人	（裁判所） 監督委員 債務者 （スポンサーが交代することもある）	債務者
法人格	消滅	消滅／存続	存続
事業	移転可 （要移転先）	移転可／継続 (要移転先)	継続
履行債務	圧縮	圧縮	猶予・全額
債権者の賛同	なし	過半数	全員
アドバイザー	有　　　用		
教学・運営経験者、弁護士、公認会計士等	教学・運営	教学・運営	債務処理 教学・運営

　表14は、学校法人再建の手続として、私的整理、法的に民事再生手続が主となろうが、やり方によって、破産手続も再建に用いうることを示す。特

定調停（p.34）も、その性質上、用い得よう。他に本書で述べた再建手続のうち、会社更生法、特別清算は株式会社にのみ適用のある制度であり、また、第1編第6章で述べた制度は企業を対象とするものであり、いずれも学校法人には適用し得ない。

(3) 破綻についての文部科学省の施策

イエローゾーン（経営困難状態）を「…経営上看過できない兆候が見られるが、学校法人自ら経営改革努力を行うことにより経営改善が可能な状態」とする。**レッドゾーン**（自力再生が極めて困難な状態）を「イエローゾーンよりも経営状態が悪化し、自力での再生が極めて困難となった状態」とし、その対処として、①私的整理と、②民事再生があげられている。また、破綻後として、破産手続があげられている（平成19年8月1日『私立学校の経営革新と経営困難への対応』日本私立学校振興・共済事業団、学校法人活性化・再生研究会）。具体的には、特に学生募集停止の基準と判断が難しい。

2 学校法人△△の経営破綻状況と民事再生法による法的手続

(1) 学校法人の概要
① 大学　学生数2550名
　(イ) 総合政策学部
　(ロ) 科学技術学部
　　(i) 応用情報工学科、(ii) 環境計画工学科
　(ハ) 医療福祉学部
　　(i) リハビリテーション学科、(ii) 保健福祉学科
② 専門学校　学生数2600名
③ 教職員数　320名
　大学は平成11年に設立。昭和53年設立の専門学校がその母体。

(2) 破綻に至った経緯
① 元理事長が、専門学校→短大→大学と拡大していく過程で虚偽の申告

に基づき設置認可を受け、また虚偽申告をして国と日本私立学校振興・共済事業団から計5億6600万円余りの補助金の不正受給を受け、これが発覚して広く報道されたこと等を契機とする(元理事長は、補助金不正受給、業務上横領等で懲役7年の実刑判決(仙台地裁平成18年2月24日)。控訴審で控訴棄却(仙台高裁平成19年3月27日))。

② 破綻時の財務状態

教職員のほぼ2か月分の給料支払不能状態で、「まさに薄氷を踏む思い、…1週間遅れていたらつぶれていた」(私の平成16年10月23日付日本経済新聞夕刊における言)という実状であった。

③ 破綻の概要

負債総額計297億円(大学223億円余、専学73億円余)(民事再生手続開始申立書による)。

大学を運営する学校法人が民事再生法の適用を受けて再建された初めてのケースであり、また現在に至るも破綻した学校法人の規模としては最大である。

(3) 民事再生法による法的手続

① 手続の概要

(イ)	申立て(東京地裁)	平成16年 6月21日	
	保全処分		
(ロ)	開始決定	16年 6月28日	
(ハ)	債権届出		東京地裁の標準スケジュールでは5か月であるが、本件では、6か月で達した。
(ニ)	財産評定書・報告書提出	16年 9月17日	
	再生計画案草案提出		
(ホ)	再生計画案提出	16年11月12日	
(ヘ)	監督委員意見書提出	16年11月30日	
(ト)	債権者集会	16年12月22日	
(チ)	再生計画認可決定	16年12月22日	

(ﾘ)　再生計画履行　　　　　　　18年 4月30日〜21年 4月30日
　　(ﾇ)　終結(手続は3年で終了)　20年 1月28日
　②　留意事項
　　(ｲ)　理事は、2人(学長を含む)を除き、退陣。
　　(ﾛ)　債権者の状況
　　　　企業・金融機関、行政その他
　　(ﾊ)　教職員の雇用は維持する。
　　(ﾆ)　スポンサーは、医療法人、社会福祉法人、別の学校法人等を営むグループであった。グループの総帥◎◎氏は医師。
　　(ﾎ)　文部科学省等への行政対応を要した。
　　　　監督官庁は、大学は文部科学省、専門学校は都道府県、高校・中学・小学・幼稚園は私立であれば都道府県、国公立であれば文部科学省である。したがって、本件では、文部科学省、宮城県、岩手県(幼稚園があった)の他、多額の債権者として仙台市等との対応が必要であった。
　　(ﾍ)　スポンサーから10億円程度の融資を受けた(ただし、この融資は平成16年末までに返済した)。

3　大学の組織・運営上の問題点と検討

　本書の読者におかれて大学の組織・運営上の問題点について分かり難いところがあると思われるので(実は私も本件の理事長を務めるまでそうであった)、これについて、簡潔に述べ、検討を加える。

(1)　非営利の財団型の法人

　学校法人は非営利の財団型の法人であって、利益配当を出資者に払うことはない。しかし、営利事業を行うことはある。

(2)　理事、評議員の選出

次の(イ)の□□は私立学校法で定められているが(同法§38、44)、寄附行為(会社の定款に相当)で、(A)、(B)、(C)、(D)は<u>理事会選任</u>((B)は理事会推薦・評議員選任)、(E)は<u>評議員会選任</u>等と定められることが多く、(ロ)のような方式となる。

(イ)　理事　：　学長、(E) 評議員、(A) <u>学識経験者</u>　より成る。
　　　評議員：(B) 職員、(C) <u>卒業生</u>、(D) <u>学識経験者</u>　より成る。

(ロ)
　　　　　　　　　　　理事会選任・推薦
　　　　　　　理事　⇄　評議員
　　　　　　　　　　　評議員会選任

　結局、評議員会と理事会の間でドッジボールのように、理事と評議員を選任できる構造となっている。株式会社における株主(総会)のような支配の根拠はなく、出資持分もない。理事・評議員は教育を推進する人であるという善意の判断に基づくものと思われる。しかし、実際には、学校財産、税制上の優遇措置の取得、名誉的地位の取得を目的とするなど、教育者として不適な人間がスポンサーになろうとすることがあり、注意しなければならない。これに対しては、理事・評議員会の構成に客観性を持たせることが重要である。

(3)　経営面と教学面の関係

① 学長と理事長(教授会と理事会)

　　理念としては、学問の自由(大学の自治)と学校経営の調整。権限の集中と分散の問題でもある。

　(イ)　学長・理事長一体型(例：早大、慶大、国立大学法人)
　　　　長所：強いリーダーシップ
　　　　短所：独断専行とならないか。経営・教学の両者を両立できるか。
　(ロ)　学長・理事長分離型(例：中央大、本件の学校法人)

　　　　長所：チェックアンドバランス。経営と教学の専門性を生かせる。
　　　　短所：リーダー不在（主張はするが責任はとらない勢力を抑えられない）。
　私は、(ロ)がより妥当と考える。早大、慶大などでは、ＯＢの厚い組織もあり、運営が適正化され得るのであろう。国立大学法人では、理事に、経営能力ある人材の導入が必要と考えられる。
　②　経営側（理事側）と教学側の連携の必要
　　判例では、理事会と教授会が対立した場合、教授会の意見を尊重しながら、理事会で決する、とされる（大阪地判平成12年10月5日、東京地判平成15年8月22日等）。

(4)　監督
　(イ)　文部科学省
　　(ⅰ)　寄附行為、学則等の認可・届出を通じ。
　　(ⅱ)　補助金の交付を通じ。
　(ロ)　評議員会、監事の機能。
　　　経営の公開性による一般からのチェック。
　(ハ)　学校会計について財務情報の公開。

4　学校法人の再建へのプロセスと特徴的な留意点

(1)　再建へのプロセス
　①　再建──緒(はじめ)
　(イ)　民事再生手続
　(ロ)　経営陣の交替
　　　理事長を弁護士とし、申立代理人弁護団、スポンサーと協力して再建を図る。
　(ハ)　資金提供
　　　スポンサーから受けたが、返済した。

② 再建——方策
(イ) 図2(p.4)の事業運営について、学校法人では、教学関係、学生募集、就職活動となる。就職、特に学生募集は致命的に重要であるところから、東北各地で、民事再生手続中であっても支障はないことを関係者に説いて廻った。
(ロ) 対外関係
 (ⅰ) 債権者
 (ⅱ) 取引先
 (ⅲ) 官公庁
 (ⅳ) マスコミ
 (ⅴ) 他の大学・専門学校(競業者)による妨害
　　公益を守るような体裁をとって現れることにも留意する必要がある。例えば、政治家が関与したり(競合する大学の利を図って、裏で再建の邪魔をしたようである)、ラジオによる学生募集広告を断られたり、8人ほどで集団で退学した学生が競合する大学に入ったなどのことがあった。
 (ⅵ) 種々の社会的勢力
(ハ) 対内関係
 (ⅰ) 教職員の組織
　　　　a. 全学合同会議：経営陣(理事、弁護団)と教員
　　　　b. 再生実務者会議：経営陣(理事、弁護団)と職員
　　これらを月1回開き、上から及び下からの意向・意見が届く開かれた組織とするようにし、他の学園の再建の失敗例にも鑑み、組合的なものを通してでなくとも、職制を通じて話し合いができるよう努めた。
 (ⅱ) 教員・教科の問題
　　出勤・教授状態の悪いa. 学部長の教授について学部長をやめてもらい、b. 助教授1名を退職させた。また、学生にアピールする

魅力的な講義を設けるようにした。経営陣としての教学の担当について、私が総合政策学部、科学技術学部（私は、弁護士だが工学修士）、◎◎氏が医療福祉学部と、分担した。大学と専学の間で不公平を生じさせないよう努めた。大学の再建において、教学面の改革は極めて重要である。遠慮してはならない。
　(iii)　制度の整備
　　　特徴的なものとして、経営破綻大学でありながら**ファカルティ・ディベロップメント** Faculty Development（教員の学生による評価など）の制定が頓挫していたので、これを実現させ、また個人情報保護規程は良いものができたので、大学のイメージアップにもなると思い、ホームページに開示させた。
　㈡　学校見学・文化祭等による広報活動
③　再建──再生計画等
㈠　財産評定書、再生計画案草案提出
㈡　再生計画案提出
　(ⅰ)　再生債権について、次のとおり弁済する。
　　　　a. 50万円以下の部分は全額。
　　　　b. 50万円超10億円以下の部分は5％。
　　　　c. 10億円超の部分は4％。
　(ⅱ)　弁済期間は、平成17年から同21年まで4年間。
　(ⅲ)　別除権付（担保権付）債権につき、担保カバー分は、全額弁済。
㈢　再生計画認可
　(ⅰ)　大学：賛成88.1％。
　(ⅱ)　専学：賛成80.2％。
㈣　融資返済（p.207②㈥参照）、別除権協定
　　別除権協定の締結も、再生計画認可決定後2年程度で完了した。
㈤　就職
　　就職率91％で、前年度（92％）とほぼ同程度に達した。

㈻　平成17年入学者
　　(ⅰ)　大学：前年の60％。
　　(ⅱ)　専学：前年の40％。
　㈠㈻㈷㈻などについては、河北新報、毎日新聞、産経新聞などで逐一報道されているところである。
④　再建（大学）――将来
　㈤　理念（私見）
　　　理系・文系の枠にとらわれない3学部のゆるやかな融合によって社会のニーズに応えたフレキシブルな教育を行う。さらに特定の分野で傑出した研究実績を上げることによって、地域社会、産業界との連携を強化する。
　㈥　教学内容
　　(ⅰ)　学部・学科：教員の採用、教員の評価。
　　(ⅱ)　3学部の連携。
　　　　例えば、介護用ロボットなどを科学技術学部と医療福祉学部で開発し、支援、提携の病院・福祉施設で実証し、特許権を取得して産学連携を図り、総合政策学部で医療福祉行政・経済として研究するなど、有機的・総合的に進めることが考えられる。そうすれば、人的・産業的に地域社会に貢献することもできると考える。
　　(ⅲ)　学生に対する指導。

(2)　再建への特徴的な留意点
　①　理事長の強いヘゲモニーの必要性
　　　学校法人の再建について、私の経験では、理事長の強いヘゲモニーによる改革の推進が最重要と考える。例えば、前記 p.210 ②㈥(ⅱ)の教員の処遇、魅力的な講義の設置等。
　②　マスコミ対応
　　　これについては、**報道被害**、**風評被害**に留意せねばならない。ただ

し、宣伝になるプラス面もある。例えば、マイナス面として、「元理事長逮捕」などということになると(平成16年9月3日)、新聞などに大きく取り上げられ、「経営再建計画に暗雲」という見出しをつけられたり、(記者会見した理事長の)「顔には疲れの色がにじんだ」という記事が出たので、「まったく違うじゃないか」と抗議した。プラス面としては、テレビのインタビュー番組の求めに応じ、NHKニュース「てれまさむねTODAY」(平成16年7月6日)、ミヤギテレビ「OH！バンデス」(平成17年1月13日)などに出て再建中をアピールするようにした。10億円の融資枠が得られた時には、再建の順調なことをアピールするため、その旨を発表し、新聞記事に入れるようにした。また、医療福祉学部の学生の介護の実習の報告会をテレビ中継されたこともあった。ちなみに、東北全域に大きな新聞広告を出すと、数千万円掛かる。したがって、何か出来事があった場合、先手を打って記者会見をするようにした。

5　学校法人への民事再生法の利用

　民事再生法について、これまで、破綻時における防御的利用について述べたが、攻撃的にM&Aの手法として利用する視点が考えられる(第1編第9章も参照)。すなわち、(イ)教育・学問分野の取得、(ロ)地域的配置を考え、民事再生手続を申し立てて支援企業となることである。この場合、①債務の存在のみでなく、不明朗な債権債務関係を切り離すことができ、②反社会的勢力を排除することができ、③必要な経営陣の交替も得やすい。

　私は、平成17年3月31日付で、スポンサーの希望もあって理事長を退任し、理事からも退任した。最後の日に、学園を去るにあたって、学校法人の建物の玄関から学園の門までの道の両側に並んだ職員の方に拍手をして送っていただいた。本当に嬉しく思うと同時に、学園の今後の順調な再建の継続を心から願ったものである。

Column 13
仕事は作品

さきにコラム1（p.11）で述べた「真剣になっても深刻になるな」という言にも関係するが、私は、弁護士業務における仕事は自分の作品だと思っている。

ここで「作品」という意味は、依頼者から依頼を受けた事案について、これを分析し、解決のための手法を見つけ、これを推進し、解決するという過程を作品の完成に例えたものである。

だからいつも自分のできるかぎりの能力を発揮して良い作品を作りたいと努めている。

この良い作品となるについては、関係者の利害の調整が図られているとか、社会情勢に合致しているとか、個別に、救済されるべき人が救済されているなどということが内容として含まれる。

本章の大学・専門学校の理事長としてその再建に携わった時、私がこの再建を私の作品として良い作品とすべく全力をあげてやるつもりだと言ったところ、その学園の執行部の人からそれで良いと言われた。そして、学生からは、「今度の理事長は私達学生のことを考えてくれている」といううわさが広まったようであった。このように見てくれることは嬉しかった。もっともそのために、「介護実習の発表会に来てくれ」と言われることなどはよいとして（できるだけ出席した）、「A先生は良い先生だが、B先生とそりが合わなくて退職するということだが、何とかならないか」という要請などもあった（教学を担当する学長に廻した）。しかし、率直に言えば、私は学生を救済しようととり立てて強く思ったわけではなく、学生はもちろん、教職員、取引等関係者あるいはそれらを含めた学園の社会的存在を包括して考え、1つの作品としてできるだけ良いものとしようと努力した。

幸いにして、本章の事案は、関係各位の協力もあって短期間に良い成果を上げ得たものと思っている。付言すると、この再建劇が1つのドラマとして面白かったのか、学園及び私が度々、新聞・テレビに発表・出演を要請され、社会的に好感をもって見られているようにも思われた。

第5章　会社更生法のケースの特質と動向

　従来、同じ再建型法制度であっても、民事再生法の利用に比し会社更生法の利用は極めて少なかった（表2(p.19)）。ところが、平成19年以後、次のように増加してきている。

	全国	東京地裁	(参考)民事再生(全国)
平成18年	14	3(2グループ)	598
平成19年	19	8(6グループ)	654
平成20年	34	24(14グループ)	859
平成21年 (11月まで)		34(16グループ)	

　そして、中小企業を対象とする申立て（資本金1億円未満、負債総額200億円未満など）が多くなってきたといわれる。ここでは、会社更生事件を扱う専門部である東京地方裁判所民事第8部総括であった難波孝一裁判官他の論文「会社更生事件の最近の実情と今後の新たな展開－債務者会社が会社更生手続を利用しやすくするための方策：DIP型会社更生手続の運用の導入を中心に」(NBL・No.895(2008.12.15)p.10)、馬渡直史裁判官「最近における東京地裁民事第8部（商事部）の事件の概況」(民事法情報No.276(2009.9.10)p.41)などを参考としつつ述べる。

1　特に問題となった点

　従来の利用件数が少なかった原因として、次のように考えられる。
① 経営権の問題として、会社更生手続では、経営陣の総入れ替えが行われてきたので、経営陣は最後まで会社が生き延びる道を探そうとし、万策尽きて経営権を他に譲る決心をした。したがって、申立て件数も少なく、ま

た、状況が極めて悪くなってから申立てをすることが多かった。
② 法的整理手続を利用すれば事業価値が著しく毀損されるという懸念があった。この点では、民事再生法でも同様なところがある。ただ、民事再生手続では、従来の経営陣(旧経営陣)がそのまま継続して事業を行い、会社更生手続では管財人がトップに立つことになる。したがって、商取引業者から見ると、会社更生では手続に対する信頼感はあるが、以後の新体制による取引状況の理解等について、より不透明感をぬぐいえないものと考えられる。

2　問題点の対処——DIP型会社更生手続

そこで、上記問題点1②にも関係するが、特に1①について解決するために旧経営陣にとどまってもらい、その経営能力を生かすことが考えられる（**DIP型会社更生手続**）。他面から見れば、更生管財人としての弁護士は、本来、企業経営の専門家でなく、また事業家の適切な管財人を見出すことも困難なことがあるからである。換言すれば、更生管財人としての弁護士には、企業経営に目を通す能力を備えた弁護士が選任されるべきことになり、選任された弁護士は、会社の旧経営陣・担当者とよく協議をして早期に経営実態を把握し、再建の方向性を見出すべきことになる。ただし、旧経営陣のうち、会社更生手続を申し立てるに至った事態に対して重大な責任がある者は、手続の公正の観点から会社更生手続の下で経営から排除されなければならない。しかし、経営陣といっても必ずしも役員である必要はなく、範囲を柔軟にとれば、適切な者は見出しうるものと考えられる。逆に、選ぶ側において、そのような眼力が必要とされる。

結局、事業の再建は、つとに述べたように、(イ)事業の運営と、(ロ)債務整理の2面があり、(イ)については、旧経営陣の能力を生かし、(ロ)については弁護士を中心とした処理に委ねられ、また、弁護士は全体的な公正性の観点から監視することになろう。

そして、前記論文によれば、旧経営陣が自ら事業再建を手がける意欲があ

る場合には、次の要件を充たせば、更生手続開始後も、旧経営陣から管財人を選任して事業を再建させることが相当とされる。
① 旧経営陣に不正行為等の違法な経営責任のないこと
　役員に対する損害賠償請求（役員責任等査定決定）を受けるおそれがあると認められる者は、管財人や管財人代理に選任することができないと定められている（会更§67Ⅲ、70Ⅰ但書）。逆にいえば、上記のようなおそれのない者は管財人や管財人代理に選任することができることになる。
② 主要債権者が旧経営陣の経営関与に反対していないこと
　主要債権者が反対していると、そもそも更生計画案の可決の見込みがないことが明らかという更生手続開始申立ての棄却事由（会更§41Ⅰ③）にもかかわる。
③ スポンサーとなるべき者がいる場合はその了解があること
　特に、会社更生申立て前の段階で債務者が第三者とスポンサー契約を締結しスポンサーが確定しているプレパッケージ型申立てにおいて。
④ 旧経営陣の経営関与によって会社更生手続の適正な遂行が損なわれるような事情が認められないこと

　裁判所は、上記のような場合には、保全段階で直ちに保全管理人を選任することなく、必要な保全処分を行い、監督委員兼調査委員（弁護士）を選任して、旧経営陣による事業の経営及び財産の管理処分の監督や調査をさせることになる。そして、更生手続開始後に旧経営陣から管財人が選任された場合には、調査委員の調査・報告がなされ、同時に財産評価、債権認否、更生計画の立案などについて、申立代理人（弁護士）の法的なサポートは不可欠である。

　実際に、旧経営陣が残った形で会社更生手続が進められた例は従来なかった。しかし、平成20年以降、東京地裁では積極的にDIP型の申立てを勧め、これに応じて平成21年1月から11月の会社更生申立事件16件のうち、7件がDIP型であった。そして、保全段階は、いずれも申立て会社代表取締役、申立代理人、監督・調査委員でなされ、開始決定後は、(イ)代表取締役に

ついて、事業家管財人となったもの5件、㈹申立代理人について、法律家管財人となったもの2件、**法律家アドバイザー**（こちらが原則）となったもの3件、㈹監督・調査委員について、調査委員となったもの5件、法律家管財人となったもの2件である。そして、時間的にも迅速化が図られ、上記7件のうち2件は、申立てから約7か月半で更生計画認可に至っている（東京地裁民事第8部部総括菅野博之裁判官他「東京地裁におけるDIP型会社更生手続の運用－導入後の1年間を振り返って」事業再生と債権管理No.127（2010.1.5）p.26）。

3 その他の問題点

(1) 商取引債権一般の保護

会社更生申立て後においても、会社の事業価値を維持するためには、商取引債権について従来通りの弁済を行うことが有効である。そこで、会更§47Ⅴ後段の「少額の更生債権等を早期に弁済しなければ更生会社の事業の継続に著しい支障を来すときは、裁判所は、…その弁済を許可することができる」との規定の「少額」を、会社の規模、負債総額、資金繰りの状況を踏まえて柔軟に解することにより対処する工夫がなされている。このことは開始決定後のみでなく、その前の保全段階でもいえる。

(2) 手続の迅速な進行

現在、東京地裁では、会社更生事件の**標準的なスケジュール**として、申立てから開始決定まで1か月、開始決定から更生計画案の提出まで10か月、開始決定から更生計画認可決定まで1年を目標として、概ねこのスケジュールに沿った運用がなされている。

なお、**DIP型**ではより迅速な手続の進行が予定され、申立てから開始決定が3週、開始決定から更生計画案提出が18週、開始決定から更生計画認可決定が23週、したがって申立てから認可決定まで6か月強が目標とされている。これであると、民事再生の5か月（表8(p.61)）とさして違わないことに

第5章　会社更生法のケースの特質と動向

なる。

次表に会社更生手続のスケジュールの標準の場合とDIP型の場合を対比して示す。

表15　会社更生手続スケジュール(標準、DIP型)

会社更生手続標準スケジュール

手続の各段階の進行イメージ	標準的スケジュール
申立て、保全管理命令	
【保全管理人】開始原因・財産状況等の調査	1月
開始決定	
【事業管財人】【法律管財人】更生計画案の策定／資産・負債の調査確定	10月／1年
計画案提出期限	
決議集会	2月
認可決定	
【新経営陣】【法律顧問】更生計画の遂行	1、2年〜10年
終結決定	

DIP型スケジュール(案)

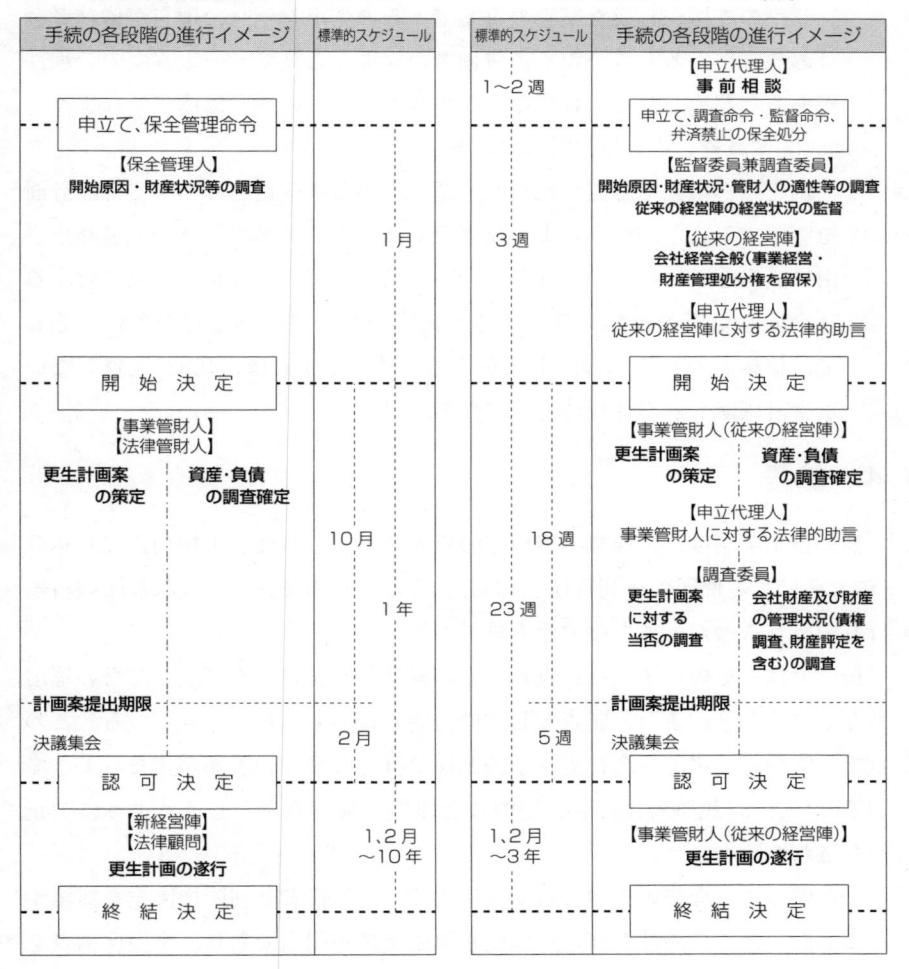

標準的スケジュール	手続の各段階の進行イメージ
1〜2週	【申立代理人】事前相談
	申立て、調査命令・監督命令、弁済禁止の保全処分
3週	【監督委員兼調査委員】開始原因・財産状況・管財人の適性等の調査／従来の経営陣の経営状況の監督
	【従来の経営陣】会社経営全般(事業経営・財産管理処分権を留保)
	【申立代理人】従来の経営陣に対する法律的助言
	開始決定
18週	【事業管財人(従来の経営陣)】更生計画案の策定／資産・負債の調査確定
	【申立代理人】事業管財人に対する法律的助言
23週	【調査委員】更生計画案に対する当否の調査／会社財産及び財産の管理状況(債権調査、財産評定を含む)の調査
	計画案提出期限
5週	決議集会
	認可決定
1、2年〜3年	【事業管財人(従来の経営陣)】更生計画の遂行
	終結決定

(3) その他

① スポンサー選定(プレパッケージ)の一定の尊重

一般に、スポンサーの選定は早期に行われることが望ましい。プレパッケージ型申立てにおいて、大多数の債権者がそのスポンサーの選定に反対していない場合には、この者をスポンサーとしてよい。また、流通業等のように信用力が重要であるため、申立ての時点で速やかにスポンサーの支援が必要な業種の事案で、そのスポンサーの選定が債務者会社の恣意によるものでなく、債権者の立場から見ても一定程度の合理性があると認められる場合には、そのスポンサーの選定は尊重されよう。

② 100％減資しない更生計画の許容

例えば、申立て時点で裁判所の認可を得られる見込みのある再建計画を開示することができるような事案では、東京証券取引所の上場廃止事由に該当しない。このような場合、上場を維持する方が、事業に対する社会的な信用の維持や資金調達の便宜のために有利な点が多い。そして、債権者の弁済率の向上に資する。そうであれば、100％減資しない更生計画案も許容されることになる。

4 結語

会社更生手続は、担保権や租税等の優先権のある債権を手続内に取り込み(これらによる個別の権利行使を抑え)、また手続内において大幅な組織再編行為を行うことが可能な強力な手続である。

最近では、その好まれない点としての経営者の交替を不可避としない運用もなされており、また、弱点としての時間の短縮も図られてきている。この点で、実際の運用上、会社更生手続と民事再生手続との差異が狭まってきているといえる(民事再生でも、増資など組織再編行為をなしうるように改正がなされた)。

したがって、今後の方向として、例えば、担保権者と別除権協定を締結することができる可能性が高ければ**民事再生手続**が相当であり、全担保権者を

取り込んで会社再建案を作成するのが相当ならば、**会社更生手続**の選択となろう。実際には、担保権者との別除権協定の締結は強い交渉力を必要とすることも考えられ、民事再生手続の成否はこれを担当する弁護士の力量にもよることになる。なお、会社更生手続では、民事再生手続とは異なり、裁判所による担保目的物の価額決定（会更§153〜、なお更生債権等査定決定（§151Ⅰ））などの制度が設けられているが、円満・迅速な処理のために、担保権者との交渉の必要が考えられる。

　最後に、DIP型の会社更生申立てを行いたい場合、申立て前に、DIP型の適否等について、裁判所に相談することができる。その場合、特に民事再生との比較で、検討すべき点として次のようなことがあげられよう。すなわち、DIP型会社更生申立てについて、経営者の経営責任や主要債権者のDIP型に対しての賛否などが問題とされる。会社更生では、経営者への責任追及もより強くなる。経営者が会社の保証をしていて、法的手続を採るとすると、会社と個人との利益相反の問題もより明らかとなる。これらの点の対処によってDIP型の申立てが適切か否かが判断されることになろう。

Column 14
方向付けは細心に行うが、結果はいったん考えない

　事案を処理するについて、方向付けは、細心の注意をもって、資料を収集し分析して行い、予定通り行かなかった場合の対処も考察して慎重を期す。しかし、その方向に踏み出したならば、いったん結果については考えないことにする。ただし、事案の進行状況を観察し、修正が必要であれば柔軟にこれを行うようにする。そして、その方向付けから予定の結果が得られればよいが、もし得られない場合は、速やかに対処をほどこすようにする。

　　方向付け（資料収集・分析・考察）
　　　↓心配しない
　　結果（予定通りであればよいが、そうでなければ、速やかに対処）

　時々、方向付けして踏み出した後も、結果についてあれこれと心配する人がいるが、この場合、できることは手を打ったので、後の結果は待つしかない。コラム1（p.11）で述べた「真剣になっても深刻になるな」の1変形例として、「するだけのことをしたら、結果については心配しない」、すなわち「真剣にするだけのことをしたら、結果については深刻に心配しない」と考えればよい。このように考えないと、やはり体調に変調を来すし、実際上もこのような状況で心配することは益がない。

　一般論としては、恐らく上記のようにいえても、弁護士も人の子であるので、この辺は各人の性格もあって、心配の程度には差違が生ずる。

第6章　清算法制を再建に用いた例—破産法

　私が破産管財人となって実質的に破産法を事業の再建に用いたケースについて述べる。

1　事業継続型—Z社のケース

(1)　事案と処理

　これまで述べてきた事業の再建についての多くの問題が出てくるので、やや詳しく述べる。

① 　破産者Z社は、平成15年2月にマザーズ上場で居酒屋チェーン「○○」を営む株式会社であった(破産申立て前の売上高は年52億8500万円、従業員89名、資本金32億3495万円(後述 p.226 ①のようにマネーゲームを繰り返したので過大))。

　本件では、破産者の経営陣がAグループ(代表取締役、取締役1名)、Bグループ(投資組合を事実上支配することにより、「大株主」と称する)、Cグループ(破産者をマザーズに上場させた上場企業。破産者に社外取締役2名を派遣)に割れ、Aグループ、Bグループの背後とも社会的に問題があり、Bグループの支配をAグループが取り返そうとし、Cグループはどちらにも与しないようにした。そのため取締役会での過半数の意思決定もなし得なかった(取締役会は取締役1名が事実上欠員のため取締役4人で構成)。そこで、Aグループは、まずAグループ取締役2名が**準自己破産**の申立てを行い、次に保全の段階でCグループの賛同も得て実質的にAグループが主導する**民事再生**を申し立てようとしたものと考えられる(現に、1債権者名義で民事再生が申し立てられた)。Bグループは債務超過でないとして争った。そして、CグループがAグループに与しなかったため、

やむなく破産手続開始決定となってしまった（紛争があったことについて、平成17年6月2日付朝日新聞記事も参照）。本件はマザーズ上場企業で破産となった第1号であった。

② 上記民事再生申立てに対して裁判所により**調査委員**が選任されて調査がなされたが、そのまま破産手続を行うことが債権者の一般の利益に適合するとの意見が出され、申立てが棄却された。これに対して即時抗告がなされたが棄却された。また反対に、Bグループから破産手続開始決定に対して即時抗告がなされたが、これも棄却された。

　私は、準自己破産申立て（同時に保全管理命令申立て）と同時に**保全管理人**に選任され、破産手続開始決定とともに**破産管財人**に選任された。

③ その後、平成17年6月下旬には支払不能となるところ、当初スポンサーを希望していた企業から1億円の融資を得て切り抜け、居酒屋事業売却について入札を行い、同年8月15日に事業譲渡契約の締結に至り、事業譲渡がなされた。従業員のうちの希望者は全て譲受人に雇用がなされた。この事業譲渡に関し、私について怪文書が出されたり、怪電話がかかってきたりした。

　なお、入札には20数社の応札があったが、1次、2次の選別を行い、最高価額を提示したものが、事業の継続・雇用の維持等の観点から最も適切であったので、譲受者として選定した。ここで重要なことは入札者として不適切なものを1次の選別ではずすことである。不適切なものに限って2次選別などで高額を提示することがありうる。単に価額で選んではいけない。

④ その後の処理との関係から債権者を分類すると、次のとおりであった。
　㈠　金融機関・取引債権者（食材仕入業者等）… 約15.0億円
　㈡　当方の査定で債権額ゼロとしたため裁判
　　　をして争ってきた4名 …………………… 約11.4億円
　　破産者との従来からの株等の取引で利を得た者あるいは得ようとした者である。

㈨　Ｂグループ‥‥‥‥‥‥‥‥‥‥‥‥‥‥‥‥‥約 18 億円

　　上記のうち、㈨については、当方で反対にＢグループの違法・不当を主張して、その主張を抑えた。㈣の内訳は、ａは約 3.2 億円で、その金は実際に出たようだが、破産者には入らなかったため管財人としては応じず、勝訴した。ｂは約 5.8 億円で、やはり破産者には入らなかった。勝訴した。ｃは約 1.2 億円、ｄは約 1.2 億円で「破産者の異議なき承諾」がなされているなど破産者にとっては証拠文書上不利であったが、ｃは 3300 万円、ｄは約 4500 万円で和解した。結局、㈣については計約 11.4 億円に対して計 7800 万円で解決した。なお、ａ、ｂの当事者とも訴訟中あるいは敗訴直後に亡くなってしまった。管財人としては、個人的怨恨はなく、事を正しく処すという気持で行った。金額も大きく各人命懸けであったかもしれないと思う（ｂの当事者と証人尋問で会った時、「この裁判で勝つまでは死んでも死に切れない」と言っていた）。

　　上記処理により、破産手続にもかかわらず、㈠の債権者に対して、計 80.43％の配当率で配当を行うことができた。

⑤　雇用希望の従業員は全て譲受会社に雇用がなされるなどし、代表取締役であった者、従業員でＡグループに与した者も含め、本件の処理が最善であったと言ってくれた。

　　また、事業譲受会社は回転寿司チェーンを営む東証 2 部上場の企業であったが、破産者の居酒屋チェーン事業を譲受し、営業成績が上がったということで業績を上方修正した。譲受会社が兜町の東京証券取引所で記者会見することになり、私も同社から要請があって会見に加わった。

⑥　本件は、やや特殊で、種々の点で限界的な事案ではあるが、破産手続によって、事業を継続して再建したケースである。

(2)　準自己破産・自己破産手続

①　準自己破産申立て（東京地裁）　　　平成 17 年　6 月　2 日
　　保全管理命令

② 破産手続開始決定　　　　　17年　6月15日
③ 事業譲渡　　　　　　　　　17年　8月19日
④ 第1回債権者集会　　　　　17年　9月21日
⑤ 第2回債権者集会　　　　　18年　2月 1日
⑥ 第3回債権者集会　　　　　18年　6月14日
⑦ 第1回中間配当　　　　　　18年　8月11日
⑧ 第4回債権者集会　　　　　18年12月20日
⑨ 第5回債権者集会　　　　　19年　5月23日
⑩ 第2回中間配当　　　　　　19年　7月27日
⑪ 第6回債権者集会　　　　　19年12月11日
⑫ 最後配当　　　　　　　　　20年　2月19日
⑬ 破産手続終結　　　　　　　20年　3月25日

(3) 留意点

① 本件は、破産者の上場後、経営陣が証券市場でマネーゲームを繰り返し、また経営陣も何度か交替したが、最後に経営陣内で争いが生じて破局したという事案であった。**マネーゲーム**は、繰り返して増資新株・新株引受権の発行を行い、市場から金を集め、この金を会社（破産者）から抜いたというものである。抜かれた額は、分かっている分で40数億円に達し、社会的に問題がある者などに行っているようである。

　しかし、居酒屋チェーン自体の運営は相応にうまくいっていた。したがって、この事業は良い価額で譲渡でき、事業の債権者（p.224 ④(イ)）に80％強の高率の配当をなし得たという事案であった。

② 本件の破産の遠因は、Z社の上場後、同社の創業者の内紛によって株が市場に放出され、これらが投機筋（往々にして社会的に問題ある人・組織につながる）に流れ、会社の支配権（経営権）が移ったことである。

　このことから、上場した場合も、創業者は会社の**資本政策**（端的には株の管理）に対して責任を持つべきことが考えられ、またいったん社会

的に問題のある人・組織に株を取得されると、現行制度上、これらの人・組織を排除することは極めて困難である。

③　私は、我が国の証券市場は、国内のみでなく、海外からも着目されるところで、本件が、そこでの不祥事・不正に関係する事件である以上、管財人としての範囲で、できる限り明確な解決をしようと努めた。この事件には、当然のことながら警察の捜査もなされている。

　本件については、平成19年11月11日放送のNHKスペシャル「ヤクザマネー〜社会を蝕む闇の資金〜」中でも放映され、またNHK「ヤクザマネー」取材班著『ヤクザマネー』講談社（2008年6月）p.83〜にも、Z社が、「ヤクザに生き血を吸われた会社」として述べられている。

2　事業再開型—G社のケース

(1)　事案と処理

①　破産者G社は、化粧品を製造販売（OEM生産）する株式会社であったが（破産申立て前の売上高は年5億6900万円、従業員43名、資本金5200万円）、過大な設備投資などによって資金繰りに窮し、自己破産申立てに至った。本社土地建物などの資産もあったが、当然のことながらこれらには担保権が設定されていた。主力の工場は、建物は貸借していたが、中の設備・原材料・仕掛品・製品等は破産者の所有であった。そこで建物賃貸人から賃借権譲渡の同意を得て、上記設備等を売却することにした（工場賃借権とともに）。これについて入札をしたところ、当初応募7社、最終的に2社の入札を得て金2200万円で売却した。この間、工場の稼働が速やかにできるよう、譲受会社は、いったんは解雇された従業員のうち、必要な者の雇用をした。ところで、化粧品は注文者（購入者）の委託を受けて破産者が処方箋を作成し（**ノウハウ**となる）、これに基づいて製品を製造するものであることが分かった。したがって、この処方箋が販路と結びついて価値があるものであった。そこで、これについても入札をしたところ、2社の入札を得て金500万円で売却した。

② 上記の処理により、事業価値をなるべくとどめたままで、これを売却することができ、財団を増すことができた。それのみか破産の申立てを引き継いだ時の現金預金がわずか数十万円であり、もし工場内の設備・原材料・仕掛品等が廃棄物となった場合は、逆に多額の**廃棄費用**が掛かり、困惑したところであった。

　結局、1か月半程度で迅速に上記処理を行ったことにより、実質的に事業を再開して再建ができたと考えている。

(2) 自己破産手続
① 自己破産申立て（東京地裁）　平成20年　6月30日
② 破産手続開始決定　　　　　　　　20年　6月30日
③ 事業再開　工場設備等売却　　　　20年　7月31日
　　　　　　処方箋等売却　　　　　　20年　8月　7日
④ 第1回債権者集会　　　　　　　　20年10月23日
⑤ 第2回債権者集会　　　　　　　　21年　2月26日
⑥ 最後配当　　　　　　　　　　　　21年　4月　3日
⑦ 破産手続終結　　　　　　　　　　21年　4月30日

(3) 留意点
① 本件は、破産者工場内に猛毒の**ヒ素化合物の廃液**があり、その逸散を防がねばならないということで、申立て後直ちに開始決定がなされた。

　この廃液も、前記工場設備等の落札者に引き取ってもらうことができた。

② 破産申立て後速やかに、申立代理人において、管財人予定者と事業価値を保持した処理について協議をしておくならば、破産手続開始決定とともに、迅速・適切な行動がとれる。さすれば、破産手続を事業の再建に用いることができる。

3 結語

　破産手続を事業の再建に用いうるかという視点から端的に整理すると、長所としては、手続を進める上で、p.223で述べたような社会的に問題がある勢力の同意などを要しないところが極めて良い。これに対し、民事再生手続では、例えば、再生計画案について多数の賛同を得なければならない。

　短所としては、少額の商取引債権に対する配慮をなし得ず、一律の率・時期で配当をしなければならないことである。これは、破産手続が債権者の同意を要しない清算法制であることによる形式的厳格性から、やむを得ないのかもしれないが、再建には不便である。

　破産手続を再建に用いるについて、多比羅誠弁護士は「**破産法の切れ味**」（同弁護士「破産手続のすすめ—事業再生の手法としての破産手続」NBL No.812（2005.7.1）p.32）と称して上記論文で詳しく論じているが、賛同できるところである。

　ところで、経営資源として、ヒト、モノ、カネが考えられるが、再建は、いずれの手続を採っても、倒産企業のヒト、モノを生かすことである。そして、そのことが、人材・資源の有効活用となり、かつ、一般に、手続の迅速処理にかない、配当の増額につながる。したがって、破産手続においても、前記1、2のケースでは、ヒト、モノも実質的に生かし得たが、管財人としては、少なくとも**モノ**だけでも最善に活用できるように努力すべきである（多くの場合、陳腐化・劣化を避けるなどのために、機敏な処理を要することになる）。

第7章　清算法制を再建に用いた例―特別清算

第1編第2章5でも触れたが、特別清算を事業の再建に利用することができる（再建利用型）。

1　構成

特別清算においては、債務者と債権者との間の協定を作成するが、この協定において、債務者（旧会社）（A）から債権者（C）への弁済は、実質的に旧会社から新会社（B）への事業の移転の対価によって支払われる。事業の移転は、**事業譲渡**の場合と**会社分割**の場合がある。Cへの弁済は、Aが行う場合と、Bが行う場合とがある。事業の移転の対価の支払方法は、(イ)代金の一括払いの場合もあり、(ロ)分割払いの場合には、分割された各支払金が債務者に支払われる毎に債務者から債権者に対して弁済がなされる。そして、Aが弁済する場合には、その弁済を確実ならしめるために、Bが重畳的に債務を引き受けることが行われる。またBが弁済する場合には、Aは清算などするので、Aの債務を免じてBが免責的に債務を引き受けることも行われる。

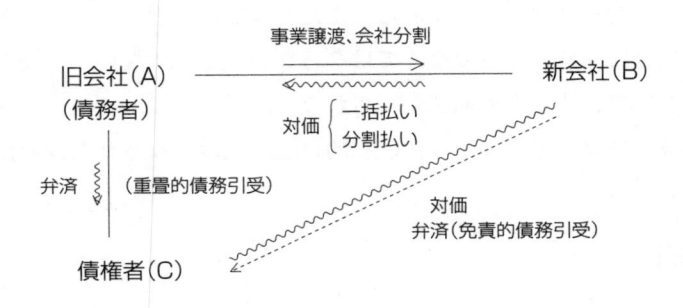

```
                    事業譲渡、会社分割
  旧会社(A) ─────────────────→ 新会社(B)
  (債務者)        対価 ┌一括払い
                      └分割払い
    │弁済
    │ (重畳的債務引受)      対価
    ↓                     弁済(免責的債務引受)
  債権者(C) ←╌╌╌╌╌╌╌╌╌╌╌╌╌╌╌╌
```

231

特別清算手続を利用する場合の欠点は、協定案同意のためのハードルが債権額の3分の2と、民事再生などに比し高いことである。そのため、債権者のリストを見てこの割合がとれそうか否かを判断することになる。平成17年6月の会社法制定（同18年5月施行）前の旧商法によれば、これが4分の3であったので、もっと大変であった。

　この手続の利点としては、この手続の申立人の側で清算人あるいはその**常置代理人**（清算人の行為を包括的常置継続的に代理する）を選任し、その主導の下に手続を進められることがあげられる。民事再生では監督委員が選任されるのに比し、特別清算では、手続の進め方がより自由にできる。清算人あるいは常置代理人には弁護士がなればよい。なお、これに対し、裁判所が選任する調査委員の制度がある。

　事業譲渡、会社分割は、特別清算の手続内で行ってもよいが、手続に入る前に行うこともできる。手続前に行う場合には、①事業譲渡または会社分割は私的手続で行い、②譲渡または分割後、旧会社を法的に清算する。この場合は、②は、清算のためなので、特別清算の利用としては、部分的形式的には本来型といえるが、全体的実質的には再建のための利用の一部を担うということができる。

　事業譲渡、会社分割を特別清算手続前に行う理由は、法的手続では種々の形式的な制約を生ずることがあるので、法的手続に入る前になるべく多くの処理を行って（**事前調整**）、法的手続内で行うことを減じ、全体として、簡明・迅速に処理を進めるためである。ただし、この処理が合理的であることが債権者に理解されるようでなくてはならない。そうでないと、後の特別清算手続において、協定案の同意が得られない。

　特別清算手続は、上記のように、私的（任意）整理がなされた後の仕上げとしても用いられる。

2　実例

　平成6年から同11年にかけて行われた債務整理・事業再建手続の実例の

中で、本章との関係で要点となる部分について、事案を簡明に紹介する。

清涼飲料の自動販売機のオペレーションを行っていた企業（A）が、醸造関係の食品の会社を買収してその分野に進出しようとし、さらにはファイナンス会社、不動産会社も立ち上げていたところ、これらが過大な投資となって経営困難を生じた。

そこで、Aグループについて、上記本業に回帰する中で、①スポンサーによる支援を得て新会社（B）を設立し、②Aの事業をBに譲渡し、③Aの債権者（C）に対し、Aの債務をBが免責的に引き受けるスキームを立て、④Aを解散して、⑤特別清算を申し立て、⑥上記③に沿った後記の協定案の可決認可決定を得て、⑦同認可決定確定日にCとBとの間で**免責的債務引受契約**を締結するというものであった。

協定案は、(イ)協定対象債権額1063億余円、(ロ)Bが買い受ける資産に対する担保権付債権額、(ハ)処分予定資産に対する担保権付債権額をそれぞれ確認し、(ニ)上記(イ)から(ロ)(ハ)を控除したものが一般債権額となり、(ホ)上記(ニ)の○％をBが債務引受をすることとし（残額を免除）、(ヘ)Bは(ロ)と(ホ)の合計を債務引受するという内容である。

なお、前記食品会社は自立させ、ファイナンス会社、不動産会社は清算するというものであった。

上記例は、特別清算前に事業譲渡を行ったケースであるが、全体として見て、特別清算を再建に利用している。

3　結語

手続自体に関していえば、特別清算では債権額の3分の2の賛成を要することの負担に比し、現下の民事再生の監督下の手続では、同手続の方が比較して使い勝手が良いという状況かと考えられる。しかし、事案により、あるいは処理を全体的に考えて特別清算（私的手続との組み合わせのケースも含め）の方が便宜な場合もあろう。

Column 15
すぐに行動すべき場合とゆっくり行動すべき場合

　弁護士の業務活動を行っていて、すぐに行動すべきこと・場合とゆっくり行動すべきこと・場合が生ずる。手慣れた弁護士であれば、これを直感的に判断して適切に行動する（もちろん行動前・中・後において必要な考察を加える）。

　ここで、その区別の基準について考えてみる。

　まず、行動の基準として、すぐに行動すべき場合は、逆にいえば、時間が経つと当方にとって不利になる場合でもある。この要因は2つ考えられる。1つは、客観的な経済状況等が不利になる場合であり、もう1つは、相手方が早くまとめたいと思い、当方もそれに乗っていけばよい場合などである。これに対し、ゆっくり行動すべき場合は、例えていえば、ジャンケンの後出しにできるような場合である。具体的には、状況をじっくり観察していれば、相手の考えていること、さらには打つ手が分かったり、客観的な状況が当方に有利に進みそうな場合である。

　これを反対に、すぐに行動すべき場合にその決断をしないと、時宜を失することになる。決断しない理由が、躊躇、慎重、検討、考慮などいずれであっても、行動に「No」を選択したことと同じ結果になることに留意しなければならない。ゆっくり行動すべき場合に早とちりすると、当方の弱点・手の内を先にさらけ出すことになる。同様な意味で、知っているからといってしゃべり過ぎは不可であるし、文書などを出す場合、書き過ぎも不可である。

　次に、ケースについて、どのようなケースがすぐに行動すべきか、あるいはゆっくり行動すべきかについて考えると、当然とはいえ、ごく一般的には、当方の権利を満足させる（例：金銭の取得）ためには迅速に行動すべきであり、当方の義務を果たす（例：金銭の支払）ためには慎重に行動すべきことになる。

　一般的には、上記のようにいえても、実際には種々の要因がからみ、またその要因のウエイトも異なり、最善となる行動をとることは必ずしも容易ではない。しかし、このセンスを、失敗を反省しつつ、身につけるようにすべきなのである。

　以上のことは、日常の社会生活においても成り立ちえよう。

補章　事業再生への知的財産権の利用

　本章は、清水直編著『企業再建の真髄』(2005年) p.763の拙文「企業再建と知的財産権」を、本書の他部分との関連等を考慮して一部を削除するなどし、手直ししたものである。

1　はしがき

　知的財産権は、事業の再生（企業の再建）にとどまらず、企業の経営に不可避の重要性を有するものである。本章では、「事業再生に関連するあるいは役立つ知的財産法制」という視点で述べる。知的財産権は、産業財産権、著作権等から成り、産業財産権は、特許権、実用新案権、意匠権、商標権から成る。ここでは、典型的な知的財産権である特許権を中心として述べる。

　ところで、特許権の対象となる発明とは「自然法則を利用した技術的思想の創作……をいう」（特許法§2Ⅰ）。自然法則とは本来物理と化学の法則である。しかし、近年コンピュータで処理するビジネス方法が特許化できることになり（ビジネスモデル特許）、その結果、非製造業（例：金融業、流通業）あるいは非製造部門でも特許取得の可能性が生ずるようになった。

2　事業再生における知的財産権の有用性

(1)　NHKのテレビ番組

　「倒産からの復活」（平成14年4月放映）、「負けてたまるか　倒産から復活奮闘記」（平成14年7月放映。続編）は、次のような事案である。
① 　金属加工プレス、板金加工、精密部品加工、カメラ販売、運送などの業務を営む11社は、いずれも倒産会社の元従業員が未払いの給料・退職金などの債権に基づいて会社の機械を取得し、工場は、倒産会社から競売に

よって取得した新所有者から借り受けて(競売中もある)、いわゆる自主再建を行っている。これら11社は、いずれも中小企業で、協力し合って自主再建ネットワークを作っているが、**異業種ネットワーク**であることに特徴がある。現代表者は、元の営業部長や工場長などである。

このグループのうちの金属加工プレス会社、板金加工会社、精密部品加工会社が協力して、介護を要する老人を車椅子に乗せたまま自動車の後部ドアから自動車に乗せるためのリフトを製作する件について述べる。

② このような介護リフトとして、従来の大企業の製作するものは油圧式で高価なので、安全性を損ねずに格安なものを製作して欲しいという依頼を受けた。

前記3社は、これをワイヤー式(チェーン式)で製作することとし、金属加工プレス会社が設計・組立てを担当し、板金加工会社が板金・溶接を行い、精密部品加工会社が安全ストッパーを作ることになった。安全ストッパーとは、もしワイヤーが切れたりした場合に車椅子を乗せる台が落下しないように止めるための精度の高い安全装置である。

3社がこの介護リフトの開発に取りかかったのは、将来、福祉、環境などは需要が見込まれる分野であり、特に介護については有力と予想され、この開発に成功すれば今後有望な事業展開ができるということにあった。

番組のゲストの大学教授も、第1に、本件のような異業種ネットワークでは、単独企業では困難な自主再建も期待でき、第2に、本介護リフトについては、人に密着しているので中国などとの間の価格競争にさらされず、ニーズが多様になるため多品種少量生産となって中小企業に合い、選んだ分野が良い、とコメントしている。

番組で会社従業員の言った「少ロットで良いものを作り、隙間にもぐり込んでいこう」の言葉に留意してよい。

③ ところが、ここに1つの問題がある。

それは、この介護リフトの技術を**特許**として**権利化**することを検討しておかなければならないということである。

この介護リフトの技術が権利化できるか否かについては、ワイヤー（チェーン）で車椅子を上下させることは公知であるが、これに安全ストッパーを組み合わせて従来のものと比較し安全性を維持しつつ格段に安価にできる（優れた作用効果）ということであれば、全体として特許化の可能性はあり、また機構によっては安全ストッパーなどの部分についても権利化の可能性がある。

　特許権は、技術の公開と引換えに得られる出願後20年間の排他的独占権である。

　「安く早く多量に」というのみでは、中国など海外からの製品に太刀打ちできないことは誰の目にも明らかであり、「高付加価値化」が求められている。そして高付加価値のものを開発したなら、これをできる限り権利化して、一定期間の独占を図って投下資本の回収・次の開発費用のための利益をあげなければならない。逆にいうと、このような点の配慮が乏しかったことが、前記企業の従来の倒産あるいは業績低迷の原因の1つであった可能性もある。したがって、権利化について考えないことは、「いつか来た道」として同じ過ちを繰り返すことになる。

④　さらに、特許となるためには、その技術が公知であってはならない（新規性が必要）。したがって、新技術（発明）については、展示会あるいは製品として発表などする前に技術的アイデアがまとまった段階で特許出願しなければならない。この点で、テレビ放映では「展示会に出品予定」とあったが、その前に特許出願しなければならないし、放映の映像・説明によっても、技術（発明）内容が分かるものであれば公知ということになってしまう。注意しなければならないのは、自分が自分の技術を開示したのであっても、後にその技術は権利化できないということである。

(2)　知的財産権の有用性

　番組でも現れていたように、企業再建、特に中小企業、ベンチャー企業などのそれにおいて、製品・プロセスの高付加価値化、それを生み出すための

業種横断的な視野、営業政策として多品種少量生産、**隙間(ニッチ)産業**へのねらいなどが着目される。なお、隙間産業とは、既存の企業が進出していない分野を見出し、そこを事業対象とする産業である。

ここにおいて、特に技術はあったが経営の失敗により倒産した場合(技術もなければそもそも再建は難しい)に、できる限り開発技術(製品・プロセス)の特許化を図ることは極めて有用である。

3 再建中の企業における知的財産権の取得・活用

(1) 特許権の取得

① 職務発明

(イ) 特許法§35は、職務発明について次のように定める。

職務発明は、従業者による、使用者の業務範囲に属し、かつ使用者における職務に属する発明である。職務発明は、原則として従業者が特許権者、会社は無償の通常実施権者となる(1項)。

勤務規則(就業規則)等で特許を受ける権利(特許権成立前のもの)の予約承継を定めた場合のみ、会社が特許権者となる(2項)。

従業者は、職務発明について使用者に特許を受ける権利を承継させたときは、相当の対価の支払を受ける権利を有する(3項)。

対価を決めるにあたっては、会社と従業者との間の合意が重視される(4項)。

対価の定めがない場合か、あっても不合理な場合に、対価の額は使用者の受ける利益、使用者が負う負担、貢献及び従業者の処遇等が考慮されて定められる(5項)。

特許法§35は、職務発明の「相当の対価」を求める訴訟の多発を受けた産業界からの要請等を容れて、平成16年5月に改正された(同17年4月1日施行)。

(ロ) 再建中の企業は、一般的に知的財産権に対する配慮に乏しかったことも多いと考えられ、職務発明の権利の予約承継の定めが設けられて

いないことも多いと考えられる。しかし、一方で発明を奨励すると同時に、他方でその権利関係を明らかにする上からも予約承継規定を含む職務発明規定の整備は必要である。

(ハ) 著作権(職務著作)については、特許権とは原則が逆になり、契約、勤務規則に定めがなければ、使用者が著作権者となり、プログラムの著作物については使用者が著作権者となるについて、更に要件が緩和されている(著作権法§15ⅠⅡ)。

② 発明・特許の奨励

再建中の企業において、発明・特許の奨励のための発明報償(報奨)制度の整備も必要である。発明報償制度は、発明の出願、登録、実施(自己実施、実施許諾)などの各段階に分けて報償金を出し、場合により特別金を加える例が多い。発明者の表彰制度(例：社長表彰)の活用も考えられる。

③ 特許取得、さらには技術戦略について触れる。

本③の技術戦略、次の(2)①、②の経営戦略については、必ずしも再建中の企業に関してには限られない。しかし、一般に再建を目指すについて、極めて有用な視点と考えるので、簡潔にではあるが、述べる。詳しくは、拙著『知的資産経営の法律知識—知的財産法の実務と考え方—』(2009年)p.211〜214、217、228〜238を参照いただきたい。

(イ) 特許庁の特許電子図書館(次のアドレス)において、先行の公開特許公報、特許(公告)公報の検索ができる。http://www.ipdl.inpit.go.jp/homepg.ipdl

なお、全ての特許出願について、1年6か月後に出願公開され、特許要件、すなわち(i)新規性(公知でないこと)、(ii)進歩性(公知の物・方法から容易に発明できないこと)、(iii)産業上の利用可能性等、の審査を経て特許査定される。したがって、公開公報は技術情報、特許(公告)公報は権利情報の性質を持つといわれる。

(ロ) 再建中の中小企業について、さきにp.235〜で異業種ネットワー

クのケースについて述べた。現在では、大学側にも産学連携の動きが強いところから、技術によっては、大学その他公的研究機関(例：TLO)への委託研究、これらとの共同研究も検討しても良い。

いずれにしろ、他と差別化できる技術・権利を取得し、顧客の需要に応えられる製品を製造販売できるようにせねばならない。

(2) 特許権の活用

① 特許権の効果

特許権の効果として、(イ)技術の創作の結果、製品の品質が高度であることが示される。また、その技術から、さらに新しい技術の開発が期待される(高品質表示・新技術開発機能)。(ロ)新技術分野への他企業の参入が防止され、販売量が増え、高品質とも併せて価額の維持が図られる(排他独占機能)。

② 特許権を利用した経営戦略

特許権の効果を機能的に生かした経営戦略が重要である。特に中小企業においては隙間(ニッチ)産業がねらいであり、そこを特許権でカバーできれば極めて効果的である。

③ 専用実施権、通常実施権

特許権者はもちろん特許発明を実施(製造、販売、利用等)できるが、特許権者から専用実施権の設定・通常実施権の許諾を受けた者も、その実施をなしうる。専用実施権は、登録を効力要件とする物権的な利用権であり、通常実施権は、債権である利用権で、登録は対抗要件である。通常実施権のうち、ある者に対してだけ独占的に実施を許諾するものは、独占的通常実施権である。実際には専用実施権に比し、通常実施権が圧倒的に多い。

再建中の企業は、自ら技術開発をして特許取得できれば最も良いが、時間的・資金的・人的に余裕がない場合、必要な技術の全部または一部を特許権者から実施許諾(ライセンス)を受けることを考えて良い。

4　特許関係費用の減免制度

(1)　特許取得にあたっての費用

(イ)出願料、(ロ)審査請求料、(ハ)特許料(年金)が掛かるが、このうち、(ロ)、(ハ)について一定の要件を備えた中小企業、ベンチャー企業については減免の制度が設けられている。なお、特許は出願後、3年以内に審査請求をし、特許要件の審査がなされて特許査定され、特許料(最低で3年分)を支払って登録され、権利は出願後20年間存続する。ちなみに、審査請求料は、発明等の単位を示す請求項が1つの特許では、172,600円で、請求項が1つ増す毎に4,000円増す。特許料は、最初の3年間が、請求項が1つの特許では年額2,500円で、請求項が1つ増す毎に200円増す。4年目以降特許料は逓増し、第4から第6年で年額7,600円、第7から第9年で同23,100円、第10から第25年までは同66,400円となる(平成20年6月1日施行)。

(2)　審査請求料、特許料の減免

中小企業、ベンチャー企業が審査請求料、特許料の減免を受けられる要件及び減免の程度は、次のとおりである。

これら減免の制度について、一般に必ずしも知られていないのみでなく、現実に出願に係わる弁理士においても小まめに依頼者(出願人)のために説明しているとはいい難いようである。

企業再建にあたって留意して良い点である。

① 法人を対象とする措置の創設

減免制度を利用可能な対象者は、次の要件に該当する法人(資力に乏しい法人)である(特許法§195の2、109)。要件に該当する場合、申請により、審査請求料は2分の1に軽減され、第1～3年分の特許料につき3年間の猶予が認められる。

(イ)　当該発明が職務発明であること

(ロ)　職務発明を予約承継した使用者等であること

(ハ) 資本金3億円以下であること
(ニ) 法人税が課されていないこと
(ホ) 他の法人に支配されていないこと

② 特別法による対象者の拡大

産業技術力強化法及び中小企業のものづくり基盤技術の高度化に関する法律(以下「中小ものづくり高度化法」という)等の施行により、次の要件に該当する研究開発型中小企業につき、申請により審査請求料と第1～3年分の特許料がいずれも2分の1に軽減されることとなった(産業技術力強化法§18、中小ものづくり高度化法§9)。

(イ) 当該発明が職務発明であること
(ロ) 職務発明を予約承継した使用者等であること
(ハ) 研究開発要件について、次の(i)または(ii)を充たすこと
　(i) 試験研究費等の比率が収入金額の3%超であること
　(ii) 一定の認定事業等の成果に関する出願であること
(ニ) 中小企業要件について、次の(i)または(ii)を充たすこと
　(i) 資本の額または出資の総額が次の額以下

製造業・建設業他	3億円
卸売業	1億円
小売業・サービス業	5千万円

　(ii) 従業員数は業種により次の人数以下

ゴム製品製造業	900人
製造業・建設業他	300人
旅館業	200人
卸売業・サービス業	100人
小売業	50人

研究開発型中小企業(ベンチャー企業)において、特許化に掛かる費用負担の問題が大きいことから特許の取得が進んでいないため、研究成果の特許化を通じ、新たな事業活動の展開を図るために軽減された。

5　知的財産権の利用と倒産法制

　知的財産権の実施・使用（許諾）契約（ライセンス契約）において、特に問題となる知的財産権者について倒産手続（破産手続、民事再生手続、会社更生手続）が採られた場合の知的財産権の利用関係について述べる。

　知的財産権者（ライセンサー）――実施・使用権者（ライセンシー）

(1)　問題の所在
　双務契約について破産者（再生債務者、更生会社）及びその相手方が破産手続開始（再生手続開始、更生手続開始）当時、共にまだその履行を完了していないときは、破産管財人（再生債務者、更生管財人）は契約を解除し、または破産者（再生債務者、更生会社）の債務を履行して相手方の債務の履行を請求することができる（破§53Ⅰ、民再§49Ⅰ、会更§61Ⅰ）。
　ライセンス契約が「**双務契約**」であることは、ライセンサーはライセンシーに対して権利の使用をさせる義務を負い、これに対してライセンシーは使用料の支払義務を負うからであり、「未履行」とは、未だ使用が継続中であるからである。
　このライセンス契約において、ライセンサーの倒産とライセンシーの倒産の場合があるが、実務上、特にライセンサーが倒産して破産手続等が採られ管財人が解除を選択した場合に、ライセンシーがその権利（技術）を利用できなくなってしまうことが問題と考えられた。ライセンス契約が締結された場合、設備投資も行われ、その権利を使用して事業が展開されることが多い。またベンチャー企業等に対する影響も強いと考えられるからである。

(2)　破産法の改正
　①　平成16年改正の破産法では、新たに§56Ⅰの規定が設けられ、破産
　　管財人の解除権を制限することにより、対抗要件を備えたライセンシー

等の利用権の保護が図られた。
② この「対抗要件」については、次のように考えられる。なお、破産管財人は第三者である。再生債務者も第三者と考えられる。
　(イ)　特許権、商標権について、専用実施権・専用使用権は、登録が効力発生要件で物権的権利であるため、そもそも破§53の適用を受けないと考えられている。
　(ロ)　特許権、商標権の通常実施権・通常使用権は、登録をすれば、破§56Ⅰにより、同§53が適用されず、管財人が権利を処分してもライセンシーは譲受人に対抗できることになる。
　　しかし、通常実施権の登録制度は、(i)産業界にはライセンス関係自体を秘密にする要請が強く、(ii)ライセンス契約の多くは特許権を特許番号で明確に指定せず技術分野で特定するものであり、(iii)また通常実施権の登録のコストが高いため、ほとんど利用されていない。その結果、ほとんどのライセンス契約は破産法の改正がなされても適切に保護が受けられない。
　(ハ)　著作権の利用権については、対抗要件としての登録制度がなく（著作権の移転については登録が対抗要件）、破産法改正によっても適切な保護が受けられない。
③ ①の破産法改正に伴い、再生手続及び更生手続においても同様の手当てがなされた（民再§51、会更§63による破§56の準用）。

(3)　ライセンサー（倒産）の解除権の制限の必要と衡量

　倒産手続におけるライセンサーの解除権の合理的な制限について、ライセンサーとライセンシーの義務の履行等の衡量を踏まえた解釈論、具体的解決法を検討する。
① 要は、破§53Ⅰ、民再§49Ⅰ、会更§61Ⅰの条文の文言通りに、ライセンス契約の(イ)一方的な解除か、(ロ)そのままの継続かを選択・適用するのでは、一般に、(イ)であれば問題とされてきたように、相手方の不利益が

大きく、㈺であれば処分・再建に負担となろう。したがって、その中間の合理的な解決法を探ろうということである。

　これについて、(i)解除によるライセンシーの不利益が著しければ、権利濫用により解除を抑え、(ii)ライセンサーの義務の履行が困難であれば、一部の解除、一部の履行を認めることが妥当と考えられる。

② 具体的な解決法は次のようになろう。
　㈵　破産手続

　　破産者(ライセンサー)の全ての財産は換価処分されて、ライセンサーは法主体として消滅する。したがって、ライセンシーの利用権の保護の必要があっても、ライセンサーに、技術指導、改良技術の提供等の義務がある場合(これがあることが多い)、ライセンサーはこの義務を履行できない。その結果、履行の範囲は限られ、ライセンシーは実施料の減額の請求ができることになる。

　㈺　民事再生手続

　　再生債務者(ライセンサー)は事業を継続して再建を目指すので、ライセンシーの利用権を保護すると同時に、ライセンサーの前記義務の履行の可能性がある。しかし、ライセンサーは事業の再編を行い、再建を目指す立場にあるので、この義務の履行により再建が制約されてはならない。そこで、この義務の不履行の程度によってライセンシーの実施料の減額請求が認められることになる。これはライセンス契約をいったん合意解除して新たに合理的な契約を設定(あるいは契約を変更)することによってもなされうる。

　　再生債務者が事業遂行・財産管理を行うが、これを更生管財人と同様に「公平かつ誠実に」行わねばならない(民再§38Ⅱ)。したがって、双務契約の解除・履行の選択も適切になさねばならない。実際には、少なくとも再生計画案の認可までは監督委員の同意を要することが多いと思われ(民再§54Ⅱ)、その合理性・客観性が担保されよう。新たなライセンス契約の設定についても同様である。

(ハ) 会社更生手続

更生会社(ライセンサー)は事業を継続するので、民事再生手続について述べたところが同様にあてはまる。

管財人が事業遂行・財産管理を行うので、客観的合理的な解決が期待できよう(会更§80)。

③ 以上の解決をするために、ライセンシーがいかなる要件を備えていなければならないかを考えるに、倒産手続における全債権者間の公平という視点も容れなければならない。そこで、破§56Ⅰで、「登記、登録その他の第三者に対抗することができる要件を具備した場合」に破§53の適用が除外されると明記された(反面として「対抗要件」を具備していない場合の保護が難しくなったとも考えられる)。

(4) 特許法改正も含めた手当て

① 知的財産権の利用権者(ライセンシー)の保護を進めるため、知的財産権法の改正について、未登録の通常実施権等、現行法上、第三者への対抗要件を有しないライセンスも含め、ライセンサーが倒産した場合やライセンサーが権利を第三者に譲渡した場合にライセンスを保護する制度について、前記破産法の改正を踏まえ、知的財産権法における第三者対抗要件制度の見直しに関する検討が行われ、平成20年特許法改正(平成20年4月11日成立、平成21年4月1日施行)により、次の制度が設けられた。

第1に、従来、実施権の登録は、特許権成立後にのみ可能であったが、特許出願段階におけるライセンスを保護するために、新たに「仮専用実施権」・「仮通常実施権」が設けられ(特許法§34の2、§34の3)、仮専用実施権については、専用実施権と同様に登録を効力発生要件とし(特許法§34の4)、仮通常実施権については、登録を対抗要件とすることにより、ライセンシーの保護が図られた(特許法§34の5)。

第2に、産業界のライセンス関係自体を秘密にしておきたいという

要請に応えるために、**通常実施権**及び**仮通常実施権**にかかる登録記載事項のうち、対外的に秘密にしておきたいとの要望が強いライセンシーの氏名、通常実施権の範囲等の登録事項の開示を、ライセンス契約当事者、破産管財人等の利害関係人に限定した（特許法§186Ⅲ、実用新案法§55、特許法施行令§18、実用新案法施行令§4Ⅳ）。ただし、専用実施権・仮専用実施権は、独占排他性を有する強い権利であり、第三者に与える影響が大きいため、公示の必要性が強いことから、全ての登録事項が開示されている。

② なお、2009年1月に設置された「特許制度研究会」は、同年12月に出した報告書「特許制度に関する論点整理について」の中で、通常実施権の存在の立証により、第三者に対抗可能とする当然対抗制度の導入を提言している。筆者も、この案に賛意を覚える。

③ この問題について、米国連邦倒産法第11章中の365条(n)では、ライセンサーの再生・更生の利益とライセンシーの権利（技術）利用の利益とのバランスを図っている。

(5) 倒産に関しての知的財産権の利用についての他の問題

倒産者が知的財産権の共有者として共有持分を有する場合に、その持分を譲渡またはその持分について第三者に実施権の許諾・設定をするには、他の共有者（相共有者）の同意を要する（特許法§73ⅠⅢ）。譲渡について、競売であっても同様である。

すると、特に破産手続においては、必ず、その知的財産権を処分して清算しなければならないため、相共有者の同意が不可欠である。ところで、実際に、管財人となり、あるいは持分の買い取り希望者の代理人となって相共有者と交渉した経験によると、相共有者の同意をとることは困難で、場合によると相当な金額を要求されることがある。これは、次の理由によるものと思われる。①管財人から共有特許の代金分割または価額賠償による分割請求をなしうるが（民法§256、258）、そのための協議が調わないときは、裁判所

に申し立てて請求することになり、費用と時間を要するので、対象となる知的財産権の価値にもよるが、実際には、請求をなし難いことが多い。②管財人が持分を放棄すれば相共有者はその持分を取得できることになる（民法§255）（その分、特許料、登録料等は負担することになる）。

本書 p.229 で述べているように、㈲倒産した場合にも、倒産者の「モノ」は極力利用した方が社会経済的に望ましく、その点では、相共有者の同意を不要とする方向が望ましい。㈹他方、特許法が相共有者の同意を必要としているのは、共有特許が生じたことについては、共有者間に人的・技術的・経済的関係があったので、これを保護しようとするものである。

これについて、米国特許法では、共有特許の共有持分の譲渡、第三者への実施権の許諾・設定について相共有者の同意を必要としない。特許権の流通性・利用の便宜を考慮したものと考えられる。

そこで、我が国においても、少なくとも破産手続において管財人が共有特許の持分を譲渡する場合には、相共有者の同意を不要とする立法的な解決が検討されてよいと思われる。破産の場合には、上記㈲の理由に加えて、破産者の総括的な財産の処分と清算の必要があるからである。

共有特許の持分の競売の場合にも、相共有者の同意の要請を緩和する手立てが検討されてよいと思われる。

一般に、特許権は、技術開発の進展・蓄積の中で生じ、1つの権利のみで孤立しておらず、他の権利と関連することも多い。したがって、1つの共有特許の処分が困難になると、他の関連する特許も生かせず、蓄積した技術資産を有効に利用できなくなってしまう。例えば、共有特許が基本的なものであると、これに関連する応用的な特許は、その共有特許がなければ、実施が困難というケースが生ずる。すると、これら応用特許は共有でなくても利用・処分が困難となる。このような事態は、特許権の担保化も含めて、投下資本の回収に不利となる。ひいては社会経済的な損失でもある。

6　知的財産権の価値評価、担保化・その実行

(1)　知的財産権の価値評価

① 知的財産権の価値評価方法として、(イ)知的財産権の取得に要したあるいはそれを再構築するコストで評価する方法(**コスト法**)、(ロ)類似の取引との比較(時価)で評価する方法(**マーケット法**)、(ハ)知的財産権から得られる収益で評価する方法(**インカム法**)がある。これらは、例えば不動産鑑定評価における、(i)原価法、(ii)取引事例比較法、(iii)収益還元法に対応する。

　知的財産権では、不動産などと異なり、対象となる権利の類似の取引が少ないことから、マーケット法の適用は難しく、またその取得に要するコストは、その現在価値を必ずしも反映していない(コスト法)。そこで、インカム法が多く用いられる。そして、そこにおける考慮事項が、収入、将来の時間(DCF、すなわちディスカウント・キャッシュ・フロー法)、リスク、意思決定の柔軟性、リスクの変動等、次第に増えた方式が開発され、現在では、オプション取引で用いられるブラック・ショールズ方程式を用いる方式にまで至っている。しかし、将来を予測した技術の価値を算出するには、変数として技術の市場価値等を代入せねばならないが、その算定は難しい。一般に、知的財産権の売買価格は、コスト法、インカム法によることが多いとされ、担保価値評価にはインカム法が適当とされ、財務会計上の評価、法人税法上の評価としてはコスト法が重視される。

　特許権のみでなく、他の知的財産権の価値評価としては、ブランド(商標権他)価値の評価も重要である。この場合、いかに顧客を吸引できるかなどというマーケティング的要因も考慮されることになる。コンピュータプログラム、コンテンツなどの著作権も、担保化の前提などとしてその評価が問題とされている。

② 企業再建において、企業の資産を適切に評価して最大限に活用するこ

とが、極めて重要であることは論をまたない。そして、特許権、著作権などの知的財産権が高く評価される場合には、これらを他社へ売却したり、担保として資金調達を行ったり、さらにはその証券化を図る(これら資産を対象とするので企業の信用状態とは切り離しうる)などして再建に役立てることが考えられる。例えば、経営は失敗したが、技術(特許権)には評価すべきものがある企業などにおいて特に留意すべきである。

　また一般に、再建中の企業においては、従来、知的財産権を正しく評価する視点に乏しかったケースも多かったと思われるが、より客観的に評価し、経営に役立てようとする視点が大切である。

(2)　知的財産権の担保化とその実行

① 担保化について
  (イ) 質権
  (ロ) 譲渡担保
② 担保権実行について
  (イ) 質権
  (ロ) 譲渡担保
③ これまで我が国において金融機関が評価する担保は、不動産が中心であった。しかし今後、企業ニーズに応えた多様なファイナンスの迅速な提供が強く要請されている。他方、ベンチャー企業では、通常、土地建物などの有形資産を持っておらず、財産は、従業員等によって生み出された技術や著作物などの無形資産である。

　そこで、企業の再建にあたっても、これら無形資産に担保価値を見出して、知的財産権を担保とした融資を積極的に推進していくことが考えられる。

資 料

序　章

資料1

再生支援契約書

甲：○○
乙：△△

　上記当事者は、乙が、現在民事再生手続中の甲の再建を支援することに関し、次のとおり再生支援契約(以下「本契約」という)を締結する。

第1条(目的)

　本契約は、甲が営む○○事業、……及びこれらの事業に付随する一切の事業(以下、個別にまたは総称して「対象事業」という)を、乙の支援の下、民事再生手続により再建することを目的とする。

第2条(乙の支援)

1　前条の目的を達成するため、甲は、乙を対象事業の唯一かつ単独の再生支援者(スポンサー)として選任し、乙をスポンサーとして再生債権の一定額につき免除を受ける内容の再生計画案を提出し、乙は、再生手続において、甲の経営再建を支援する。

2　甲は、第4項各号に定める内容を盛り込んだ再生計画案(以下、単に「再生計画案」という)を、平成20年○月○日までに東京地方裁判所(以下、単に「裁判所」という)に提出する。

3　甲は、再生計画案の提出に先立ち、再生計画案の内容につき、あらかじめ乙に確認を求める。

4　乙による支援のスキーム及び再生計画案の内容は次のとおりとする。

(1)　乙は、本契約締結日において、甲代理人弁護士□□に対し、同人の指定する預り口座宛に金1000万円を証拠金として預託する。

(2)　甲は、再生計画において、甲の発行済株式○○株全部を無償で取得した上でこれを全て消却する(以下、「本件消却」という)。

(3)　甲は、再生計画において、乙を割当先として、次の内容の第三者割当増資を行い、乙は出資金を払い込む。

①　募集株式の数	○○株
②　募集株式の払込金額	1株につき金○○円
③　増加資本金額	金1000万円
④　募集株式と引換えにする金銭の払込期日	平成21年○月末日

(4)　甲は、再生計画において、資本金○○万円の全額につき、前号の募集株式と引換えにする金銭の払込みがされることを条件として、その払込期日に、資本金の額を減少する旨を定める。

(5)　甲は、前(2)(3)(4)号を内容とする再生計画案の提出に先立ち、または同時に、民事再生法166条1項及び同条166条の2第2項の規定に基づく許可を裁判

所より取得しておくものとする。
 (6) 乙は、甲に対し、再生計画に基づく弁済等を行う資金として、次のとおり金6400万円の融資(以下、「本件融資」といい、貸付金を「本件融資金」という)を行う。ただし、乙に資金的余裕が生じた場合、予定より前倒しして甲に融資を実行することができるものとする。
　① 平成21年○月末日限り2000万円(ただし、1000万円については、本項(1)号の証拠金を充てる)
　② 平成21年○月から平成22年○月まで　毎月末日限り400万円ずつ
 (7) 乙は、本契約締結後、甲の事業遂行のために運転資金を要する場合、本件融資とは別途、甲に対する必要運転資金(以下、「本件運転資金融資」という)の融資を行うものとする。
 (8) 本件増資及び本件融資の実行は、甲の提出した再生計画案について再生計画認可決定が確定することを停止条件とする。
 (9) 甲は、前号の停止条件が成就しなかった場合、速やかに本項(1)号の証拠金1000万円を乙に返還する。

第3条(資金の使途、弁済時期)
 1　甲は、本件増資及び本件融資による支援総額7400万円(以下、「本支援総額」という)から、甲の再生手続の遂行に要する必要資金を控除した全額が、甲の共益債権者、一般優先債権者及び再生債権者に対する弁済の原資に充てられることを確認する。
 2　共益債権者及び一般優先債権者に対する弁済は随時行う。
 3　再生債権者に対する弁済は、第2条第4項(3)(6)の計7400万円から、同(3)④、(6)①②記載の入金条件を踏まえて行い、同入金終了後速やかに弁済終了するように行う。ただし、弁済実施時に未確定の債権が存する場合、甲及び乙は、未確定債権者に対する弁済予定額を甲代理人弁護士□□に預託するものとし、同人は、未確定債権が確定次第速やかに甲に代わり弁済を実施するものとする。

第4条(従業員の取扱)
　乙は、甲の従業員全員の雇用を維持するものとし、従業員の給与その他の待遇については、原則として甲の現行水準を維持するものとする。

第5条(確認事項)
 1　乙は、本契約締結時点において、乙の買収監査は完了しており、追加の買収監査は必要ないことを確認する。ただし、本契約締結後、甲の事業運営上、重大な事項が生じた場合、甲は、合理的な範囲内で、乙に対し関連資料を開示するものとする。
 2　乙は、本件増資及び本件融資の実行は、甲の現状有姿にて行うものであることを了承し、甲の資産に存する瑕疵、甲に対する課税その他の甲の事業または財産に影響を与える事由があったとしても、本支援総額に何ら影響しないことを承認する。
 3　乙は、甲、甲の役員、甲の従業員、甲の代理人等が、本契約に関する情報の

提供並びに本契約に係る交渉、締結及びその履行等に起因してまたはこれに関連して、乙に対し、何らの表明・保証を行うものではなく、かつ、損害賠償責任を含め、何らの責任を負うものではないことを異議なく承諾する。

第6条（善管注意義務）

　甲は、本契約締結日以降、本件増資及び本件融資が実行されるまでの間、善良なる管理者の注意をもって、本契約締結日現在の営業の現状を維持して、通常の営業のみを行うものとする。甲は、乙の事前の同意を得ない限り、甲の事業価値に悪影響を及ぼす事項または通常の業務の範囲外の行為を行わないものとする。

第7条（解除）

　甲及び乙は、以下の各号に定める事由が生じた場合、他方当事者に対する書面による通知により、本契約を解除することができる。

(1) 再生計画案が再生手続における債権者集会で否決された場合
(2) 再生計画案が裁判所に認可されなかった場合
(3) 再生手続について廃止決定がなされた場合
(4) 甲について破産手続開始決定または更生手続開始決定がなされた場合
(5) 一方当事者が本契約に定める重要な義務に違反し、かつ他方当事者がかかる違反の治癒を求めたにもかかわらず、その求めた日から2週間以内に当該違反が治癒されなかった場合

第8条（違約金等）

1　前条各号に基づき本契約が解除された場合において、その解除事由が当事者の故意または重大な過失により生じたときは、相手方当事者は、これにより発生した損害（義務違反行為と相当因果関係のある損害に限られる）を賠償するものとする。

2　乙の違反により本契約が解除された場合の甲の損害額は金1000万円と予定するものとし、甲は、第2条4項(1)号に基づき甲代理人弁護士□□に預託された証拠金をもって、上記損害金に充当することができるものとする。ただし、上記損害額の予定は、甲の損害額が予定額を上回る場合の乙に対する損害賠償請求を妨げるものではない。

第9条（遅延損害金）

　本契約に基づく金銭債務について、各当事者が本契約により支払うべき日（以下「約定期日」という）までにその支払をなさなかった場合には、当該約定期日の翌日から実際の支払日まで、当該金銭に対し、年14.6％の割合による遅延損害金を付加して支払うものとする。

第10条（費用負担）

　甲及び乙は、本契約の他の条項において特に定める場合を除き、本契約に関して各当事者に課される公租公課その他の費用を各自支払うものとする。

第11条（秘密保持義務）

1　甲及び乙は、本契約締結日から3年間、本契約の交渉及び履行の過程において他方当事者より秘密情報として受領した情報並びに本契約の締結の事実及び

内容については、法令に基づく場合を除き、事前に相手方の書面による承諾なくしてこれを第三者に開示、漏洩または公開せず、また本契約の目的以外に利用しない。ただし、本契約の締結または履行のために、それぞれの弁護士、公認会計士、税理士、ファイナンシャルアドバイザーその他秘密保持義務を負う専門家に対して開示する場合及び乙が乙の関連会社に開示する場合は除く。
2 前項に基づく義務は、受領当事者において、次のことを証明できる場合には適用されない。
① 受領当事者が開示当事者から受領する前に自ら適法に保有していた情報
② 受領当事者が開示当事者から受領する前に既に公知となっていた情報
③ 受領当事者が開示当事者から受領した後、当該受領当事者の責めによらずに公知となった情報
④ 受領当事者が正当な権利を有する第三者から秘密保持義務を負うことなく適法に入手した情報
⑤ 裁判所、監督委員等の甲の民事再生手続における関係機関に対し、当該再生手続上必要とされる範囲で開示する場合

第12条（契約上の地位の移転）
甲及び乙は、相手方の事前の書面による同意なくして、本契約上の地位及びこれに基づく権利・義務の全部または一部につき、直接または間接を問わず、第三者に譲渡、移転または担保権の設定その他の処分をしてはならない。

第13条（準拠法及び専属管轄）
1 本契約は、日本法に準拠し、これに従って解釈されるものとする。
2 甲及び乙は、本契約に関する一切の紛争について、東京地方裁判所のみを専属的に第一審の管轄裁判所とすることに合意する。

第14条（誠実協議）
甲及び乙は、本契約に定めのない事項については、本契約の趣旨に従い、誠実に協議の上これを決するものとする。

本契約の締結を証するため、甲及び乙は、本契約書正本を2通作成し、各自記名押印の上、各1通を保有する。

平成20年11月10日

甲： 東京都○○区○○
　　 ○○
　　 代表取締役　○○

乙： 東京都○○区○○
　　 △△
　　 代表取締役　△△

(注) 第2条(10)として、次のような規定を設けることもある(p.109 ⑥参照)。「乙は、甲の再生計画に基づく債務の支払について、重畳的に債務引受を行うものとする。」

資料2　再生事件連絡メモ(法人・個人兼用)

再生事件連絡メモ(法人・個人兼用)　　H18.6.12 改訂

以下の事項に記入のうえ、ファクシミリで送信して下さい。　FAX 03－3581－2024
（送付書不要・**法人は代表者の資格証明**を，**個人は住民票**を添付してください）

申立人名 (法人・個人)	※現住所が住民票と異なる個人は現住所を併記してください。 (業種)
担当弁護士名 （連絡先）	TEL FAX
事務所名	
負債総額	約　　　億　　　万円　　予定債権者数　　　　　名
申立予定日	月　　日　　午前・午後　　時　　分頃
不渡り予定日	月　　日　　保全処分謄本必要数　　　　通

（保全謄本1通につき収入印紙150円分が必要です）

保全処分の主文(定型)は次のとおりです(個人を除く)。申立日と同日に発令になります。

再生債務者は、下記の行為をしてはならない。
記
、平成○○年○○月○○日（保全処分発令日の前日）までの原因に基づいて生じた債務（次のものを除く）の弁済及び担保の提供
　　　租税その他国税徴収法の例により徴収される債務
　　　再生債務者とその従業員との雇用関係により生じた債務
　　　再生債務者の事業所の賃料，水道光熱費，通信に係る債務
　　　再生債務者の事業所の備品のリース料
　　　１０万円以下の債務

特記事項(予納金分納の希望,定型と異なる保全処分の主文を要する場合等)

・債務者主催の債権者説明会の予定　　　月　　日(　)午前・午後　　時　　分
　　　　　　　　　　　　　　　場　所
・係属中の関連事件　　□なし　□あり(平成　　年(再)第　　　号)
・社債を発行している場合に社債管理者等の有無　　□なし　□あり

裁判所使用欄

平成　年(再)第　　号	担当書記官　A B C D E F G 主任裁判官　a b
予納金　　　　万円	監督委員
期　日　　月　　日(　)午前・午後　　時　　分	

資　料

資料3　民事再生事件申立書類提出要領

申立書類提出要領

　いずれの場合にも提出書類すべての写し1部（監督委員用）をあわせてご提出ください。
　保全処分申立てをする場合は，下記のほかに保全申立書，決定謄本提出先（金融機関）一覧表（住所付き）を裁判所用，監督委員用としてご提出ください。

(1)　法人

　申立書類は次のとおりご提出ください。
　提出された書類は，監督命令等の発令後は，当該事件の記録として利害関係人の閲覧謄写の対象になります**(提出方法については，必要があれば，事前に裁判所におたずねください。)**。

- ☐　開始申立書
- ☐　委任状
- ☐　定款の写し
- ☐　取締役会の議事録の写し
- ☐　資格証明書
　（申立日から1か月以内のもの）
- ☐　債権者一覧表　※1
- ☐　貸借対照表・損益計算書(過去3年分)
- ☐　資金繰り実績表(月別，過去1年分)
- ☐　資金繰り表(今後6か月間のもの)
- ☐　今後の事業計画の概要
- ☐　会社の概要説明(パンフレット等)
- ☐　労働協約または就業規則
- ☐　営業所及び工場の所在一覧表

(2)　個人

①　非事業者及び法人の代表者
- ☐　開始申立書
- ☐　委任状
- ☐　住民票
- ☐　債権者一覧表　※2
- ☐　財産目録
- ※　民事再生の申立てをしていない法人の代表者の場合には，再生計画案の内容によっては，法人に関する資料を監督委員の求めに応じて提出する。

②　事業者
- ☐　開始申立書
- ☐　委任状
- ☐　住民票
- ☐　債権者一覧表　※1
- ☐　貸借対照表・損益計算書(過去3年分)
- ☐　資金繰り実績表（月別，過去1年分）
- ☐　資金繰り表(今後6か月間のもの)
- ☐　今後の事業計画の概要

債権者一覧表について
※1　別除権付債権者，リース債権者，租税等債権者，従業員関係，一般債権者等に分けて，かつ，債権者の氏名（名称），住所及び郵便番号並びにその有する債権及び別除権の内容を記載したもの
※2　別除権付債権者，租税等債権者，一般債権者等に分けて，かつ，債権者の氏名（名称），住所及び郵便番号並びにその有する債権及び別除権の内容を記載したもの
　　なお，開始申立書にはそれぞれの債権者数と債務額の合計及び総合計を記載する。

資料 4

再生手続開始申立書

平成 20 年 7 月 25 日

東京地方裁判所民事第 20 部　御中

　　　　　　　　　〒 107-0062　東京都○○区○○
　　　　　　　　　　　　申立人(再生債務者)株式会社△△
　　　　　　　　　　　　代表者代表取締役　　□□

　　　　　　　　　〒 104-0061　東京都中央区銀座二丁目 6 番 4 号 竹中銀座ビル 6 階
　　　　　　　　　　　　影山法律特許事務所
　　　　　　　　　　　　　　　　　　　電　話　03-3564-0811
　　　　　　　　　　　　　　　　　　　Ｆ Ａ Ｘ　03-3564-0693
　　　　　　　　　　　　上記申立人代理人
　　　　　　　　　　　　　　　弁 護 士　　影　　山　　光 太 郎
　　　　　　　　　　　　　　　　　　　　　　　　：

再生手続開始申立事件
貼用印紙額　金 1 万円

第 1　申立ての趣旨
　　　申立人について再生手続を開始する
　　　との決定を求める。

第 2　再生手続開始の原因たる事実
　1　支払不能の虞
　　　申立人は、事業の継続に著しい支障を来すことなく平成 20 年 7 月 31 日支払
　　期日の借入金及び買掛金計約 2 億 2000 万円を弁済することができない。
　　　すなわち、申立人の申立日現在の手持ち資金(現金及び普通預金)は約 150 万
　　円しかなく、他に資金調達の目処もつかないため、上記債務を弁済することが
　　できない。
　2　債務超過の虞
　　　申立人の平成 20 年 6 月 30 日現在の負債額は 703,865,945 円であるのに対し、
　　資産は 405,945,418 円である(添付書類 10・清算貸借対照表、添付書類 9・残高

試算表)。
　　　したがって、申立人は債務超過である。
　3　再生手続開始の原因たる事実が生ずるに至った事情
　(1)　平成9年9月に設立されていた〇〇株式会社を平成13年9月ころに申立人代表者が取得し、運送業者の代理業務を行う代理運送業を始めた(添付書類13参照)。申立人の行う代理運送業とは、DM(ダイレクトメール)を配布元から集めてきて運送業者に依頼するものであるが、申立人の受託先としては、大学、予備校、学習塾、不動産業者、飲料メーカーなどがある(添付書類17・会社の概要説明では「物流事業」。以下、物流事業といい、その他の事業名も上記概要説明の記載名を用いる)。
　　　以後、物流事業は、時代の要請に応えて進展していき、平成16年2月からは、システムの設計・制作を行う「システム開発事業」を開始し、平成17年7月から、化学品××について米国の開発会社から日本における総代理店として販売する「××事業」を行い、平成18年2月から、〇〇省など官公庁へ機械部品を提供する「特機事業」を行い、平成18年3月にはファッションブランドの輸入・卸売を行う「ブランド事業」を始めた。
　(2)　ところで、上記システム開発事業は業容は拡大したが、SE(システムエンジニア)の確保その他で過大な経費が掛かり、当初からの赤字体質を脱却できなかったため、平成19年9月に同事業を売却した。累損その他で約2億数千万円の損失を生じた。このシステム開発事業に伴って生じた損失を回復し得なかったことが申立人が倒産に至った主因である。その後、平成20年6月末には、ブランド事業も赤字が継続したため閉鎖した。同事業の累損その他で約1億2000万円の損失を生じた。
　(3)　上記の間、物流事業等では利益を生じたが、以上の事態に対処するため銀行借入が増大し、その返済が困難になった。前記1の7月末の返済不能の約2億2000万円の債務のうち、銀行借入返済分が約1億9000万円である。
　　　以上の結果、やむなく民事再生申立てに及んだものである。
第3　申立人の事業の状況及び概要等
1　会社の目的(添付資料2・定款の写し)
　(1)　衣料雑貨品の製造販売
　(2)　ニューメディアに関するシステム開発及び販売
　(3)　コンピュータ制御によるシステム開発及び販売
　(4)　コンピュータ並びに関連機器の賃貸及び導入指導
　(5)　情報処理サービス業並びに情報提供サービス業
　(6)　情報処理に関するソフトウェア及びハードウェアの研究開発並びに販売
　(7)　情報システムに係わる機器及び装置類の販売
　(8)　宅配便業
　(9)　経営コンサルタント業
　(10)　人材育成のための教育事業並びにカウンセリング

⑾　経営者・管理者・一般社員に対する教育
　⑿　人材の職業適性能力の開発の為の研修の実施
　⒀　労働者派遣事業
　⒁　通信販売業
　⒂　貨物利用運送事業
　⒃　自動車レース競技の企画・運営
　⒄　日用品雑貨、化粧品、医薬品、酒類、生鮮食品、機械部品、船舶用部品、合成樹脂、化学薬品、自動車・二輪車の部分品・付属品の輸出入及び販売
　⒅　前各号に付帯する一切の業務
2　会社の沿革
　(1)　平成13年　9月　　物流事業を開始。資本金1000万円。
　　　　　　　　　　　　本店は東京都○○区。
　(2)　平成16年　2月　　システム開発事業を開始。
　(3)　平成16年11月　　本店を東京都○○区に移転。
　(4)　平成17年　7月　　××事業を開始。
　(5)　平成18年　2月　　特機事業を開始。
　(6)　平成18年　3月　　ブランド事業を開始。
　(7)　平成18年12月　　資本金を1500万円とする。
　(8)　平成19年　9月　　システム開発事業を譲渡。
　(9)　平成19年10月　　本店を現在の東京都○○区に移転。
　⑽　平成20年　6月　　ブランド事業を閉鎖。
　現在に至る。
3　申立人の概要
　(1)　株式及び資本金（添付書類4・履歴事項全部証明書）
　　　　申立人の株式は、全て普通株式であり、発行可能株式総数は7万株、発行済株式総数は6,000株、資本金は1500万円である。
　　　　なお、申立人は株券発行会社であり、申立人の株式を譲渡するには会社の承認を受けなければならない旨定款で定められている。
　(2)　株主
　　　　平成20年7月25日現在の株主は申立人代表者1名である。
　(3)　会社の役員（申立て時）
　　　　代表取締役　　□□
　　　　取　締　役　　○○
　　　　監　査　役　　○○
　(4)　本店所在地
　　　　東京都○○区○○
　　　　ただし、ブランド事業の店舗として、東京都○○区○○及び福岡県福岡市○○区○○を賃借していたが、前者は平成20年3月末、後者は同年7月23日に、いずれも解約申し入れをした。

(5) 従業員の状況(添付書類18・就業規則参照)

従業員は15名である。労働組合は結成されていない。

第4 業務の状況

1 業務の概要

申立人は、物流事業、特機事業、××事業を行っている。売上の割合は、約4：1：1である。

2 外注先及び商品仕入先

(1) 申立人の外注先は、物流事業について、約50社である。

(2) 申立人の仕入先は、特機事業、××事業について、米国企業計約10社である。

3 受託及び商品販売先

申立人の物流事業の受託先は、○○……等であり、特機事業の商品販売先は○○省等であり、××事業の商品販売先は○○等である。

4 取引金融機関

申立人の取引金融機関は次の7社であり、その債権額は次のとおりである(平成20年6月30日現在。添付書類5・債権者一覧表の金融債務欄参照)。

(1) ○○銀行　　　　　　　　322,000,000円

　　　　　　　　　　　　　　　⋮

　　　　　　　　合計　584,016,609円

5 業績

申立人の過去3期の売上高、売上総利益、営業利益、経常利益、当期純利益は次のとおりである(添付書類6から8)。

(1) 第8期(平成16年10月1日～平成17年9月30日)

売上高　　　　　　　　1,470,724,589円
売上総利益　　　　　　1,168,883,913円
営業利益　　　　　　　　30,925,385円
経常利益　　　　　　　　19,083,032円
当期純利益　　　　　　　11,659,441円

(2) 第9期(平成17年10月1日～平成18年9月30日)

売上高　　　　　　　　1,110,028,858円
売上総利益　　　　　　　379,223,258円
営業損失　　　　　　△339,562,232円
経常損失　　　　　　△300,528,482円
当期純損失　　　　　△149,613,186円

(3) 第10期(平成18年10月1日～平成19年9月30日)

売上高　　　　　　　　1,280,805,473円
売上総利益　　　　　　　294,787,060円
営業損失　　　　　　△196,108,641円
経常損失　　　　　　△176,326,933円
当期純損失　　　　　△252,437,447円

第5 資産及び負債の状況

1 申立人の直近(平成20年6月30日現在)の資産及び負債の状況は次のとおりである(添付書類9・残高試算表)。

 (1) 資産合計   405,945,418 円
   流動資産   293,940,315 円
   固定資産   108,355,445 円
   繰延資産   3,649,658 円
 (2) 負債合計   703,865,945 円
   流動負債   320,452,165 円
   固定負債   383,413,780 円

2 主な資産の状況

簿価は次のとおりであるが、実質価値はそれぞれに付した説明のとおりである(詳細は、添付書類10・清算貸借対照表参照)。

 (1) 売掛金   44,033,708 円
 (2) 商品   34,970,972 円
   約580万円の××以外は、実質的価値は乏しい。
 (3) 短期貸付金   142,215,059 円
   代表者に対するものが多いが、回収困難である。
 (4) 建物附属設備   36,247,221 円
   処分価値なし。
 (5) 敷金   39,446,012 円
   回収可能性なし。

3 負債の状況

 (1) 金融債権(添付書類5・債権者一覧表(金融債務))

  金融債権者は上記第4の4のとおり、計7社、債権額は合計584,016,609円である。

 (2) 一般債権(添付書類5・債権者一覧表(一般債務))

  外注及び経費等に関する買掛金、未払金等の債権者数は53名、債権額は合計52,862,689円である。

 (3) リース債権(添付書類5・債権者一覧表(リース債務))

  リース債権者数は1社、債権額は11,701,620円である。リース物件は、閉鎖したブランド事業2店舗(前記第3の3(4)記載の東京都○○区○○、福岡市○○区○○所在)のプラズマテレビその他内装である。

 (4) 優先債権(添付書類5・債権者一覧表(優先債権))

  消費税2,501,187円、固定資産税318,900円、社会保険料6,105,491円で、計8,925,578円である。

第6 申立人の財産に関してなされている他の手続又は処分

東京地方裁判所平成19年(ワ)第○○号損害賠償請求被告事件

第7 監督官庁・許認可の有無

(1)　貨物自動車運送に係る第一種貨物利用運送事業経営の登録(添付書類 13)
　　(2)　日本輸出入者標準コード登録(添付資料 14)
　　(3)　平成 19・20・21 年度一般競争(指名競争)参加資格(添付資料 15)
第 8　再生計画案の作成方針についての意見
　1　予想される再生計画案の骨子(添付書類 16・今後の事業計画の概要参照)
　　(1)　収支構造の向上
　　　　現在行っている物流事業、特機事業、××事業はいずれも黒字であるが、更に経費の節減を図るとともに、特に大手企業、官公庁等への売上の増大を図って収支構造の向上に努める。
　　(2)　スポンサーの選定
　　　　スポンサー(支援企業)として数社から関心を寄せられてきているので、これらスポンサーの中から、申立人の再生に最も適した支援体制(譲渡、業務提携、資金援助等)を得て再生を行う予定である。
　　　　(1)(2)あいまって最も合理的な再生計画案を作成する予定である。
　2　資金繰りの状況
　　　再生手続開始申立て前 1 年間の資金繰りは、添付書類 11 のとおりであり、申立て後 6 か月間の資金繰りの予定は、添付書類 12 のとおりである。申立人は、申立て後早期にスポンサーの選定を行い、資金面及び信用面における支援を受ける予定である。場合により、必要資金につき融資を受けることも想定している。
　　　そのため、今後の仕入活動、営業活動に格別の問題が生じなければ、申立て後の資金繰りに支障はない。
　3　債権者その他関係者の協力の見込み
　　　従前の外注先・商品仕入先の協力を得て事業を継続することにより、受託先・商品販売先との取引継続も期待できる。金融機関も特に反対はないと思われる。
　　　このように、基本的に関係者の再生手続への協力を得られる見込みがあるものと考えられる。
　4　申立人の意見
　　　上記 1 から 3 の状況から、申立人には再生の見込みがある。他方で、破産手続に至った場合、添付書類 10・清算貸借対照表のとおりで、目ぼしい資産は乏しく、これに対し未払税金等(財団債権)があり、かつ解雇予告手当、廃棄費用等の破産ロスもかかるため、一般債権者への配当はほとんど見込めない(2%程度以下)。
第 9　結論
　　以上により、申立人には再生手続開始申立要件が存在し、かつ再生の見込みもあることから、本申立てに及ぶ次第である。
　　　　　　　　　　　　　　　　　　　　　　　　　　　　　　　　　　以上

添付書類

1	委任状	1通
2	定款の写し	1通
3	取締役会議事録の写し	1通
4	履歴事項全部証明書	1通
5	債権者一覧表	1通
6	平成17年度(平成16年10月から同17年9月)確定申告書	1通
7	平成18年度(平成17年10月から同18年9月)確定申告書	1通
8	平成19年度(平成18年10月から同19年9月)確定申告書	1通
9	残高試算表(平成20年6月30日現在)	1通
10	清算貸借対照表(平成20年6月30日現在)	1通
11	資金繰り実績表(申立て前1年間)	1通
12	資金繰り予定表(申立て後6か月間)	1通
13	貨物自動車運送に係る第一種貨物利用運送事業経営の登録通知書	1通
14	日本輸出入者標準コード登録通知書	1通
15	平成19・20・21年度一般競争(指名競争)参加資格審査結果通知書	1通
16	今後の事業計画の概要	1通
17	会社の概要説明	1通
18	就業規則	1通

(注) 上記9は、提出しうる直近の残高試算表(または貸借対照表)の趣旨である。資料3では、直接的には求められていないが、債権者に対する説明会等以後の手続における便宜のため入れた。

資料5

保 全 処 分 申 立 書

平成20年7月25日

東京地方裁判所民事第20部　御中

　　　　　　〒107-0062　東京都○○区○○
　　　　　　　　　申立人(再生債務者)株式会社△△
　　　　　　　　　代表者代表取締役　　　□□

　　　　　　〒104-0061　東京都中央区銀座二丁目6番4号 竹中銀座ビル6階
　　　　　　　　　影山法律特許事務所
　　　　　　　　　　　　　　　電　話　03-3564-0811
　　　　　　　　　　　　　　　ＦＡＸ　03-3564-0693
　　　　　　　　　上記申立人代理人
　　　　　　　　　　　　弁護士　　影　山　光太郎

申 立 て の 趣 旨

申立人は、下記の行為をしてはならない。
記
　保全処分発令の前日までの原因に基づいて生じた債務(次のものを除く)の弁済及び担保の提供
　　租税その他国税徴収法の例により徴収される債務
　　再生債務者とその従業員との雇用関係により生じた債務
　　再生債務者の事業所の賃料、水道光熱費、通信に係る債務
　　再生債務者の事業所の備品のリース料
　　10万円以下の債務
との決定を求める。

申 立 て の 理 由

1、申立人は、本日、御庁に対し、民事再生手続開始の申立てを行った(御庁平成20年(再)第　　　号)。
2、申立人が、民事再生手続開始の申立てをなしたことが債権者に広く知られると、一部の強硬な債権者から債務の弁済、担保提供を強要される危険がある。

しかるに、申立人において、一部の債権者に対し、債務の弁済または担保の提供をなせば、申立人の資金が枯渇し、事業の継続に支障を来し、あるいは他の債権者から不公平であるとの非難を受けて、再生手続の円滑な遂行、再生計画の作成及び成立を困難にするおそれがある。
3、よって、申立人は、民事再生法第30条1項に基づき、申立ての趣旨記載の決定を求め、本申立てに及んだ次第である。

　　　　　　　　　　　疎　明　方　法

再生手続開始申立書添付の疎明方法を援用する。

　　　　　　　　　　　添　付　書　類

1　　委任状　　　　1通

資料

資料6　東京地裁の監督命令

決　　定

東京都○○区
再生債務者　株式会社○○
代表者代表取締役○○○○

主　文

1　株式会社○○について監督委員による監督を命ずる。
2　監督委員として、次の者を選任する。
　　　東京都○○区
　　　弁護士　○　○　○　○
3　監督委員は、再生債務者が、民事再生法120条1項に規定する行為によって生ずべき相手方の請求権を共益債権とする旨の裁判所の許可に代わる承認をすることができる。
4　再生債務者が次に掲げる行為をするには、監督委員の同意を得なければならない。ただし、再生計画認可決定があった後は、この限りでない。
　(1)　再生債務者が所有又は占有する財産に係る権利の譲渡、担保権の設定、賃貸その他一切の処分(常務に属する取引に関する場合を除く。)
　(2)　再生債務者の有する債権について譲渡、担保権の設定その他一切の処分(再生債務者による取立てを除く。)
　(3)　財産の譲受け(商品の仕入れその他常務に属する財産の譲受けを除く。)
　(4)　貸付け
　(5)　金銭の借入れ(手形割引を含む。)及び保証
　(6)　債務免除、無償の債務負担行為及び権利の放棄
　(7)　別除権の目的である財産の受戻し
5　再生債務者は、平成○年○月○日以降毎月末日締切りにより、再生債務者の業務及び財産の管理状況についての報告書をその翌月10日までに当裁判所及び監督委員に提出しなければならない。
　　ただし、再生計画認可決定があった後は、この限りではない。

平成○年○月○日
東京地方裁判所民事第20部
　　裁判長裁判官　○　○　○　○
　　　　裁判官　○　○　○　○
　　　　裁判官　○　○　○　○

資料7　大阪地裁の監督命令（抜粋）

3　監督委員の同意を得なければ再生債務者がすることができない行為として、次のものを指定する。
(1)　再生計画認否の決定までにする場合における次の行為（常務に当たるものを除く。）
　　ア　再生債務者の財産に係る権利の譲渡、担保権の設定、賃貸その他の一切の処分（債権の取立てを除く。）
　　イ　無償の債務負担行為
　　ウ　財産の譲受け
　　エ　借財、手形割引及び保証
　　オ　民事再生法49条1項の規定による契約の解除
　　カ　訴えの提起及び民事保全、調停、支払督促その他これらに準ずるものの申立て並びにこれらの取下げ
　　キ　和解及び仲裁合意
　　ク　取戻権、共益債権及び一般優先債権の承認
　　ケ　別除権の目的の受戻し
(2)　再生計画認可の決定後にする場合における次の行為
　　ア　重要な財産の処分及び譲受け
　　イ　多額の借財
(3)　再生手続廃止又は再生計画不認可の決定後にする場合における次の行為（常務に当たるものも含む。）
　　ア　再生債務者の財産に係る権利の譲渡、担保権の設定、賃貸その他一切の処分（債権の取立ても含む。）
　　イ　(1)のイからケまでに掲げる行為
　　　　　　　　　　　　　　　　　　︙

7　再生債務者は、次に掲げる行為をしたときは、その旨を速やかに監督委員に報告しなければならない。ただし、(4)及び(5)に掲げる行為については、再生計画認可の決定後はこの限りではない。
(1)　従業員の給与改定及び賞与等の一時金の支給
(2)　従業員の解雇並びに退職金及び解雇予告手当等の一時金の支給
(3)　再生債務者の会社組織変更に関する行為
(4)　再生計画認否の決定までにする場合における3(1)アからケまでに掲げる行為のうち、常務に当たるもの
(5)　その他裁判所が指定する行為

資料8

平成20年(再)第○○号再生手続開始申立事件

(監督委員意見)
　　下記申請事項を承認する。

　　　　平成20年7月25日
　　　　　　　　　　　監督委員　弁護士　○○

　　　　　　　　　　　　　　　　　　　　　　　平成20年7月25日
監督委員　弁護士　○○　先生
TEL　○○
FAX　○○

承　認　申　請　書

　　　　　　　　　　　　　　再生債務者　　株式会社△△
　　　　　　　　　　　　　　　　代理人　弁護士　影　山　光太郎

第1　承認を求める事項
　　下記債権を共益債権とすることについて承認を求める。
　　　　　　　　　　　　　　　記
　　平成20年7月25日から開始決定前までの原因に基づいて生じる、再生債務者の事業の継続に欠くことができない取引に基づく相手方の請求権で次のもの。
　1　再生債務者の常務に属する取引にして再生債務者の事業の継続のために必要な行為に基づくもの。
　2　再生債務者の日常の業務及び事務所・事業所・店舗の維持に必要な物品の購入に基づくもの。
第2　申立ての理由
　　申立人による再生手続開始申立て後開始決定前までに、申立人は事業活動を行うが、上記債権は申立人の常務の過程で発生するものであり、申立人が事業活動を継続・維持するために欠くことのできない取引に基づくものである。これが共益債権として認められないときには、保全処分後の申立人の常務の過程で発生した債権が再生債権となることとなり、申立人の事業活動における信用はなくなり、円滑な業務遂行が阻害される。
　　よって、申立ての趣旨記載の通りの承認を求める。
　　　　　　　　　　　　　　　　　　　　　　　　　　　以　上

資料9

相殺禁止・引落禁止のご連絡

平成20年7月25日

株式会社○○銀行　殿

　　　　　　　　　　　　　　　　株式会社△△
　　　　　　　　　　　　　　　　申立代理人弁護士　影　山　光太郎
　　　　　　　　　　　　　　　　TEL 03-3564-0811/FAX 03-3564-0693

拝啓　各位におかれては益々ご清栄のこととお慶び申し上げます。
1、さて、各位と取引関係がございます株式会社△△(以下「申立人」といいます)は、平成20年7月25日、東京地方裁判所に民事再生手続開始の申立てを行い、受理されました(東京地方裁判所平成20年(再)第　　　号)。
　　つきましては、申立日であります平成20年7月25日以降に申立人名義の預金口座に入金された預金につきましては、貴行の申立人に対する債権との相殺は民事再生法の相殺禁止規定に基づき禁止されますので(民事再生法93条1項4号)、ご注意いただきたく、お願い申し上げます。
2、また、申立人は、民事再生手続開始の申立日と同日、東京地方裁判所より弁済禁止の保全処分を受けておりますので、当社名義の預金口座に係る自動引落処理につきましては同日以降は行わないよう併せてお願い致します。
3、各位には多大なるご迷惑をおかけ致しますが、何卒宜しくお願い申し上げます。
　　　　　　　　　　　　　　　　　　　　　　　　　　　　　　　　敬具

資料10

平成 16 年(再)第○○号
再生債務者　△△株式会社

届出債権の認否結果通知書

平成 16 年○月○日

届出債権者○○○○殿
(受付番号　　　　)

再生債務者　　　△△株式会社
代理人弁護士　　○○
電話　　　　　　03 － ○○○○ － ○○○○

　貴社届出の債権の内容及び議決権についての再生債務者の認否は下記のとおりです。

記

1　売掛金 300,000 円について、内 50,000 円が不存在のため 250,000 円について債権及び議決額を認めます。

　なお、認否結果についてのお問い合わせは△△株式会社経理担当：□□
　電話 03 － ○○○○ － ○○○○までお願い申し上げます。

資料11

事業譲渡契約書

甲：○○
乙：△△

　甲と乙は、甲の金物販売事業(以下、「本事業」という)を乙へ譲渡するにつき、次のとおり事業譲渡契約(以下、「本契約」という)を締結する。

第1条(事業譲渡)
　1　甲は、本契約の定めるところに従い、第6条に定める譲渡実行日(以下、「本譲渡日」という)において、本事業を乙に譲渡し、乙はこれを譲り受ける(以下、「本事業譲渡」という)。
　2　甲及び乙は、本事業譲渡が、甲の民事再生手続の中で行われるものであり、その実行のためには、甲の債権者の理解、甲の監督委員の同意及び裁判所の許可を必要とすることを認識しており、本事業譲渡が円滑に進行するように相互に協力する。

第2条(譲渡対象資産)
　1　本事業譲渡により乙に譲渡される資産は、別紙1「不動産物件一覧」、別紙2「固定資産一覧」、別紙3「営業保証金一覧」、別紙4「商標権一覧」記載の資産及び甲ののれん並びにその他本事業を実質的に構成する資産の一切とする(以下、「譲渡資産」という)。
　　なお、甲ののれんには、本譲渡日において甲に帰属し、本事業を円滑に遂行するために使用している全てのソフトウェア、全ての情報(企業履歴情報、決算情報、顧客情報等を含む)、各種データ及び資料等並びに商号権(「○○」の名称の使用を含む)、商標権及び著作権など、甲の本事業に関する無形資産の全てが含まれるものとする。
　2　乙は、別紙1「不動産物件一覧」記載の不動産(以下、「本件不動産」という)につき、金融債権者による担保権が付されていることを認識しており、担保権の解除又は消滅に必要な資金につき、第4条の譲渡対価に含めて支払うことを約する。
　3　甲及び乙は、本件不動産につき、本日付で、本契約と一体をなすものとして、別途不動産売買契約(以下、「本件不動産売買契約」という)を締結する。

第3条(債務の承継)
　本譲渡日現在において、本事業に関し、甲が負担している事業上の債務(買掛債務、未払消費税、リース債務、通信費、光熱費等)は、本事業譲渡に伴い乙に承継されるものとする。ただし、甲の再生債務については一切承継しない。

第4条(譲渡対価)
　本事業譲渡の譲渡価格は、金130,000,000円(譲渡資産にかかる消費税を含む)と

し、乙は、平成20年3月28日限り、甲の別途指定する口座に振り込む方法にて支払う（振込手数料は乙の負担とする）。

第5条（瑕疵担保）

　甲は、本事業譲渡につき、本事業及び譲渡資産に関する一切の瑕疵について、本契約に定めるほか担保責任その他何らの責任を負わない。

第6条（譲渡日）

　本契約に基づき本事業譲渡が実行される日は、平成20年3月28日とする。ただし、民事再生法第42条1項に規定する裁判所の許可の取得が間に合わない場合等、その他の事由により合理的な必要がある場合には、甲乙合意の上、譲渡日を変更することができるものとする。

第7条（譲渡資産の引渡し）

1　譲渡資産を構成する個別の権利の移転及び物の引渡しは譲渡日に行う。ただし、譲渡日までに第4条の譲渡対価の支払が行われない場合は、権利の移転は効力を生じないものとする。

2　譲渡資産の引渡しにあたり、甲は、乙に対し、権利の移転及び行使に必要な書類を交付し、占有の移転または債権譲渡通知など対抗要件を具備するために必要な行為を行い、無形資産の承継及び本事業の継続に必要な一切の資料、情報及び媒体を提供し、その他必要な一切の行為を行うものとする。

3　甲から乙に対するのれんの譲渡に伴う甲及び乙の商号の変更については、別途甲乙間で合意するものとする。

第8条（契約上の地位の移転）

1　甲は、次の各号に定める契約関係、その他乙が本事業を譲り受けるのに必要と判断する契約等について、乙に対し、その地位を承継させるものとし、譲渡日までに乙の意向を確認しつつ、承継契約の一覧表を作成、更新するものとする。また、甲は、契約の相手方に対し、契約が円滑に引き継がれるよう、甲の負担にて通知、説明を行うものとし、その時期及び方法については、乙に確認の上、適宜に行うものとする。

①　販売基本契約、業務関連契約等

　本事業に関し締結した別紙5「販売基本契約等一覧表」記載の販売基本契約及び各種業務に関連する契約における契約上の地位

②　リース契約

　本事業に関し、○○株式会社との間で締結した別紙6「リース契約一覧表」記載のリース契約上の地位

第9条（公租公課の精算）

　譲渡資産に対する公租公課その他の賦課金、負担金は、譲渡日の前日までと譲渡日以後をもって日割り計算し、譲渡日前日までの分を甲が、譲渡日以後の分を乙がそれぞれ負担するものとし、譲渡日に精算する。ただし、譲渡日に金額が確定していない等の理由により譲渡日に精算ができない場合には、可及的速やかに精算を行うものとする。

第10条（善管注意義務）
　甲は、本契約締結日から本譲渡日までの間、善良なる管理者の注意をもって本事業に関する業務の遂行及び譲渡資産の管理を行い、本事業に関する甲の業務及び譲渡資産に重大な影響を与える事項については、乙と協議の上でこれを行うものとする。

第11条（労働契約の承継）
1　乙は、本譲渡日をもって、本譲渡日前日時点で本事業に従事し、乙による採用を希望する甲の従業員全員を雇用するものとし、その雇用条件は、譲渡日前日現在の処遇条件を勘案し、乙において定めるものとする。
2　甲は、本譲渡日前日をもって甲の従業員のうち乙への勤務を希望し、かつ、乙が採用を決定した者を全員退職させ、その退職金は甲において甲の加入する中小企業退職金共済の共済金の支払日と同日に精算するものとする。

第12条（再生計画認可及び甲の清算のための乙の協力）
　乙は、本事業譲渡後に甲より裁判所に提出される再生計画案の認可及びその後に予定されている甲の清算業務のため、甲の要請に応じて、乙の業務に支障の生じない範囲において、乙が承継した甲の従業員を、甲の再生計画案につき再生債権者から賛同を得るための活動及び甲の清算業務に関する活動にあたらせることに協力する。

第13条（停止条件）
　本契約のうち、本事業譲渡の実行及び譲渡日以降に関する定めについては、民事再生法第42条1項に規定する裁判所の許可があること及び甲の株主総会の承認又は民事再生法第43条1項に規定する裁判所の代替許可があることを停止条件とする。

第14条（解除）
　本契約締結日以降、次の各号のいずれかの事由が生じた場合、甲及び乙は、相手方に対する書面による通知をもって、本契約を解除することができる。
　①　乙が破産、民事再生、会社更生等の法的手続の申立てを行い、またはその申立てを受けたとき
　②　乙が仮差押え、仮処分または競売の申立てを受けたとき
　③　甲または乙が本契約に違反し、相手方の催告にもかかわらず相当期間内に是正が行われない場合
　④　平成20年4月15日までに第13条に定める停止条件が成就しない場合または停止条件の不成就が確定した場合

第15条（損害賠償）
　甲及び乙は、相手方による本契約の違反または前条の本契約解除により損害を被った場合は、相手方に対し、当該損害の賠償を請求することができる。

第16条（表明及び保証）
1　甲は、乙に対し、以下の事項が本契約締結日において真実かつ正確であることを表明し、かつ保証する。本項の表明及び保証内容が真実でなかったことに

起因しまたはこれに関連して、乙に損害が生じた場合、甲は乙に対して当該損害を賠償する。
① 甲の法人格
　　甲は、日本法に基づき適法に設立され、有効に存続する株式会社であり、自己の財産及び資産を保有し、その事業を遂行する機能を有すること。
② 甲の権利能力
　　本契約の甲による締結及びその履行は、甲の権利能力の範囲内であり、必要な甲の社内手続により授権されたものであり、甲の定款等または甲に対して拘束力もしくは影響を与えるあらゆる法律、契約上の制限に違反しないこと。
③ 訴訟等の不存在
　　本事業に関し、既に開示されている以外に、乙が本事業を譲り受けるための障害となり、かつ譲渡日までに甲の責任と費用によって当該障害を除去することができない、裁判所、政府機関、仲裁機関等に係属している裁判、調査、差押えその他の手続が存在しないこと。
④ 拘束力ある契約
　　本契約は、甲により適法に締結され、甲に対して適法で有効かつ拘束力を有する義務を構成し、その条項に従い甲に対して執行可能なものであること。
2　乙は、甲に対し、以下の事項が本契約締結日において真実かつ正確であることを表明し、かつ保証する。本項の表明及び保証内容が真実でなかったことに起因しまたはこれに関連して、甲に損害が生じた場合、乙は甲に対して当該損害を賠償する。
① 乙の法人格
　　乙は、日本法に基づき適法に設立され、有効に存続する株式会社であり、自己の財産及び資産を保有し、その事業を遂行する機能を有すること。
② 乙の権利能力
　　本契約の乙による締結及びその履行は、乙の権利能力の範囲内であり、必要な乙の社内手続により授権されたものであり、乙の定款等または乙に対して拘束力もしくは影響を与えるあらゆる法律、契約上の制限に違反しないこと。
③ 訴訟等の不存在
　　裁判所、政府機関、仲裁機関のいずれにおいても、本事業に関し、乙に影響のある係属中の裁判、調査、差押えその他の手続が存在しないこと。
④ 拘束力ある契約
　　本契約は、乙により適法に締結され、乙に対して適法で有効かつ拘束力を有する義務を構成し、その条項に従い乙に対して執行可能なものであること。
⑤ 破産等の不存在
　　乙は、期限が到来した債務について支払停止または支払不能状態に陥っていないこと、書面により自己の支払不能を認めていないこと、また乙が解散

を決議していないこと、乙につき破産手続開始決定がなされておらず、民事再生手続、会社更生手続またはこれらに類する法的手続が開始されていないこと。

第17条(その他費用の負担)
　本契約書の作成に掛かる印紙代等の費用は甲と乙の均等負担とし、その他本契約及びその履行に要する費用は、各自の負担とする。

第18条(誠実協議)
　本契約に定めのない事項または本契約の条項に疑義が生じた場合、甲及び乙は誠実に協議して解決を図るものとする。

第19条(裁判管轄)
　甲及び乙は、本契約に関して生じた一切の紛争について、東京地方裁判所のみを専属的に第一審の管轄裁判所とすることに合意する。

　本契約成立の証として本契約書の原本1通、写し1通を作成し、甲乙記名押印の上、甲が写しを、乙が原本を保有する。

平成20年3月28日

　　　　　　　　　　　　　　　甲：○○県○○市○○
　　　　　　　　　　　　　　　　　○○
　　　　　　　　　　　　　　　　　代表取締役　○○

　　　　　　　　　　　　　　　乙：○○県○○市○○
　　　　　　　　　　　　　　　　　△△
　　　　　　　　　　　　　　　　　代表取締役　△△

　(注)　原本の作成を1通としたのは、印紙代を調整したためである。

資料12

平成20年(再)第○○号　再生手続開始申立事件

許 可 申 請 書

平成20年　月　日

東京地方裁判所民事第20部合議係　御中

　　　　　　　　　　　再生債務者　株式会社△△
　　　　　　　　　　　　上記代表取締役　　□□

　　　　　　　　　　上記代理人弁護士　影　山　光太郎
　　　　　　　　　　　　　　　　　　　　　　　：

1　許可を求める事項
　再生債務者が下記の条項を定めた再生計画案を提出することについての許可を求める。
(1)　再生債務者の株式の取得に関する条項
　　①　再生債務者が取得する株式の数
　　　　発行済株式総数6,000株の全部
　　②　再生債務者が①記載の株式を取得する日
　　　　後出(3)の募集株式と引換えにする金銭の払込みがされることを条件としてその払込期日
　　③　再生債務者は①記載の株式を取得後、これを全て消却する。
(2)　再生債務者の資本金の額の減少に関する条項
　　①　減少する資本金の額
　　　　資本金1500万円の全額
　　②　資本金の額の減少がその効力を生ずる日
　　　　次の(3)の募集株式と引換えにする金銭の払込みがされることを条件としてその払込期日
(3)　募集株式を引き受ける者の募集に関する条項
　　①　募集株式の数
　　　　4,000株
　　②　募集株式の払込金額
　　　　1株につき金2,500円
　　③　増加資本金額

金1000万円
- ④ 募集株式と引換えにする金銭の払込期日
平成21年3月末日
2 許可を求める理由
(1) 再生債務者が債務超過の状態にあること
現在の再生債務者の資産状況は、平成20年9月24日付「民事再生法124条に基づく財産価額評定書」における清算貸借対照表記載のとおり、債務超過の状態にある。
(2) 株式の強制取得と消却の必要性(株主責任の明確化)(1(1)について)
本件の再生計画案においては、再生債権につき大幅な免除を受けることをその内容としているため、再生債権者に多大な負担をかけることになるが、一方で株主が何らの負担も負わないのは、妥当性を欠き、再生債権者の理解も得られない。
とりわけ、再生債務者の唯一の株主が代表者の□□である本件については、株主責任を明確化する必要性が高い。
(3) 募集株式を引き受ける者の募集が再生債務者の事業の継続に欠くことのできないものであること(1(3)について)
① スポンサー型民事再生の選択
再生債務者は、再生手続申立てにより低下した信用力を早期に回復する必要があり、当面の事業収益のみからは、一般優先債権(公租公課)や再生債権に対する十分な弁済原資を確保する見込みが低いことから、いわゆる自力型ではなく、スポンサー型の再生を行うことが必要不可欠であった。
② 100％減資増資スキームの選択
再生債務者は、物流事業、特機事業、××事業の3事業を営んでいるが、特機事業について、事業譲渡によると、主要取引先である○○省の入札資格が失われ、譲受企業による資格取得が不確実であること、物流事業についても、顧客の獲得維持に影響するプライバシーマークの使用資格につき、事業譲渡による承継は困難であることから、事業譲渡の手法は選択せず、再生債務者の法人格を維持しつつ、スポンサー企業から再生債務者に対する出資及び貸付により資金を得て弁済を行う方法の再生計画を選択する必要があった。
そして、スポンサー企業である株式会社○○(以下、「○○社」という)との交渉の結果、平成20年11月10日付で締結した再生支援契約書においては、旧株主の株式を全て強制取得した上で消却し、旧株主の支配を払拭した上で、新たに同社からの出資を受けることが前提となっており、上記1(3)の条項を再生計画案に定め、かかる定めにつき御庁の許可を取得しておくべきことが合意されている。
③ そのため、上記1(3)の条項を定めることは、○○社から支援(出資金、貸付金)を得るための前提条件であり、かかる前提条件を充たさねば支援を得られな

いことになるので、再生債務者の事業の継続に欠くことのできないものである。
(4) 再生債務者が非公開会社であること
　　再生手続申立書類添付書類2の定款及び同添付書類4の履歴事項全部証明書のとおり、再生債務者は、株式の譲渡制限のある非公開会社である。
(5) 資本金の額の減少に関する定めの必要性(1(2)について)
　　上記のとおり本件ではスポンサー企業である◎◎社から新たに1000万円の出資を受けることになるが、出資に先立ち株式の取得・消却を行っても、資本金の額の減少とは切り離されているため、資本金の額は直ちには減少しない。
　　そこで、資本金の額を◎◎社の出資額と見合うものにするため、資本金の額の減少に関する定めを置く必要がある。
　　また、資本金の額によって外形標準課税等がなされるため、節税の観点からも資本金の額を減少する必要がある。
3　以上の次第で、1(1)〜(3)の各条項を定めた再生計画案を提出することにつき、御庁の許可を求める次第である。

　　　　　　　　　　　　　　　　　　　　　　　　　　　　　　　　以上

資料 13

平成 20 年(再)第○○号　再生手続開始申立事件

再 生 計 画 案

平成 20 年 11 月 13 日

東京地方裁判所民事 20 部合議係　御中

再生債務者　株式会社△△
上記代表者代表取締役　　□□

上記代理人弁護士　影　山　光太郎
：

第1　再生計画の基本方針
1　再生計画の策定
(1)　再生債務者は、①再生手続申立てにより低下した信用力を早期に回復する必要があること、②当面の事業収益のみからは、一般優先債権(公租公課)や再生債権に対する十分な弁済原資を確保する見込みが低いことから、いわゆるスポンサー型の再生を企図した。

　　その上で、③特機事業について、事業譲渡によると、主要取引先である○○省の入札資格が失われ、譲受企業による資格取得が不確実であること、④物流事業についても、顧客の獲得、維持に影響するプライバシーマークの使用資格につき、事業譲渡による承継は困難であることから、事業譲渡の手法は選択せず、再生債務者の法人格を維持しつつ、スポンサー企業から再生債務者に対する貸付及び出資により資金を得て弁済を行う手法を検討し、スポンサー候補企業を募った。

(2)　しかしながら、民事再生申立てを機に、物流事業等の決済条件が現金決済中心となったこと、申立て後の平成 20 年 7、8 月に、特機事業で仕入決済が先行する大型受注があったことから、再生債務者の資金繰りは、平成 20 年 10 月までは月途中の資金繰りが不足し、毎月つなぎ融資を受けて資金繰りを維持する状況で、事業価値を算定し難かった。そのため、再生計画案の当初の提出期限日までに入札手続を行うことができず、御庁に上申して再生計画案の提出期限を平成 20 年 11 月 13 日まで延長していただいた。

(3)　平成 20 年 10 月になり、同月末日以降はつなぎ融資が不要となり、今後の事業計画の策定が可能となったことから、スポンサー意向表明のあった 4 社に対し、10 月下旬に入札手続を行った。

　　　　　しかしながら、折からの米国発金融不安により、今後の景気悪化懸念が加速し、スポンサー企業も入札に非常に慎重な姿勢となっており、入札手続の結果、①2社は入札を断念し、②1社は共同して事業を引受予定の会社が入札を断念したため、物流事業のみを3000万円で引き受けるとの申込みであり、③もう1社の株式会社◎◎(以下、「◎◎社」という)が、出資金(1000万円)及び貸付金(6400万円)の約1年間の分割払いにより、総額7400万円で全事業を引き受けるというものであった。
　　(4)　以上により、入札額が最も高く、全事業を引き受ける点で、雇用関係を維持できる、◎◎社(下記3参照)をスポンサー企業とすることを決定した。
　3　スポンサー企業の概要
　　(1)　会　社　名：株式会社◎◎
　　(2)　代表取締役：◎◎
　　(3)　本店所在地：東京都◎◎区◎◎
　4　再生計画の基本方針
　　　本再生計画の概要は、再生債務者に対するスポンサー企業からの貸付金及び出資金を弁済原資として、再生債権者に対する弁済を行うというものである。すなわち、再生債務者は、スポンサー企業から貸付金及び出資金の形で弁済原資を得て、一般優先債権(公租公課)については早期に随時弁済を行い、再生債権について10万円を超える部分の94.5％の免除を受けた上で、認可決定確定後3回に分けて分割弁済を行う。
第2　再生債権に対する権利の変更及び弁済方法
　1　確定再生債権の表示
　　　確定再生債権者数、確定再生債権額は、次のとおりである。
　　　　確定再生債権者数　　　　　　　57名
　　　　確定再生債権額　　　　　640,046,068円
　　　　うち元本額　　　　　　　635,132,973円
　　　　うち、利息・損害金　　　4,913,095円及び額未定
　2　一般条項
　　(1)　権利の変更
　　　　再生計画認可決定が確定したときに、次の①～②の免除を受ける。
　　　①　開始決定前後の利息、遅延損害金については、全額免除を受ける。
　　　②　上記①を除く再生債権元本について、10万円を超える部分の94.5％(1円未満切上げ)の免除を受ける。
　　(2)　弁済の方法
　　　①　再生計画認可決定の確定日から1か月以内に、確定再生債権元本のうち、10万円以下の部分について、その全額を支払う。
　　　②　平成21年7月31日限り、確定再生債権元本のうち10万円を超える部分について、2.75％の弁済を行う。
　　　③　平成22年3月31日限り、確定再生債権元本のうち10万円を超える部

分について、2.75％の弁済を行う。
　　　なお、上記弁済期間中であっても、資金に余剰が生じた場合は、前倒し弁済を積極的に検討する。
3　個別条項
 (1)　弁済の方法
　　　別表1「確定再生債権弁済計画表」の「弁済の方法及び弁済額」欄記載のとおり弁済を行う。
 (2)　権利の変更
　　　別表1「確定再生債権弁済計画表」の「免除の方法及び免除額」欄記載のとおり免除を受ける。
4　未確定の再生債権に関する定め
 (1)　異議等のある再生債権でその確定手続が終了していないものは、別表2「未確定再生債権一覧表」記載のとおりである。
 (2)　上記(1)の債権が査定の裁判の終結等により確定したときは、前記2(1)、(2)の定めを適用する。
　　　この場合、債権が確定した日に既に弁済期が到来している弁済金については、債権が確定した日から1か月を経過する日の属する月の末日までに弁済を行う。
5　別除権者の権利に関する定め
 (1)　別除権の行使によって弁済を受けることができない債権の部分（以下、「別除権不足額」という）が確定していない債権は、別表3「未確定別除権付債権一覧表」記載のとおりである。
 (2)　上記(1)の債権者については、担保物件の任意売却や競売手続の完了等により、別除権不足額が確定したときは、別除権不足額について上記2(1)、(2)の定めを適用する。
　　　この場合、別除権不足額が確定した日に既に弁済期が到来している弁済金については、別除権不足額が確定した日から1か月を経過する日の属する月の末日までに弁済を行う。
6　弁済に関するその他の事項
 (1)　再生債権の免除の際に生じる1円未満の端数は切り上げる。
 (2)　再生債権に対する分割弁済において生じる1円未満の端数は、第2回弁済（平成21年7月31日限り）においては切り捨てた上、切捨て分を第3回弁済（平成22年3月31日限り）において付加して支払う。
 (3)　再生債権者に対する弁済は、再生債権者が書面にて指定する口座に振り込む方法で支払う。この場合の振込手数料は再生債務者が負担する。
 (4)　本再生計画案提出日以後に、再生債権の譲渡・移転等を原因として債権者の変更があった場合においても、権利の変更及び弁済の方法は、譲渡・移転等の前の債権額を基準とする。再生債権の一部の譲渡・移転等がなされた場合、譲渡・移転等の前の債権額を基準とした弁済額を、各債権者の債権額の

割合により按分して支払う。
第3 共益債権・一般優先債権の表示及び弁済方法
共益債権及び一般優先債権については、随時弁済する。
第4 株式の取得、資本金の額の減少、募集株式を引き受ける者の募集に関する定め
1 株式の取得に関する定め
① 再生債務者が取得する株式の数
発行済株式総数 6,000 株の全部
② 再生債務者が①記載の株式を取得する日
後出 3 の募集株式と引換えにする金銭の払込みがされることを条件としてその払込期日
③ 再生債務者は①記載の株式を取得後、これを全て消却する。
2 資本金の額の減少に関する条項
① 減少する資本金の額
資本金 1500 万円の全額
② 資本金の額の減少がその効力を生ずる日
次の 3 の募集株式と引換えにする金銭の払込みがされることを条件としてその払込期日
3 募集株式を引き受ける者の募集に関する定め
① 募集株式の数
4,000 株
② 募集株式の払込金額
1 株につき金 2,500 円
③ 増加資本金額
金 1000 万円
④ 募集株式と引換えにする金銭の払込期日
平成 21 年 3 月末日
第5 再生計画案が再生債権者の一般の利益に反するか
1 平成 20 年 9 月 24 日付「民事再生法 124 条に基づく財産価額評定書」及び同日付「民事再生法 125 条に基づく報告書」に基づく再生債務者の開始決定日時点(平成 20 年 7 月 31 日)の清算配当率は、次の 2 のとおり、約 1.48％である。
2 破産清算した場合の配当
破産清算した場合の債権者への配当は、次のとおりと予想され、再生債権者への配当率は 1.48％程度である。
① 財産評定による資産(清算価値) = 43,699,140 円
② 一般優先債権(未払公租公課) = 18,442,706 円
③ 一般優先債権(労働債権) = 6,765,563 円
④ 破産費用、破産ロス = 9,000,000 円
⑤ 再生債権 = 641,311,205 円

予想清算配当率 = (① − ② − ③ − ④) ÷ ⑤
　　　　　　　 = 9,490,871 ÷ 641,311,205 ≒ 1.48％

3　本再生計画による配当率は、総債権額（未確定再生債権を除く）に対する弁済額で見ると、約6.03％であり、上記2の予想清算配当率1.48％より相当に有利である。

　そして、第2の2(2)①のとおり、10万円以下の部分に関する弁済を早期に実施するため、特に少額の債権者にとって、本手続が破産手続に移行した場合より配当を早期に実現でき、また、10万円を超える部分についても、総体的に破産手続によるよりも早期に配当できると考えられる。

4　したがって、本再生計画案は、再生債権者の一般の利益に反しない。

以上

資料

別表 1　確定再生債権弁済計画表

番号	債権者名	確定再生債権			弁済の方法及び弁済額				免除の方法及び免除額
		元本	利息・遅延損害金	合計	認可決定後1か月以内	平成21年7月31日限り	平成22年3月31日限り	合計	認可決定時
1	㈱○○	324,629		324,629	100,000	6,177	6,177	112,354	212,275
2	㈲○○	177,228		177,228	100,000	2,123	2,124	104,247	72,981
…									
58	○○	78,539,586	153,390 及び額未定	78,692,976 及び額未定	100,000	2,157,088	2,157,089	4,414,177	74,278,799 及び額未定
	合　計	635,132,973	4,913,095	640,046,068	3,858,702	17,360,027	17,360,045	38,578,774	601,467,294

別表 2　未確定再生債権一覧表

番号	債権者名	届出債権額		認否の結果			備考
		種類	債権額	認める	認めない	認めない理由	
○	㈱○○	違約金	13,496,137	1,160,137	12,336,000	債権不存在・相殺	
	合　計	0	13,496,137	1,160,137	12,336,000		

別紙 3　未確定別除権付債権一覧表

番号	債権者名	未確定再生債権			別除権			別除権不足額
		元本	利息・遅延損害金	合計	種類	目的物		
○	○○				根抵当権	建物	○○区○○ 番 事務所・倉庫 鉄骨造陸屋根 3階建 1階 ㎡ 2階 ㎡ 3階 ㎡	未定
○	○○				根抵当権	土地	○○区○○ 番	未定
	合　計							

287

資料 14

平成19年(再)第○○号　再生手続開始申立事件

再生債務者　株式会社△△

再 生 計 画 案

平成 20 年 4 月 22 日

東京地方裁判所民事第 20 部合議係 御中

再生債務者代理人弁護士　　影　山　光太郎
㊞

第1　再生計画の基本方針
　1　再生計画の策定
　(1)　再生債務者は、○○県○○市で金物問屋業を営んでいたが、業績が年々悪化する中、有利子負債の返済に苦慮し、平成 19 年 10 月 25 日の手形債務の決済が不能となって、民事再生手続開始に至った。
　(2)　本文第 2 編第 2 章 2(2)①のとおり。
　(3)　本文第 2 編第 2 章 2(2)②の「再生債務者は、民事再生手続申立て直後から…再度スポンサー企業を募った。」のとおり。
　　　その結果、株式会社○○を事業譲渡先として、再生債務者の事業(現預金、受取手形、一部不動産・動産を除く)を総額 1 億 3000 万円(根抵当権抹消費用及び課税資産に対する消費税を含む)で譲渡することにつき、平成 20 年 3 月 27 日に裁判所の許可をいただき、翌 28 日に事業譲渡契約を締結し、同日譲渡代金の決済を行った。なお、決済の際、譲渡代金から譲渡対象不動産の根抵当権者に対する根抵当権抹消費用を支払った。
　2　再生計画の方針
　　　本件再生計画の概要は、事業譲渡代金を含む再生債務者の手持ち現預金を弁済原資として、再生債権者に対する弁済を早期に行うというものである。
　　　具体的には、(1)再生計画認可決定確定後 2 か月以内に確定再生債権に対する弁済を行った上で、(2)再生債務者は速やかに株主総会で解散決議を行って清算手続に入り、(3)別除権付再生債権については、別除権目的物の処分後に不足額が生じる場合は、不足額に対して他の再生債権と同様の弁済を行い、(4)残余財産の処分等で追加原資が発生した場合には追加弁済を行うこととし、(5)再生債務者の清算結了の際に、残債権の免除を受けるというものである。

これにより、再生債権元本のうち、10万円以下の部分については全額、10万円を超える部分については、少なくとも7.5％の金額を弁済できることになる。

第2 再生債権に対する権利の変更及び弁済方法

1 再生債権の表示

再生債権者数、再生債権額は、次のとおりである（開始決定後の利息、遅延損害金を含まない）。

再生債権者数	155名
うち、未確定別除権付債権者	2名
再生債権額	6億4083万1857円
うち、未確定別除権付再生債権額	2億3023万2036円

2 一般条項

(1) 弁済の方法

① 再生計画認可決定確定後2か月以内に、確定再生債権元本のうち、10万円以下の部分については全額を、10万円を超える部分についてはその7.5％に相当する額を、一括して弁済する（ただし、○○の債権に対する弁済は行わない）。

② 上記①の弁済を行った後、資産処分等の結果、残余配当原資が生じた場合、共益債権及び一般優先債権を弁済した上で、上記①の弁済後の元本に応じた按分弁済を行う（ただし、○○の債権に対する弁済は行わない）。

(2) 権利の変更

上記(1)の弁済を行った後、再生債務者の清算結了時に、利息・遅延損害金を含む残再生債権全額につき全額の免除を受ける。

3 個別条項

(1) 弁済の方法

① 別表Ⅰ「再生債権弁済計画表」の「弁済の方法及び弁済額」欄記載のとおり支払う。

② 上記①の弁済を行った後、資産処分等の結果、残余配当原資が生じた場合、共益債権及び一般優先債権を弁済した上で、上記①の弁済後の元本に応じた按分弁済を行う。

(2) 権利の変更

上記(1)の弁済を行った後、再生債務者の清算結了時に、別表Ⅰ「再生債権弁済計画表」の「免除の方法及び免除額」欄記載のとおり免除を受ける。

⋮

5 弁済に関するその他の事項

⋮

(3) 再生債権者に対する各別の弁済額が1,000円未満となる場合は、郵券にて支払を行うことができるものとする。

⋮

第3 共益債権・一般優先債権の表示及び弁済方法
1　現時点における未払いの共益債権及び一般優先債権はない。

　　なお、再生債務者は、事業譲渡に伴い退職した従業員27名に対し、退職金総額50,126,849円（うち15,625,102円は中小企業退職金共済から、うち34,501,747円は再生債務者から支出）を平成20年4月10日に支出済みである。
2　今後発生する共益債権及び優先債権については、随時支払う。

第4 再生計画案が再生債権者の一般の利益に反するか
…

3　破産の場合との比較

…

(4)　以上のとおり、本再生計画案によった場合、追加配当が行われない場合でも、債権額10万円以下の部分と債権額が10万円を超える部分の7.5％が支払われるため、総計で約9.818％の配当となる。これは破産になった場合の配当率約5.604％を上回る。

　　さらに、本再生手続では、平成19年12月17日に10万円以下の少額債権については全額弁済を終了しており（総額4,196,398円）、この分の配当を含めて考えると、総計で約10.455％の配当率となる。

　　なお、仮に本再生計画案の可決が得られず、破産手続に移行した場合、さらなる手続期間を要し、配当時期が遅れると考えられるから、早期に配当が行われる点でも本再生計画案の方が再生債権者にとって有利である。

4　したがって、本再生計画案は、再生債権者の一般の利益に反しない。

以上

資料15

平成20年（再）第○○号　再生手続開始申立事件

再生債務者　　株式会社△△

再　生　計　画　案

平成20年6月30日

東京地方裁判所民事第20部合議係　御中

　　　　　　　　　　　　　　　再生債務者代理人弁護士　　　影　山　光太郎

第1　再生計画の基本方針
1　再生計画の策定
（1）再生債務者が民事再生手続開始申立てに至った主な要因は、本拠地の店舗兼倉庫の増改築費用等として借り入れた約2億円の負債が事業規模に比べて過大であり、返済が困難になったことである。

　　　再生債務者は、再生手続申立て後、一次的には事業譲渡による一括返済を企図して数か月間事業譲渡先を探索したが、候補先が現れなかったため、事業譲渡については断念し、裁判所に再生計画案の提出期限を延長いただいた上で、上記本拠地の土地・建物を処分して別除権（根抵当権）を処理するとともに、事業規模に合った賃借物件に本拠地を移転して従来事業（店舗小売、官公庁向け掛売、○○向け卸販売等）を継続し、事業利益から分割弁済を行うこととした。

（2）なお、上記本拠地の土地・建物の処分の際、売却代金の一部を再生債務者に留保することにつき別除権者の同意を得て、かかる金員を当面の事業継続や再生債権者に対する配当の原資とすることが可能になっている。

2　再生計画の方針
（1）本再生計画の概要は、上記本拠地売却代金からの留保金及び将来の事業から生ずる利益金を弁済原資として、再生債権者に対する弁済を行うというものである。

　　　ただし、再生債務者代表者□□、代表者の妻で取締役の○○及び代表者の長男で取締役の△△の再生債権については、経営責任の明確化の見地から、その同意により、全額を配当対象外とする。

（2）事業規模の適正化による経費節減と再生手続による返済負担の軽減によ

り、再生債務者は、毎月30万円程度、年間360万円程度の弁済原資を確保することが可能である。

　一方で、再生債務者の繰越損失、商品等の評価損及び不動産の売却損の合計額は、本再生計画における債務免除益及び分割弁済期間内の利益予定額を上回るため、再生債務者には分割弁済期間中は課税所得が発生しないことが予定されている。
(3)　そこで、具体的には、配当対象とする再生債権のうち、①元本5万円以下の部分については、再生計画認可決定確定後2か月以内にその全額を支払い、②元本5万円を超える部分については、その10％相当額を6等分し、平成21年から同26年まで毎年3月末日限り6回に分けて支払い、③かかる弁済を超える再生債権及び配当対象外の再生債権については、再生計画認可決定の確定時に免除を受ける、というものである。
(4)　これにより、配当対象とする再生債権の総額に対する弁済率は約11.367％となる(再生債権者毎の弁済率は、5万円以下の部分に対する弁済が債権額に占める割合に違いがあるため、債権額に応じて異なる)。
(5)　なお、返済期間を平成26年までの6年間としたのは、第1に、(2)で前述したとおり、この間であれば、債務免除益及び利益予定額が繰越損失、評価損等によって相殺されると予想されること(相殺されなければ、事業の利益には約41％の課税がされ、その分、弁済資金が減じる)、第2に、債務者代表者が平成26年に73歳と高齢になること、その他自力再生型の再生計画の一般的な動向等を考慮したものである。

第2　再生債権に対する権利の変更及び弁済方法
1　確定再生債権の表示
　　確定再生債権者数、確定再生債権額は、次のとおりである。
　　　　確定再生債権者数　　　　　　　　77名
　　　　確定再生債権額　　　　2億5458万2074円
　　　　うち元本　　　　　　　2億5416万7422円
　　　　うち利息・損害金　　　　41万4652円及び額未定
2　一般条項
(1)　権利の変更
　①　元本5万円以下の再生債権については、再生計画認可決定が確定したときに、利息・損害金(開始決定の前後を問わない。以下同じ)の全額につき免除を受ける。
　②　元本5万円超の再生債権については、再生計画認可決定が確定したときに、元本のうち5万円を超える部分の90％相当額及び利息・損害金の全額につき免除を受ける。
　③　上記②にかかわらず、□□、○○及び△△の再生債権については、全額につき免除を受ける。
(2)　弁済の方法

① 再生債権元本が5万円以下の再生債権については、前記2(1)①による免除後の全額(元本部分)を、再生計画認可決定の確定日から2か月以内に支払う。
② 再生債権元本が5万円を超える再生債権については、前記2(1)②による免除後の金額(元本部分)を、次のとおり分割して弁済する。
第1回　再生計画認可決定確定日から2か月以内に5万円
第2回から第7回
　　　　平成21年から同26年まで毎年3月末日限り、再生債権元本のうち5万円を超える部分の10％相当額の各6分の1
3　個別条項
(1)　権利の変更
　　　再生計画認可決定が確定したときに、別表「再生債権弁済計画表」の「免除の方法及び免除額」欄記載のとおり免除を受ける。
(2)　弁済の方法
　　　別表「再生債権弁済計画表」の「弁済の方法及び弁済額」欄記載のとおり支払う。
4　弁済に関するその他の事項
　　　　　　　　　　　　　　　⋮
(2)　再生債権に対する分割弁済(第2回から第7回)において生じる1円未満の端数は、第2回から第6回の分割弁済においては切り捨てた上、切捨て分の合計を第7回の分割弁済に付加して支払う。
　　　　　　　　　　　　　　　⋮

本書にあたっての注：
　本件は、資金繰りにゆとりがなく、再生計画案認可の集会前に少額債権の弁済もなし得なかった。
　再生計画案は99.3％の賛成を得て可決された。
　本件は、民事再生手続を履行しうる限界的な事例と思われる。

資料 16

別 除 権 協 定 書

甲(別除権者)　　○○
乙(再生債務者)△△

　上記当事者間において、乙の東京地方裁判所平成15年(再)第○○号民事再生手続開始申立事件(以下「本件再生手続」という)につき、以下のとおり協定する。
(本協定の趣旨)
第1条　甲と乙は、甲の乙に対する貸付債権の担保として担保権が設定されている不動産について、今後、継続して使用する不動産(以下、「継続使用物件」という)と処分を予定する不動産(以下、「処分予定不動産」という)を選別した上で、別除権の弁済方法及び不足額の確定並びに不足額の弁済方法等を合意することを目的として本協定を締結する。
(債務の確認)
第2条　甲と乙は、甲の乙に対して有する債権が別紙「債権一覧」のとおりであり、その合計は金 3,197,921,557 円及び開始決定後の損害金(額未定)であることを相互に確認する。
(別除権の評価)
第3条　甲と乙は、本協定締結日現在における別紙「別除権一覧表」記載の不動産の評価額が、同表の評価欄記載のとおりであることを確認する。
(継続使用物件及び処分予定物件)
第4条　甲と乙は、別紙「別除権一覧表」記載の担保物件のうち、番号1から3の物件が継続使用物件であり、番号4及び5の物件が処分予定物件であることを確認する。
(継続使用物件についての弁済)
第5条　乙は、甲に対し、第3条によって評価された継続使用物件についての評価額合計金○○万円を、平成15年9月末日から、同25年8月末日までの10年間、毎月末日限り、毎回金○○万円宛計120回に亘り、分割して弁済する。
(処分予定物件についての弁済－任意売却・競売)
第6条　乙は、処分予定物件を、次のとおり任意に売却するものとし、その売却代金を同物件についての被担保債権の弁済として、甲に対し支払う。この場合、乙が同物件を任意売却するに当たっては、第3条で評価された価格またはそれを上回る価格で売却できるよう可能な限り配慮しなければならない。
　① 　平成15年12月末日までに、番号4の物件を売却する。
　② 　平成17年9月末日までに、番号5の物件を売却する。
　2　前項の物件が前項の期日までに売却できなかったときは、甲は、同物件について、競売の申立てができ、または甲の指示の下に乙は売却を行う。

(売却物件の追加)
第7条　甲と乙は、本協定書締結後、継続使用物件のうち継続使用の必要性が消滅した物件については、協議の上、売却することができ、または、甲は競売の申立てをすることができる。
(別除権評価を下回る価格で物件を売却した場合の処理)
第8条　前2条によって物件を売却した結果、第3条の評価額を下回る価格でしか売却できなかった場合、乙は、その下回った差額金額については、再生計画上の再生債権の条件に従って、返済を行うものとする。
(別除権評価を上回る価格で物件を売却した場合の処理)
第9条　第6及び第7条によって物件を売却した結果、第3条の評価額を上回る価格で売却できた場合、乙は、その上回った差額金額を甲に対して支払う。
(担保権抹消)
第10条　甲は、乙に対し、次のとおり担保権の設定を解除し、抹消登記手続を行う。
　①　甲が第6及び第7条記載の物件の売却によって得られた金額の支払を受けるのと引換えに、同条の物件に設定されている各担保権。
　②　甲が第5条の条件に従い同条記載の評価額合計の全額について弁済を受けたときは、継続使用物件に設定されている全担保権。
(担保権不行使)
第11条　甲は、第5から第9条に定める弁済の合意に従った弁済が行われることを条件に、担保権の実行をしない。
(再生債権の額)
第12条　本協定は、甲が乙の本件再生手続の債権者集会において行使する再生債権の額について、取り決めることを目的とするものではない。
(再生計画についての同意)
第13条　甲は、本件再生手続の債権者集会において、乙の提出する再生計画案に賛成する。
(解除条件)
第14条　本協定は、本件再生手続につき再生計画認可決定の効力が生じないことが確定すること、再生計画不認可決定が確定すること、または再生手続廃止決定がなされることを解除条件とする。
(停止条件)
第15条　本協定は、監督委員の同意を条件として効力が生じる。
　以上協定の内容を明確にするため、本書2通を作成し調印する。

平成15年4月○日
（甲）　○○
（乙）　△△

資料17

18歳人口、進学率等の推移

索 引

❖ 事項索引(五十音順)

あ
- 青色欠損金 … 118
- 悪意・善意 … 70
- 頭数要件 … 22、38、74、107、114、165
- アメリカ連邦倒産法第11章
  →チャプターイレブン
- RCC→整理回収機構
- RCC企業再生スキーム … 145

い
- イエローゾーン … 205
- 異議 … 76
- 異議の撤回 … 76
- 異業種ネットワーク … 236
- 意見聴取期日(事業譲渡) … 84
- 異時廃止 … 30
- 一般債権 … 39、72、103、161、164
- 一般調査期間 … 76
- 一般の先取特権 … 73、95、170
- 一般法 … 14、40
- 一般優先債権 … 73
- インカム法(知的財産権の価値評価) … 249

う
- 請負契約 … 95

え
- ADR … 36、141、146
- ADR法(裁判外紛争解決手続の利用の促進に関する法律) … 147
- 閲覧・謄写→文書の閲覧・謄写
- M&A … 177、213

お
- 親会社・子会社 … 60、65、99、130

か
- 外国倒産関連規定 … 19、20
- 外国倒産手続承認援助法(外国倒産手続の承認援助に関する法律) … 19
- 開始決定
  - (民事)再生手続 … 21、69、70
  - (会社)更生手続 … 24
  - 破産手続 … 28
- 開始後債権 … 72、74
- 会社整理 … 14、19
- 会社分割 … 31、122、150、152、155、156、231
- 会社分割型(民事再生の方式) … 123
- 可決の要件 … 17、38
  - 再生計画案 … 22、114
  - 更生計画案 … 25
  - 協定案(特別清算) … 32
- 学校法人(民事再生) … 203、213
- 株式買取請求権(会社分割) … 150
- 株式譲渡制限のある会社→非公開会社
- 株式の取得(に関する定め) … 86、110
- 株式引受型(民事再生の方式) … 105、123、197
- 株主責任の明確化 … 85
- 仮専用実施権 … 246
- 仮通常実施権 … 246
- 仮払い(根抵当権の元本確定の場合) … 110
- 簡易再生 … 128
- 管轄(民事再生) … 60
- 関係人集会 … 25
- 間接償却 … 174
- 監督委員 … 22、64、66、69、115、120、173、217
- 監督命令 … 64
- 還付金 … 131
- 管理型 … 22、47

き
- 期間の伸長(再生計画案の提出期間) … 114
- 危機否認・危機時期 … 99
- 企業再生支援機構 … 144
- 議決権額要件 … 22、38、74、114
- 議決票 … 115
- 期限切れ欠損金 … 118
- 期限の利益喪失約款 … 90
- 期限の利益の回復 … 139
- 期限の利益の放棄 … 90

事項索引

吸収分割 …………………………… 122、150
求償権・求償関係 ………………… 101、138
給与所得者等再生 …………………… 19、137
給料(未払い) ………………… 29、73、95
共益債権
　………… 9、65、72、73、91、93、94、95、98
行政型 ADR …………………………………… 146
協定(特別清算) ……………………………… 32
協定債権 ……………………………… 32、39
業務遂行権 …………………………… 20、55
緊急融資制度 ………………………………… 173
銀行取引停止処分 …………………… 28、63

く
繰り上げ弁済 ……………………… 108、126
繰越欠損金 ………………………… 111、118

け
経営権 ………………………………… 24、215
経営責任 ……………………………… 55、108
形式的平等原則 ……………………… 30、136
継続企業価値 ………………………… 25、80
継続的給付義務を負う双務契約 …………… 98
競売申立て→担保権の実行
欠損金 ………………………………………… 118
欠損等法人 …………………………………… 130
減資 …………………………… 85、87、220
建設業許可(一般・特定) ………………… 152
権利変更 ……………… 77、109、112、116
牽連破産 ……………………………………… 127

こ
故意否認 ……………………………………… 99
ゴーイングコンサーンバリュー(going concern value)→継続企業価値
後見型 ………………………………………… 22
更生会社 ……………………………… 26、39
更生管財人 …………………………… 24、67
更生管財人代理 ……………………………… 47
更生債権 ……………………………… 39、71
更生債権等査定決定 ………………………… 221
更生担保権 ……………………… 25、71、78
更生担保権確定訴訟 ………………………… 25

公正取引委員会に対する届出義務
(事業譲渡、会社分割) …………………… 83
公租公課 …………………………… 5、73、189
衡平 …………………………………… 30、107
公平誠実義務 ……………………… 55、171、245
個人再生委員 ………………………………… 136
コスト法(知的財産権の価値評価) ……… 249

さ
債権者委員 …………………………………… 36
債権者委員会 ………………………………… 36
債権者委員長 ………………………………… 36
債権者異議手続 …………………… 122、151
債権者(に対する)説明会
　………………… 61、84、113、125、162
債権者平等の原則 …………………………… 107
債権者保護手続(会社分割) ……… 122、151
債権譲渡通知 ……………………… 71、100
債権届出期間 ………………………………… 76
債権の一元化 ……………………… 22、72
再建のエッセンス …………………… 4、8
債権の失権→失権
財産管理処分権 ……………… 20、55、71
再生計画案 ………………………… 22、105、113
再生計画案草案 ……………………………… 83
再生計画案を決議に付する旨の決定→付議決定
再生計画認可決定 ………………… 22、114
再生計画認可決定確定 ……………………… 116
再生計画の取消し …………………………… 127
再生計画の変更 ……………………………… 126
再生計画の履行(遂行) ……… 22、66、120
再生債権 ……………………………… 72、73
再生債権者表 ………………………… 77、116
再生債権者の第三者性 …………… 70、171
再生事件連絡メモ …………………………… 58
再生手続開始決定→開始決定
再生手続の廃止 …………………… 65、127
再生犯罪 ……………………………………… 132
財団債権 ……………………………………… 29
最低弁済額 ………………………… 137、138
裁判外紛争解決手続→ ADR
裁判外紛争解決手続の利用の促進に関する法律
　→ ADR 法
債務整理 ……………………………… 3、13

299

債務超過	28、58、84、86、87、88
債務免除益（課税）	111、117、119、178
詐害行為（否認対象行為）	29、99
詐害行為取消権	99、154
詐欺再生罪	132
先取特権	170
査定の裁判に対する異議の訴え	77
査定の申立てについての裁判	77
産業活力再生特別措置法	147
産業活力の再生及び産業活動の革新に関する特別措置法（産活法）	158
産業再生機構	144
残業代（未払い）	73

し

支援企業→スポンサー	
敷金返還請求権	93
事業家管財人（事業管財人）	25、47、218
事業再生	3
事業再生ADR	35、147
事業再生実務家協会	147
事業譲渡	83、157、231
事業譲渡型（民事再生の方式）	105、108、123、191
自己破産	28
自主再建ネットワーク	236
事前調整（型）	144、232
失権（再生債権、更生債権）	23、26、76
実効税率	117
実質的平等原則	107、108
実務的記載事項（民事再生申立て）	59
私的整理ガイドライン	37、142、147
私的手続	13
自認債権	76
支配	130、152、242
支払停止	28、58
支払不能	28、58
司法型ADR	141
資本金の額の減少	87、110
資本政策	226
社会保険料（未払い）	5、73、189
集会の期日の続行	74、116
終結→手続の終結	
自由財産	30

修正貸借対照表	81
住宅資金貸付債権（住宅ローン債権）	135、138、140
住宅資金貸付債権に関する特則	19、138
住宅資金債権者の特質	139
住宅資金特別条項	138、140
住宅ローン債権→住宅資金貸付債権	
授権資本→発行可能株式総数	
準自己破産	28、223
純粋清算型（民事再生の方式）	124
少額管財手続	30、45
少額債権	30、73、74、164、218
小規模個人再生	19、135
消極的同意	136
商事留置権	72、170
常置代理人（特別清算）	47
譲渡担保	73、171
商取引債権（債務）・商取引業者	3、4、123、141、153、161、164、218
職務著作	239
職務発明	238、241、242
職務発明規定	239
処分価額	80
所有権留保	73、97、171
自力再生型（民事再生の方式）	105、123、185
審査請求料	241
新設分割	122、150
人的分割	150

す

隙間産業	238、240
スポンサー	5、164、169、177、178、195、200、207、220
スポンサー（シップ）契約	9、217
スポンサー支援型	106、123、191、197

せ

税金→租税	
清算価値	22、81
清算価値保障原則	22、66、81、111、137、149
清算株式会社	32、39
清算事業年度	112、131、196
清算貸借対照表	62、81

清算費用	81
清算法人の債務免除益の扱い	130
正常価格	82
税制適格・税制非適格	152
整理回収機構（RCC）	145
セーフティーネット保証制度	174
セーフティーネット貸付	
→取引企業倒産対応資金	
0号不渡り	63
善管注意義務	67
専用実施権（専用使用権）	240、244

そ

相殺禁止	90、104
相殺適状	90
増資→募集株式を引き受ける者の募集	
双方未履行の双務契約	91、172
双務契約	91、243
組織再編（行為）	26、155、220
訴訟手続の受継	71、172
訴訟手続の中断（民事再生）	71
租税（債権）	22、26、29、44、73
損害賠償請求権の査定（役員に対する）	85

た

代位・代位弁済	138
対抗要件	93、100、154、171、178、246
退職金（未払い）	29、73、95
対税型（特別清算）	31
代替許可（株主総会の決議に代わる許可）	84
第二会社方式	149、158
他の手続の中止・中断（民事再生）	71
担保権実行手続中止命令	79、195
担保権消滅請求制度	79
担保権の実行	23、79、165、171
担保目的物の価額決定（会社更生）	25、221

ち

知的財産権	235
知的財産権実施・使用（許諾）契約	243
チャプターイレブン	20、247
中小企業再生支援協議会	149、159
中小企業承継事業再生計画	158
中小企業倒産防止共済制度	173

調査委員	
民事再生	68、224
会社更生	217、218
特別清算	33
調査命令	68
重畳的債務引受	109、123、151、231
調停委員	34
調停委員会	34
調停条項	34
調停に代わる決定	34
直接償却	175

つ

通常実施権（通常使用権）	240、244
通常清算	32、33

て

定款変更（発行済株式総数について）	88
DIP（型）	9、20、47、55
DIP型会社更生手続	27、216、218、219
DIP型会社更生手続スケジュール	218
DIPファイナンス	9
DES	86、119、131
抵当権の実行中止→担保権実行中止命令	
手形不渡り	28、46、155
手形不渡り回避	24、63、156
手続開始時現存額主義	102
手続開始申立ての要件	
民事再生	21、58
会社更生	15
破産	15
特別清算	15、32
手続実施者（事業再生ADR）	148
手続の終結	
民事再生	22
会社更生	26
デット・エクイティ・スワップ→DES	
デューデリジェンス	149、159

と

同意再生	129
倒産解除特約	97
倒産実体法	69、90、102
倒産手続法	68

倒産法 14
投資組合 223
同時廃止 29
登録制度((仮)通常実施権の) 96、244、**246**
登録免許税(不動産移転) 152
特定価格 82
特定認証ADR 147
特定認証紛争解決事業者 147
特定の債権者に対する担保の供与等の罪 132
特別清算(再建利用型) 14、31
特別清算人 31、47
特別決議(株主総会の) 87
特別調査期間 77
特別の先取特権 170
特別法 14、40
特許権 235
特許権実施(許諾)契約 95
特許権の効果 240
特許電子図書館(特許庁) 239
特許料(年金) 241
届出の追完(再生債権の) 77、**172**
取引企業倒産対応資金 174
取戻権 104

に

ニッチ産業→隙間産業
入札 9、224、227
認証紛争解決事業者 147
認否(債権の) 76

の

ノウハウ 227

は

ハードシップ免責 137
廃棄費用 81、228
破産管財人 28、67、128
破産管財人代理 47
破産財団 28
破産宣告 28
破産廃止 29
破綻 3
発行可能株式総数 88
発明報償(報奨)制度 239

ひ

非公開会社 33、**87**、185、191、197
必要的記載事項(民事再生申立て) 59
否認権 29、66、**99**、104、173
評価損 111、**119**
評議員会(学校法人の) 208
標準スケジュール(民事再生) 55、**60**
標準スケジュール(会社更生) 218

ふ

ファイナンスリース 96
ファカルティ・ディベロップメント 211
ファンド 6
風評被害 212
付議決定 114
不足額責任主義 78
復権制度 30
物上保証 **101**、171
物的分割 150
不動産取得税 152
プレパッケージ型 7、173、217、220
プロラタ 148
分割計画書 150
分割契約書 150
分割無効の訴え 151
文書の閲覧・謄写 62、173
文書の閲覧・謄写の制限 62

へ

閉鎖会社→非公開会社
別除権 **22**、72
別除権付債権 **72**、73
別除権に関する協定 74、**125**、163
別除権不足額 **78**、109
別除権予定不足額 76、**77**
弁済期間 111
弁済率 110
偏頗行為(否認対象行為) 29、**99**
片務契約 96

ほ

包括的禁止命令 64
法人格否認 154
法定多数 20、**38**

302

は

法的手続 …… 14
報道被害 …… 212
法律家アドバイザー …… 218
法律家管財人（法律管財人）…… **25**、**26**、**47**、**218**
法律顧問 …… 26
募集株式を引き受ける者の募集 …… **87**、**88**、**110**
保証会社の保証債務の履行 …… 139
補助者（監督委員の）…… **59**、**65**、**67**、**100**、**115**
保全管理人・保全管理命令
 民事再生 …… 64
 会社更生 …… 24
 破産 …… 224
保全処分 …… 63

ま

マーケット法（知的財産権の価値評価）…… 249
マスコミ対応 …… 212
マネーゲーム …… 226

み

未確定の再生債権 …… 109
みなし届出 …… 128
未払い給料→給料（未払い）
民間型ADR …… 147

む

無償否認 …… 99
無税償却 …… 35

め

メイン寄せ …… 143
免除益→債務免除益
免除の時期 …… **112**、**117**
免責制度 …… 30
免責的効力 …… 117
免責的債務引受 …… **151**、**231**

や

約定劣後更生債権 …… 39
約定劣後債権 …… 103
約定劣後再生債権 …… 39
約定劣後破産債権 …… 39

ゆ

優先的更生債権 …… 39
優先的破産債権 …… 29

よ

予納金 …… **44**、**46**、**59**
予約承継 …… **238**、**241**、**242**

ら

ライセンサー・ライセンシー …… **95**、**243**
ライセンス契約
 →知的財産権実施・使用（許諾）契約、
  特許権実施（許諾）契約

り

リース債権 …… **73**、**96**、**165**、**171**
履行（民事再生）→再生計画の履行（遂行）
理事会（学校法人の）…… 208
リスケジューリング …… 138

る

累積損失 …… 118
留置権 …… 170

れ

劣後債・劣後ローン …… 39
劣後的債権 …… 103
劣後的破産債権 …… **29**、**107**
レッドゾーン …… 205
連帯保証 …… **101**、**171**

ろ

労働債権 …… **5**、**22**、**73**
労働承継法（会社分割に伴う労働契約の承継等に関する法律）…… 151
ローテク …… 188

わ

和解型（特別清算）…… 33
和議法 …… **18**、**53**

❖ 法令索引

民事再生法

1条	55、69
2条4号	55
5条1項	60
3項	60
4項	60
6項	60
9条	116
10条3項	86
16条	62、173
17条	62
21条	59
21条1項	15、21、58
2項	58
24条1項	59
25条	21、69
25条2号	68
3号	69、70
26条1項	16、71
1項1号	40、68
1項2号	71
27条	64
30条1項	15、21、64、268
31条	139
31条1項	16、79
32条	15、63
33条1項	21
34条1項	76
35条4項	39、103
38条1項	55、70、171
2項	55、70、171、245
39条	21、71
39条1項	16、40、71
40条1項	71
41条1項9号	121
42条	84
42条1項	84、275、276
2項	84
3項	84
43条	84
43条1項	84、276
4項	86
49条	92、103
49条1項	91、93、95、243、244、270
2項	93、95
3項	95
4項	91
5項	91
50条	98、103
50条1項	98
2項	98
51条	93、95、103、244
52条1項	104
2項	104
53条	103
53条1項	16、22、72、170
2項	16、22、74、170
54条	67
54条1項	21、121
2項	65、121、245
56条1項	66
59条1項	65、132
3項	65
60条1項	67
62条1項	68
2項	68
63条	68
64条1項	67
66条	16、67
79条	15
79条1項	64
81条	16
84条1項	72、103
2項	107、137
2項1号	103
85条1項	21、70
2項	73
5項	73
86条2項	101、102、104
87条2項	107
88条	16、78
92条	104

92条1項 …………………………… 17、90
　　　3項 …………………………… 93、94
93条 ………………………………… 17、90、104
93条1項1号 ……………………………… 70、90
　　　1項2号 …………………………………… 58
　　　1項4号 …………………………… 70、90、272
93条の2 ……………………………… 17、90、104
93条の2　1項1号 ………………………………… 91
　　　　　1項4号 ………………………………… 91
94条 ……………………………………… 16、21、76
95条1項 ………………………………………… 77、172
100条〜 ……………………………………………… 16
100条 ………………………………………………… 22
101条3項 …………………………………………… 76
102条1項 …………………………………………… 76
103条1項 …………………………………………… 77
104条 …………………………………………… 16、22
104条1項 …………………………………………… 76
　　　3項 ……………………………………… 16、77、136
105条1項 …………………………………………… 77
　　　2項 ……………………………………… 71、172
106条1項 …………………………………………… 77
107条 …………………………………………… 71、172
119条 …………………………………………… 72、103
119条2号 ……………………………………… 75、95
　　　5号 ……………………………………………… 75
120条1項 ……………………………………… 65、269
　　　2項 ……………………………………………… 65
121条1項 …………………………………………… 73
　　　2項 ……………………………………………… 73
122条1項 ……………………………… 17、73、75、103
　　　2項 ……………………………………………… 73
123条 ……………………………………………… 103
123条1項 ……………………………………… 39、72
　　　2項 ……………………………………………… 74
124条 ……………………………………… 280、285
124条1項 ……………………………… 65、80、113
　　　2項 ……………………………………… 80、113
125条 ……………………………………………… 83、285
125条3項 …………………………………………… 65
126条 ………………………………………………… 83
127条〜 ………………………………… 17、23、99
127条〜141条 …………………………………… 104
127条1項1号 …………………………………… 99、100

　　　　1項2号 …………………………………… 99、100
　　　　3項 ………………………………………… 99、100
127条の2　2項 ………………………………………… 99
127条の3　1項1号 …………………………… 99、100
　　　　　1項2号 ……………………………… 99、100
　　　　　2項 ………………………………………… 99
129条 ……………………………………………… 100
135条1項 ……………………………………… 17、66、100
142条〜 ……………………………………………… 17
143条 ………………………………………………… 85
143条1項 …………………………………………… 23
145条1項 …………………………………………… 85
148条〜 ……………………………………………… 16
148条1項 …………………………………………… 79
152条1項 …………………………………………… 79
154条1項 …………………………………………… 22
　　　1項1号 ……………………………………… 106
　　　1項2号 ……………………………………… 110
　　　3項 ……………………………… 86、87、88、110
　　　4項 ……………………………………… 88、110
155条1項 ………………………………………… 107
　　　2項 ……………………………………… 39、107
　　　3項 ……………………………………… 22、111
156条 ………………………………………………… 22
157条 ………………………………………………… 22
158条1項 ………………………………………… 109
159条 ……………………………………………… 109
160条 ……………………………………………… 109
160条1項 …………………………………………… 78
　　　2項 ……………………………………………… 110
161条1項 …………………………………………… 86
　　　3項 ……………………………………………… 87
　　　4項 ……………………………………………… 88
162条 ………………………………………………… 88
163条1項 ………………………………………… 113
　　　2項 ……………………………………………… 114
　　　3項 ……………………………………………… 114
165条1項 ………………………………………… 109
166条1項 ……………………………… 86、87、253
　　　2項 ………………………………… 86、87、88
　　　3項 ……………………………………………… 86
　　　4項 ……………………………………………… 86
166条の2　2項 ……………………………… 88、253
　　　　　3項 ……………………………………… 88

4項	88
169条1項	114
2項	114
169条の2　1項	115
170条1項	78
2項3号	78
172条2項	115
172条の3　1項	17、22、114
172条の5　1項1号	74、116
2項	74、116
174条	17
174条1項	22、114
2項	22、114
2項2号	66
2項4号	22、66
175条1項	116
176条	116
177条2項	101、117
178条	16、23、76、117、172
179条	172
179条1項	116
180条1項	116
2項	116
3項	117
181条1項	76
1項1号	76、172
1項3号	76
2項	16、76
183条1項	86
4項	87
6項	88
183条の2　1項	88
186条	17
186条1項	120
2項	22、120
187条	17
187条1項	126
2項	127
188条1項	17
2項	17、22、66、120
3項	17
189条1項	127
191条	127
192条	127

193条	127
193条1項2号	65
194条	127
197条1項	139
198条1項	139
2項	139
199条1項	138
2項	138
3項	138
4項	138
201条1項	139
2項	139
203条1項	139
204条1項	139
第11章	20
第12章	23
211条1項	129
216条1項	129
217条1項	129
221条1項	135
2項	135
223条2項	136
224条〜227条	136
229条1項	136
2項	137
3項	137
230条6項	136
231条2項3号	137
2項4号	137
235条1項	137
238条	136
239条1項	137
2項	137
241条	138
241条2項7号	138
3項	138
246条1項	128
250条	127
251条	128
252条6項	128
253条1項	128
3項	128
255条1項	132
256条	132

257 条	132
258 条	132
259 条	132
260 条	132
261 条	132
262 条	133

民事再生規則

12 条	59
13 条	59
14 条	59
56 条 1 項	80
2 項	80
84 条 1 項	114
2 項	114
3 項	114
87 条 1 項	109

会社更生法

2 条 8 項	103
2 条 8 項 1 号	103
2 条 10 項	16、25、103
17 条	24
17 条 1 項	15、21
1 項 1 号	15
1 項 2 号	15
2 項	15
23 条	15
24 条 1 項	71
1 項 1 号	16
1 項 2 号	16
2 項	17、26
3 項	17、26
28 条	24
28 条 1 項	15
30 条	15、24
32 条 1 項	16
41 条	24
41 条 1 項 2 号	56
1 項 3 号	217
43 条 4 項 1 号	39、103
47 条 1 項	25
5 項	218
48 条	104

48 条 1 項	17
49 条	17、104
49 条の 2	17、104
50 条	71
50 条 1 項	16、25
2 項	17、26
3 項	17、26
61 条	103
61 条 1 項	91、243、244
62 条	103
63 条	103、244
64 条 1 項	104
2 項	104
67 条 1 項	25
3 項	15、25、217
70 条	47
70 条 1 項	217
71 条	26
72 条 1 項	16、25、67
73 条	25
80 条	246
83 条 1 項	80
2 項	80
86 条～	17、26
86 条～ 98 条	104
86 条 1 項 1 号	100
1 項 2 号	100
3 項	100
86 条の 3　1 項 1 号	100
1 項 2 号	100
99 条～	17
100 条	26
104 条～	16
127 条～ 131 条	39
127 条	103
132 条 1 項	39
2 項	39
134 条	103
134 条 1 項	39
135 条	16
135 条 2 項	104
138 条	16
145 条～	16
145 条	24

150条	16、24	34条1項	28
150条3項	16	36条	29
151条1項	221	42条2項	16
153条〜	25、221	53条	91、103、244、246
166条2項	26	53条1項	243、244
167条1項	24	54条1項	91
168条1項2号	39、103	2項	91
1項4号	39	55条	103
3項	39	56条	93、103、244
5項	111	56条1項	95、243、244、246
170条1項	24	62条	104
189条〜	24	63条	104
196条5項	17、25	64条	104
199条	17	65条	103
204条1項	16、26	65条1項	16、29
209条	17	66条	103
211条	26	67条〜70条	104
212条	26	71条〜73条	104
213条	26	71条	17
215条	26	72条	17
220条	26	73条	17
221条	26	75条1項	29
222条	26	77条	47
223条	26	78条1項	16、29
233条1項	17	2項1号	29
239条	17、26	2項3号	29
266条〜	132	79条	29
		91条2項	128
破産法		97条1号	103
2条5項	29、103	98条1項	17、29、103
7項	29	99条1項	103
9項	16、22、29	1項1号	103
11項	58	2項	39、103
14項	28	104条〜107条	104
15条1項	15、28、58	104条	104
2項	15、28、58	1項	102
16条	15	2項〜4項	101
16条1項	28、58	2項	102
18条1項	15、28	3項	102
19条1項	15、28	4項	102
24条1項	16	5項	101、102
28条1項	15	105条	102、104
29条	15	111条	16、29
30条1項	28	112条	16

116条1項	16、29
124条	16、29
124条3項	16
148条	103
148条1項3号	17、29
149条1項	29
2項	29
160条〜	17、29
160条〜176条	104
160条1項1号	100
1項2号	100
3項	100
162条1項1号	100
1項2号	100
177条〜	17
186条〜	16
195条1項	17
209条	17
216条1項	29
248条〜	30
255条	30
265条〜	132

会社法（特別清算を中心に）

2条5号	87
20条	170
22条1項	154
199条1項	88
2項	87
309条2項	84
2項5号	87
2項11号	84
348条2項	88
448条2項	16
467条	83
467条1項1号	84
1項2号	84
471条	32
475条〜	32
475条1号	32
499条	16
499条1項	32
503条1項	16
510条〜	13

510条	32
510条1号	15
2号	15
511条	15
512条1項	16
515条1項	16
3項	39、103
516条	16
517条	17、104
518条	17、104
522条2項	16、103
527条〜	33
533条〜	33
540条1項	15
2項	15
545条1項	17
565条	33
566条	16
567条1項	17、32
569条	17
572条	17
第5編第3章	150
757条	150
758条	150
759条2項	151
3項	151
762条	150
763条	150
763条12号	150
764条2項	151
3項	151
783条	150
784条	150
785条	150
789条	151
789条5項	151
795条	150
796条	150
797条	150
799条	151
799条5項	151
804条	150
805条	150
806条	150

810条	151
810条5項	151
828条1項9号	151
1項10号	151
911条3項5号	86
915条	86
939条1項	151

影山　光太郎（かげやま　こうたろう）

弁護士・弁理士・工学修士。
1944年愛知県生まれ。66年東京大学工学部合成化学科卒業。
68年修士課程修了の後、旭硝子㈱入社。
79年司法試験合格。82年弁護士登録。84年弁理士登録。現在、東京都中央区銀座2-6-4で影山法律特許事務所を主宰。熊本大学、大分大学、桜美林大学各客員教授。主として企業再建・清算関係、知的財産権関係事件などに携わる。

[主要論文・著作]
- "Calorimetric and X-ray Studies of Glassy and Crystalline Inorganic Polymer:Arsenic Trisulfide, As_2S_3"（Reports on progress in polymer physics in JapanVol. XII, 1969 p.253）
- 「企画開発部員の法律実務」（『経営法務』誌。昭和60年9月〜平成2年6月連載）
- 『実務に役立つ知的財産法』（日本実業出版社。平成14年2月）
- 「企業再建と知的財産法」（清水直『企業再建の真髄』商事法務（平成17年5月）p.763）
- 「発明者の認定と収益への特許発明の寄与―職務発明にも関連して―」（知財管理 Vol.56 No.6 (2006) p.831）
- 「学生の発明と職務発明」（パテント vol.60 (2007.9) p.45）
- 「発明・共同発明の成立及び発明者・共同発明者の認定―従来の発明成立過程の2段階論についての考察を含めて―」（知財ぷりずむ Vol.6 No.66 (2008) p.1）
- 「発明・共同発明の成立および発明者・共同発明者の認定とこれに基づく判例の検討」（NBL No.886 (2008.8.1) p.65）
- 「研究テーマの提示と発明の成立・発明者の認定」（知財ぷりずむ Vol.7 No.73 (2008) p.36）
- 「発明・共同発明の成立と発明者・共同発明者認定の基準・方法」（知財ぷりずむ Vol.7 No.76 (2009) p.51）
- 『知的資産経営の法律知識―知的財産法の実務と考え方―』（三和書籍。平成21年9月）

事業再生の法律知識
民事再生法を中心とした実務と考え方

2010年6月1日　第1版第1刷発行

著　者　　影山　光太郎
　　　　　©2010 Kotaro Kageyama

発行者　　高　橋　　考
発　行　　三　和　書　籍

〒112-0013　東京都文京区音羽2-2-2
電話 03-5395-4630　FAX 03-5395-4632
sanwa@sanwa-co.com
http://www.sanwa-co.com/
印刷／製本　モリモト印刷株式会社

乱丁、落丁本はお取替えいたします。定価はカバーに表示しています。
本書の一部または全部を無断で複写、複製転載することを禁じます。

ISBN978-4-86251-085-3 C2032

三和書籍の好評図書

アメリカ〈帝国〉の失われた覇権
──原因を検証する12の論考──

杉田米行 編著
四六判　上製本　定価：3,500円+税

●アメリカ研究では一国主義的方法論が目立つ。だが、アメリカのユニークさ、もしくは普遍性を検証するには、アメリカを相対化するという視点も重要である。本書は12の章から成り、学問分野を横断し、さまざまなバックグラウンドを持つ研究者が、このような共通の問題意識を掲げ、アメリカを相対化した論文集である。

アメリカ的価値観の揺らぎ
唯一の帝国は9・11テロ後にどう変容したのか

杉田米行 編著
四六判　280頁 定価：3,000円+税

●現在のアメリカはある意味で、これまでの常識を非常識とし、従来の非常識を常識と捉えているといえるのかもしれない。本書では、これらのアメリカの価値観の再検討を共通の問題意識とし、学問分野を横断した形で、アメリカ社会の多面的側面を分析した（本書「まえがき」より）。

オバマのアメリカ・どうする日本
日本のヒューマンパワーで突破せよ！

多田幸雄　谷口智彦　中林美恵子　共編
四六判　278頁　定価：1,800円+税

●本書は、閉塞感でいっぱいの日本の現状を憂い、その突破口を日本の市民の力に求め、その重要性と可能性を追求したものである。

三和書籍の好評図書

環境問題アクションプラン42
意識改革でグリーンな地球に！

地球環境を考える会
四六判　並製　248頁　定価：1,800円＋税

●本書では、環境問題の現実をあらためて記述し、それにどう対処すべきかを42の具体的なアクションプランとして提案しています。本書の底流には、地球環境に対する個人の意識を変えて、一人ひとりの生き方を見直していくことが必要不可欠だとの考えがあります。表面的な対処で環境悪化を一時的に食い止めても無意味です。大量生産大量消費の社会システムに染まっている個人のライフスタイルを根本から変えなければいけません。

【目次】
第1章　今、地球環境に何が起きているのだろうか
第2章　地球環境保全についての我が国としての問題―その対応
第3章　はじめよう、あなたから！
第4章　もっと木を植えよう
第5章　我々の生き方を考え直す（先人の知恵に学ぶ）

生物遺伝資源のゆくえ
知的財産制度からみた生物多様性条約

森岡一　著
四六判　上製　354頁　定価：3,800円＋税

●生物遺伝資源とは、遺伝子を持つすべての生物を表す言葉であり、動物や植物、微生物、ウイルスなどが主な対象となる。漢方薬やコーヒー豆、ターメリックなど多くの遺伝資源は資源国と先進国で利益が鋭く対立する。その利益調整は可能なのか？　争点の全体像を明らかにし、解決への展望を指し示す。

【目次】
第1部　伝統的知識と生物遺伝資源の産業利用状況
第2部　生物遺伝資源を巡る資源国と利用国の間の紛争
第3部　伝統的知識と生物遺伝資源
第4部　資源国の取り組み
第5部　生物遺伝資源の持続的産業利用促進の課題
第6部　日本の利用企業の取り組むべき姿勢と課題

三和書籍の好評図書

【図解】
特許用語事典

溝邉大介 著
B6判　188頁　並製　定価：2,500円+税

特許や実用新案の出願に必要な明細書等に用いられる技術用語や特許申請に特有の専門用語など、特許関連の基礎知識を分類し、収録。図解やトピック別で、見やすく、やさしく解説した事典。

ビジネスの新常識
知財紛争 トラブル100選

IPトレーディング・ジャパン(株)取締役社長
早稲田大学 知的財産戦略研究所 客員教授　梅原潤一 編著
A5判　256頁　並製　定価：2,400円+税

イラストで問題点を瞬時に把握でき、「学習のポイント」や「実務上の留意点」で、理解を高めることができる。知的財産関連試験やビジネスにすぐ活用できる一冊。

ココがでる！
知的財産キーワード200

知財実務総合研究会 著
B6判　136頁　並製　定価：1,300円+税

知的財産を学ぶ上で大切な専門用語を200に厳選！
ビジネスシーンやプライベートでも活用しやすい、コンパクト・サイズで知的財産をやさしく解説。

ココがでる！
知的財産一問一答

露木美幸 著
B6判　168頁　並製　定価：1,500円+税

出題頻度の高い重要事項を網羅。『［完全図解］知的財産管理技能検定2級3級テキスト』（三和書籍）および問題集と並行してご使用いただくとより効果的。試験の直前対策として、知識の整理に役立つ一冊。

三和書籍の好評図書

増補版　尖閣諸島・琉球・中国
【分析・資料・文献】

浦野起央 著
A5判　上製本　定価：10,000円＋税

●日本、中国、台湾が互いに領有権を争う尖閣諸島問題……。筆者は、尖閣諸島をめぐる国際関係史に着目し、各当事者の主張をめぐって比較検討してきた。本書は客観的立場で記述されており、特定のイデオロギー的な立場を代弁していない。当事者それぞれの立場を明確に理解できるように十分配慮した記述がとられている。

冷戦　国際連合　市民社会
―国連60年の成果と展望

浦野起央 著
A5判　上製本　定価：4,500円＋税

●国際連合はどのようにして作られてきたか。東西対立の冷戦世界においても、普遍的国際機関としてどんな成果を上げてきたか。そして21世紀への突入のなかで国際連合はアナンの指摘した視点と現実の取り組み、市民社会との関わりにおいてどう位置付けられているかの諸点を論じたものである。

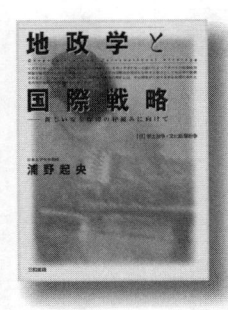

地政学と国際戦略
新しい安全保障の枠組みに向けて

浦野起央 著
A5判　460頁 定価：4,500円＋税

●国際環境は21世紀に入り、大きく変わった。イデオロギーをめぐる東西対立の図式は解体され、イデオロギーの被いですべての国際政治事象が解釈される傾向は解消された。ここに、現下の国際政治関係を分析する手法として地政学が的確に重視される理由がある。地政学的視点に立脚した国際政治分析と国際戦略の構築こそ不可欠である。国際紛争の分析も1つの課題で、領土紛争と文化断層紛争の分析データ330件も収める。

三和書籍の好評図書

知的資産経営の法律知識
―知的財産法の実務と考え方―

弁護士・弁理士／影山光太郎　著
A5判　並製　300頁　2,800円＋税

●本書は、技術に関する戦略を踏まえた知的資産経営に関する法律知識の解説書である。特許権を中心とした知的財産権を経営戦略に利用し多大の効果が得られるように、実践的な考え方や方法・ノウハウを紹介している。また、独占禁止法の規制についても留意しつつ解説がなされている。特許発明にかかわる技術者・研究者、企業の知財部員の方々、知的財産法に取り組もうと考えている弁護士・弁理士、これらを目指す人達だけでなく、経営者、特に大企業に対抗する中小企業の経営者にとって、法制度の概略が理解でき、経営に役立つ内容となっている。
まさに、知的財産権を活用した技術・経営戦略に必須の指南書である。

【目次】

第1章　知的財産権の種類
第2章　知的財産権の要件
第3章　知的財産権の取得手続
第4章　知的財産権の利用
第5章　知的財産法と独占禁止法
第6章　知的財産権の侵害
第7章　商標権及び意匠権の機能と利用
第8章　著作権の概要
第9章　不正競争防止法
第10章　その他の知的財産権
第11章　産業財産権の管理と技術に関する戦略
第12章　知的財産権を利用した経営戦略
第13章　知的財産権の紛争と裁判所、弁護士、弁理士
第14章　知的財産権に関する国際的動向
補　章　法令・契約書に使用する注意すべき用語
資　料
索　引